EDENS ZERO

25

DIE LETZTE WELT

HIRO MASHIMA

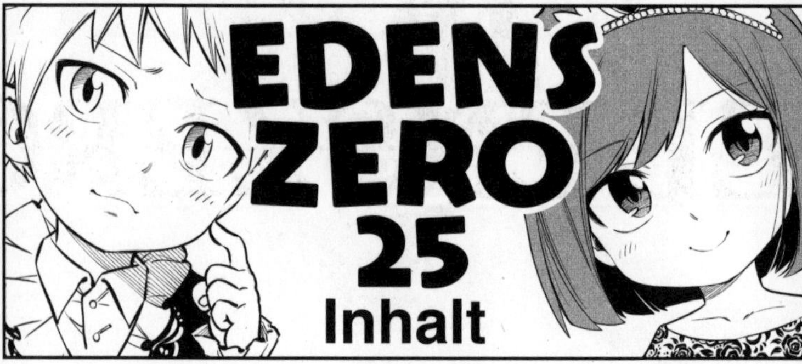

Inhalt

EDENS ZERO

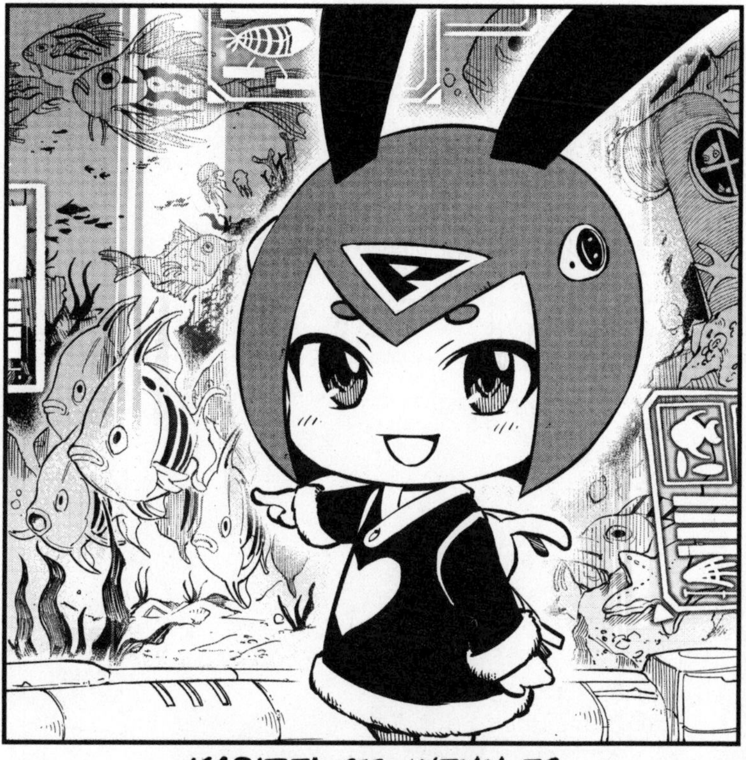

KAPITEL 213: WENN ES KAMPFLOS ENDEN WÜRDE

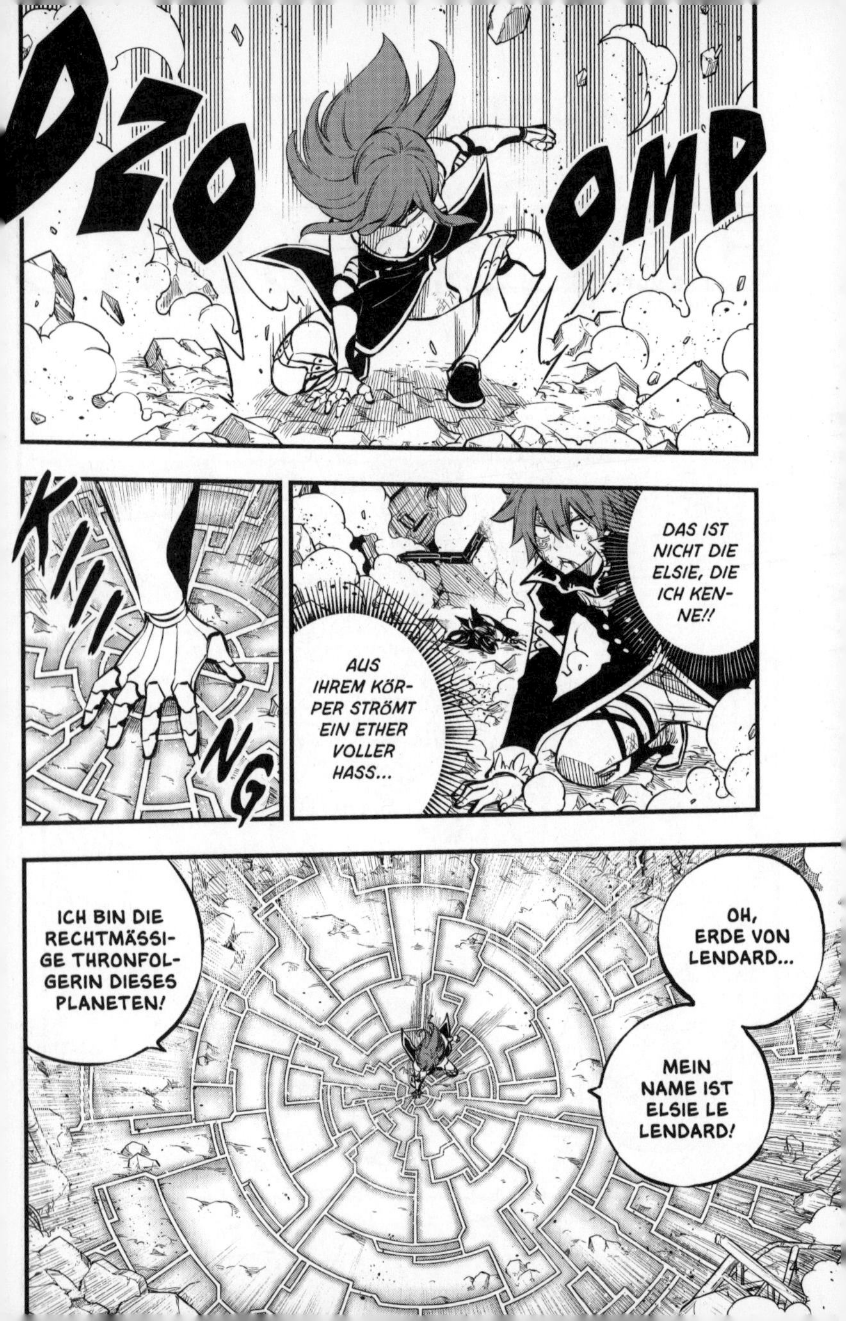
DZOOMP
DAS IST NICHT DIE ELSIE, DIE ICH KENNE!!
AUS IHREM KÖRPER STRÖMT EIN ETHER VOLLER HASS...
KIIIING
OH, ERDE VON LENDARD...
MEIN NAME IST ELSIE LE LENDARD!
ICH BIN DIE RECHTMÄSSIGE THRONFOLGERIN DIESES PLANETEN!

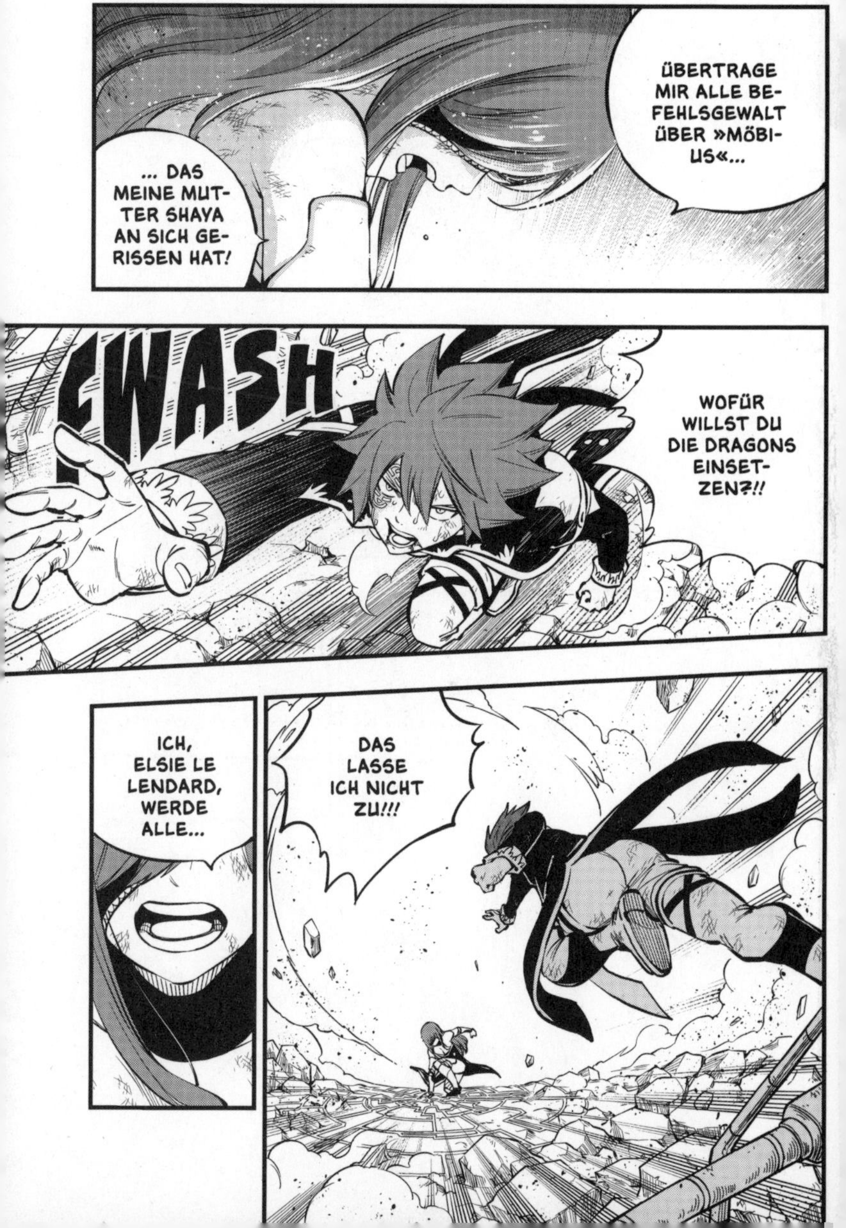
ÜBERTRAGE MIR ALLE BE-FEHLSGEWALT ÜBER »MÖBI-US«...
... DAS MEINE MUT-TER SHAYA AN SICH GE-RISSEN HAT!
SWASH
WOFÜR WILLST DU DIE DRAGONS EINSET-ZEN?!!
DAS LASSE ICH NICHT ZU!!!
ICH, ELSIE LE LENDARD, WERDE ALLE...

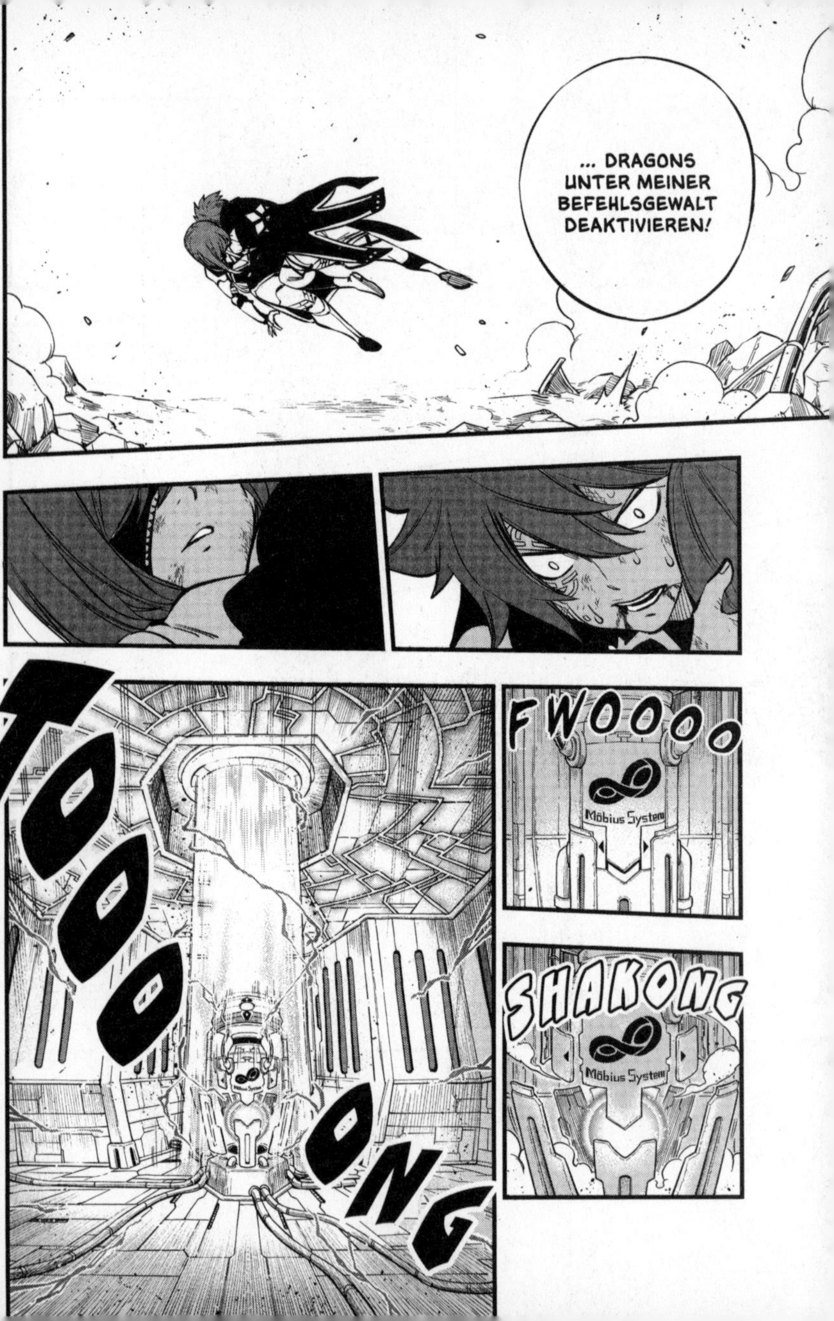
... DRAGONS UNTER MEINER BEFEHLSGEWALT DEAKTIVIEREN!
FWOOOO
TOOOOONG
SHAKONG
Möbius System
Möbius System

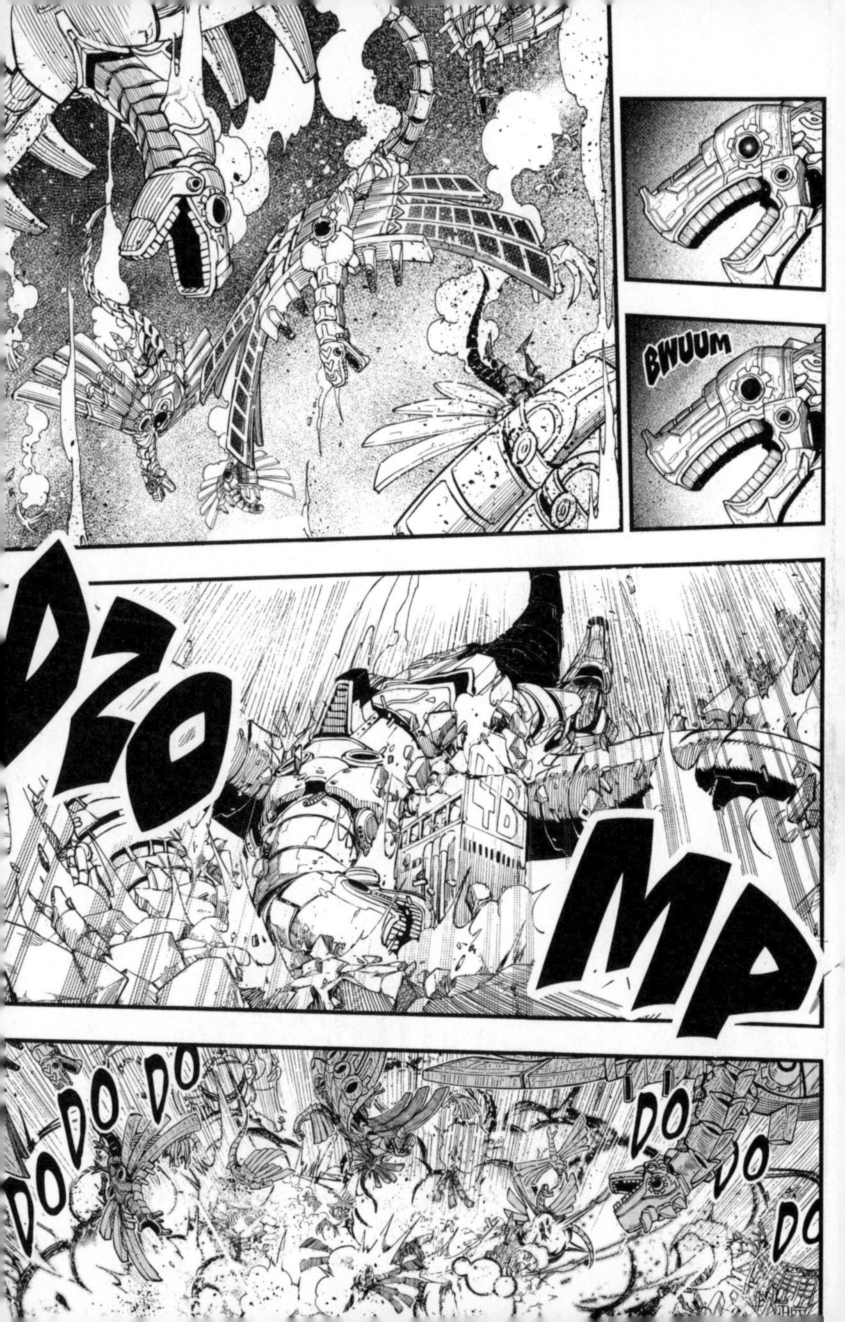
BWUUM
DOOMP
DO DO DO
DO DO DO DO

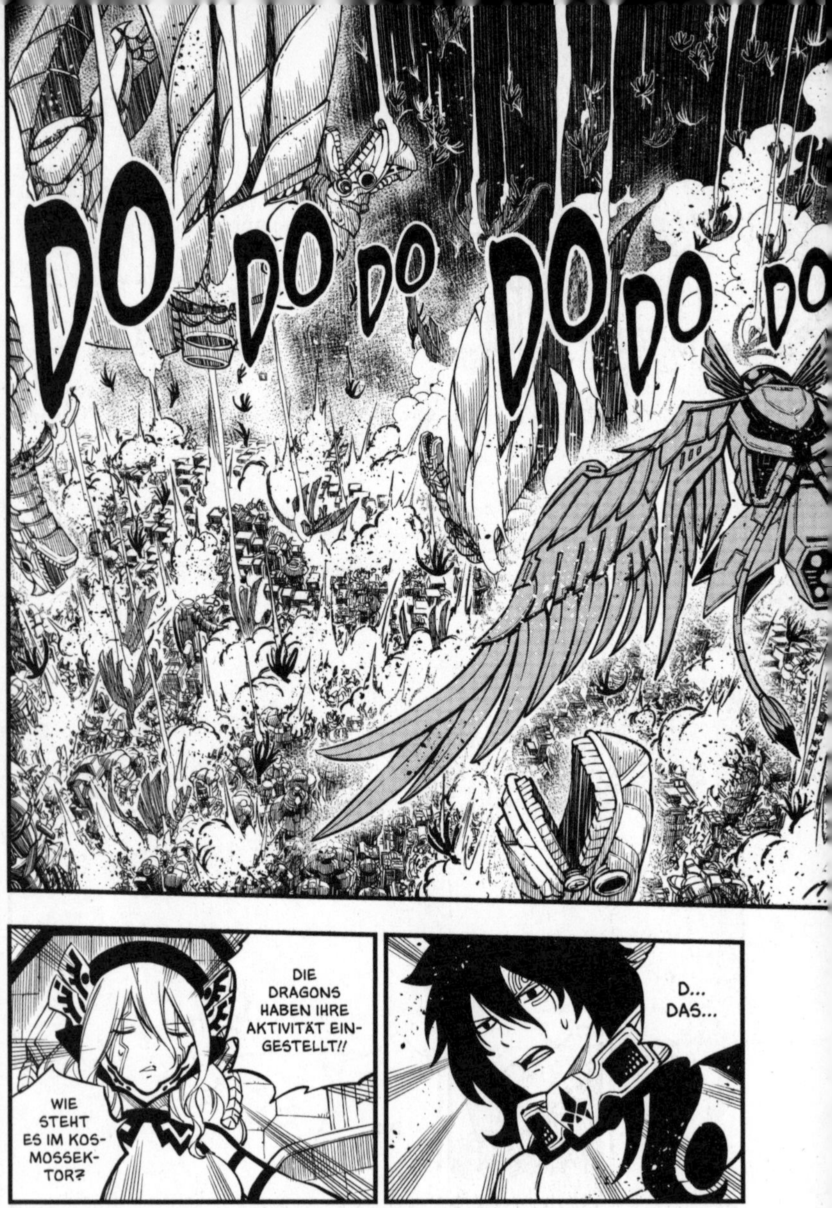
DO DO DO
DO DO DO
D... DAS...
DIE DRAGONS HABEN IHRE AKTIVITÄT EINGESTELLT!!
WIE STEHT ES IM KOSMOSSEKTOR?

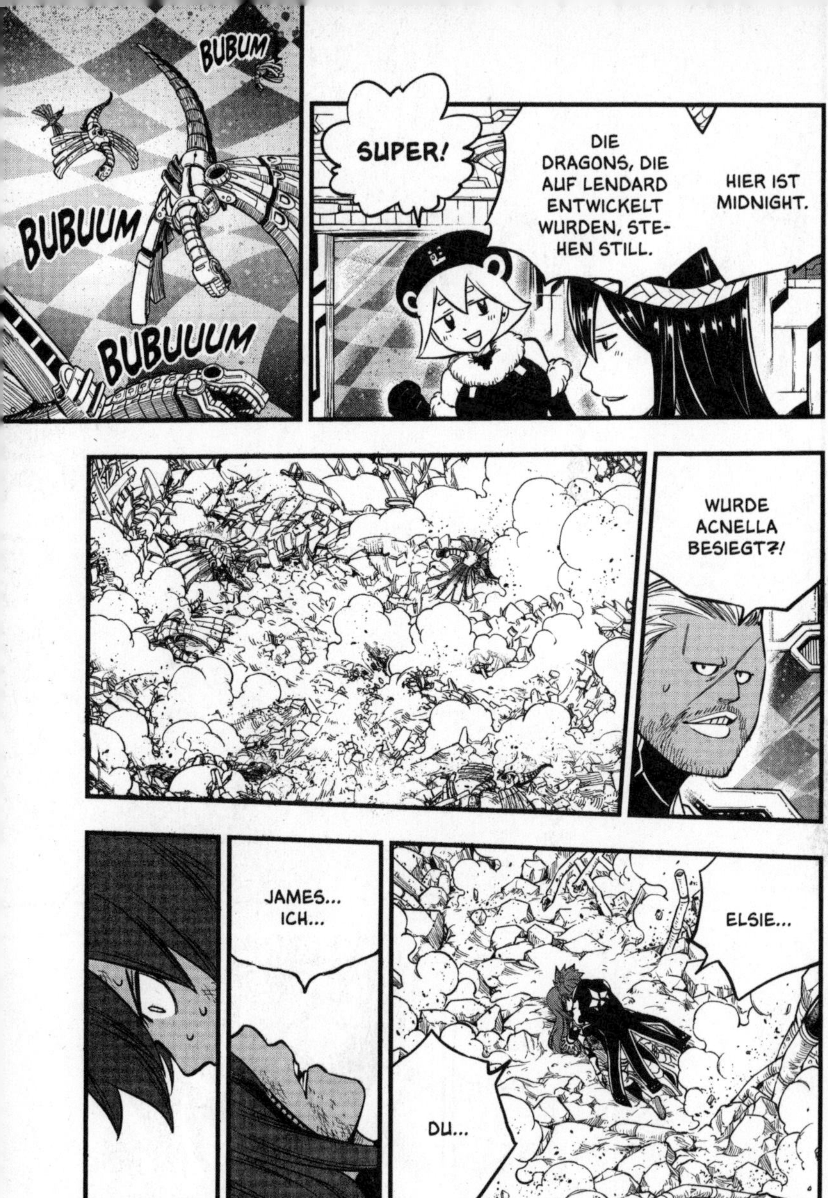
BUBUM
BUBUUM
BUBUUUM
HIER IST MIDNIGHT.
DIE DRAGONS, DIE AUF LENDARD ENTWICKELT WURDEN, STE-HEN STILL.
SUPER!
WURDE ACNELLA BESIEGT?!
ELSIE...
DU...
JAMES... ICH...

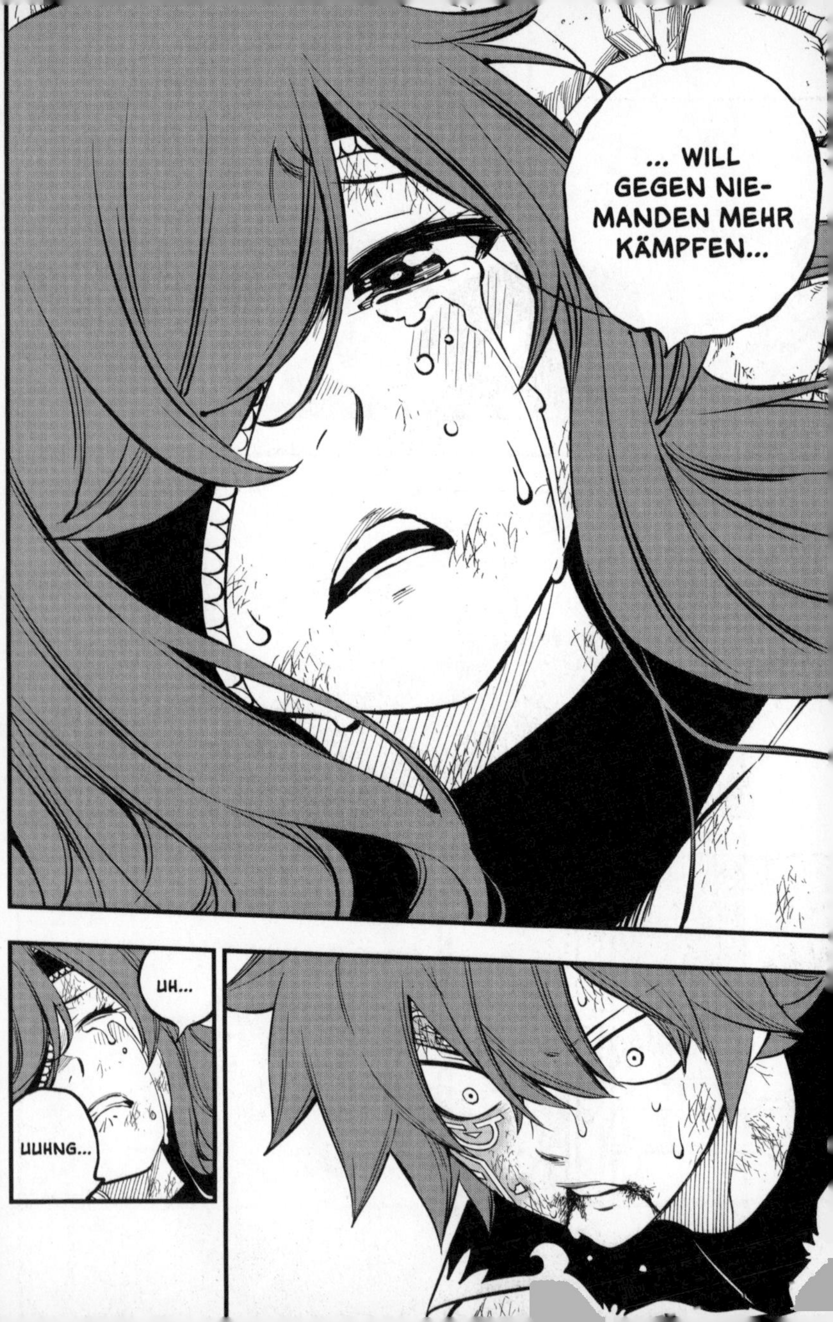
... WILL GEGEN NIE-MANDEN MEHR KÄMPFEN...
UH...
UUHNG...

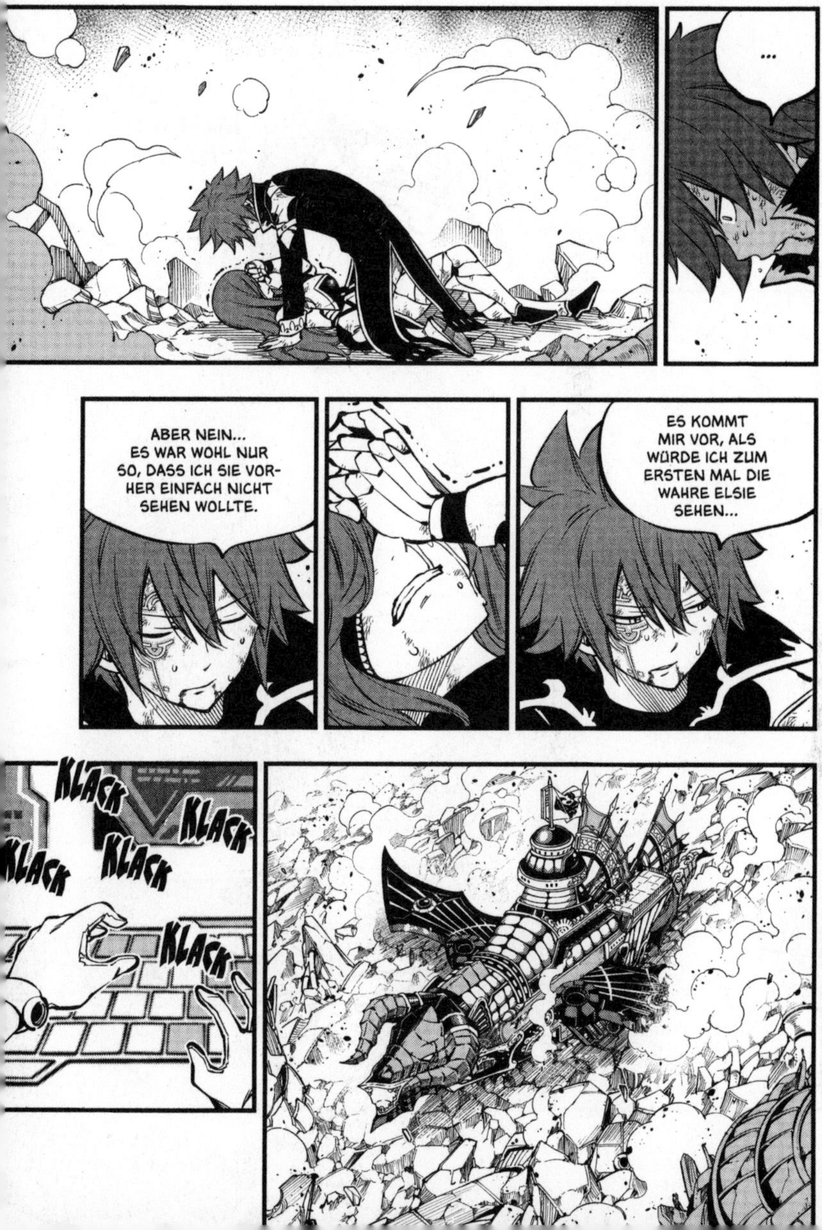
...
ABER NEIN... ES WAR WOHL NUR SO, DASS ICH SIE VORHER EINFACH NICHT SEHEN WOLLTE.
ES KOMMT MIR VOR, ALS WÜRDE ICH ZUM ERSTEN MAL DIE WAHRE ELSIE SEHEN...
KLACK
KLACK
KLACK
KLACK
KLACK

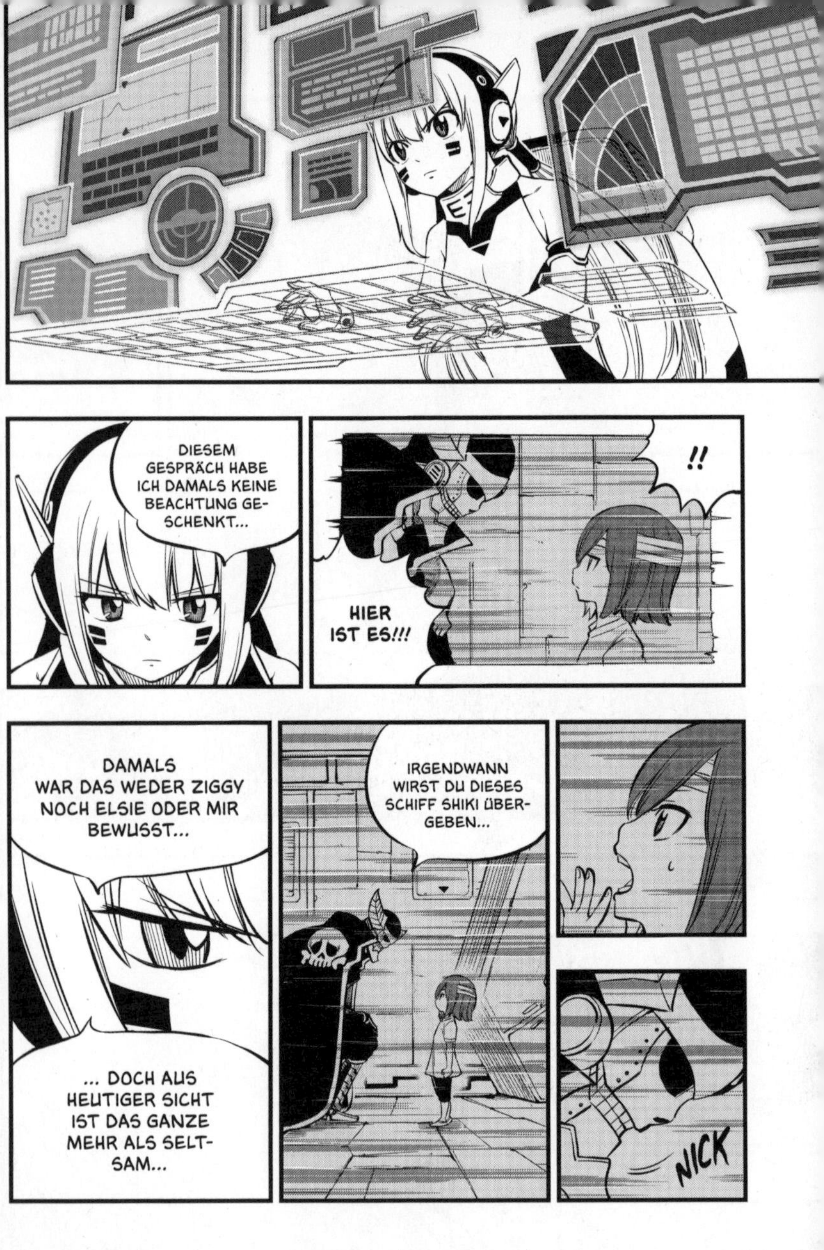

!!
HIER IST ES!!!
DIESEM GESPRÄCH HABE ICH DAMALS KEINE BEACHTUNG GESCHENKT...
IRGENDWANN WIRST DU DIESES SCHIFF SHIKI ÜBERGEBEN...
NICK
DAMALS WAR DAS WEDER ZIGGY NOCH ELSIE ODER MIR BEWUSST...
... DOCH AUS HEUTIGER SICHT IST DAS GANZE MEHR ALS SELTSAM...

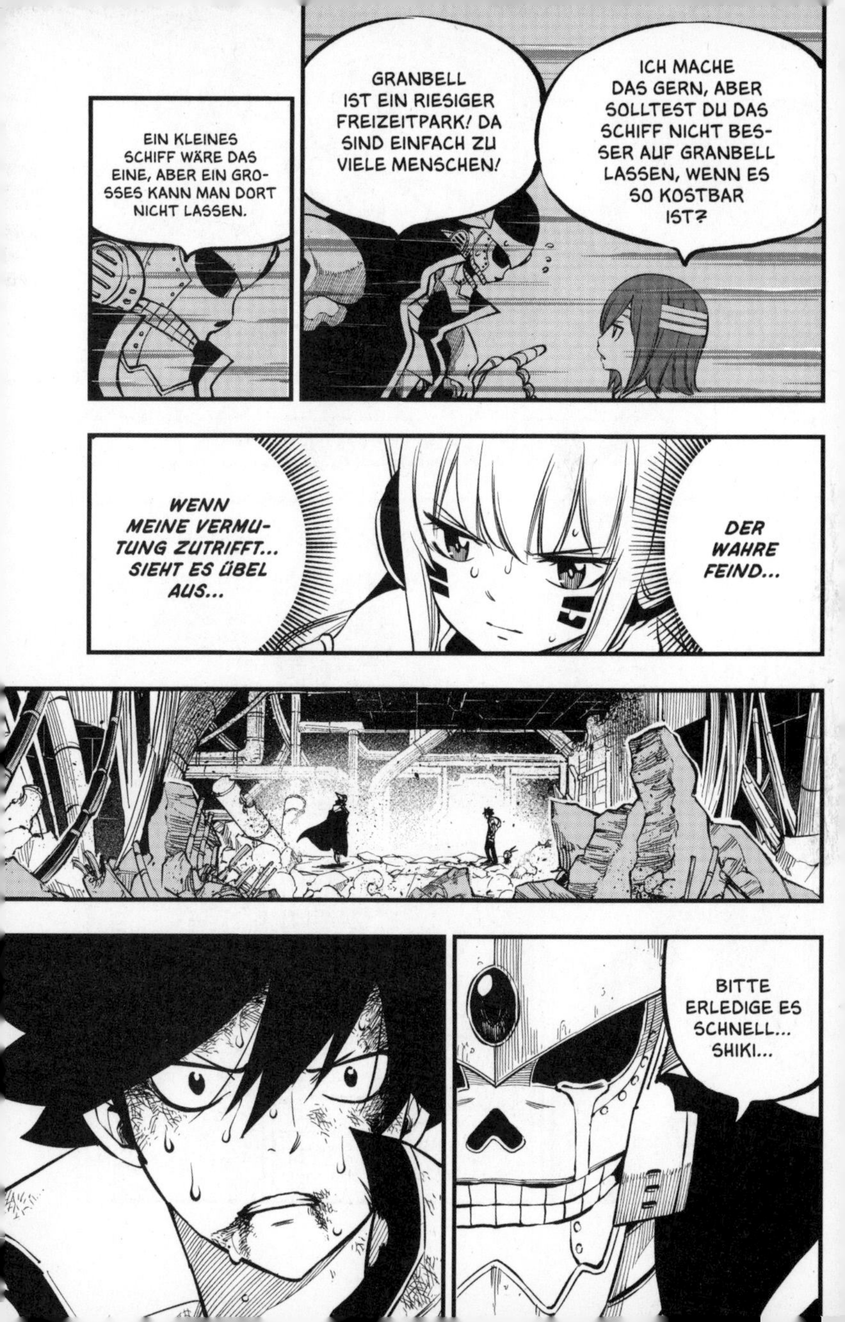
ICH MACHE DAS GERN, ABER SOLLTEST DU DAS SCHIFF NICHT BESSER AUF GRANBELL LASSEN, WENN ES SO KOSTBAR IST?
GRANBELL IST EIN RIESIGER FREIZEITPARK! DA SIND EINFACH ZU VIELE MENSCHEN!
EIN KLEINES SCHIFF WÄRE DAS EINE, ABER EIN GROSSES KANN MAN DORT NICHT LASSEN.
DER WAHRE FEIND...
WENN MEINE VERMUTUNG ZUTRIFFT... SIEHT ES ÜBEL AUS...
BITTE ERLEDIGE ES SCHNELL... SHIKI...

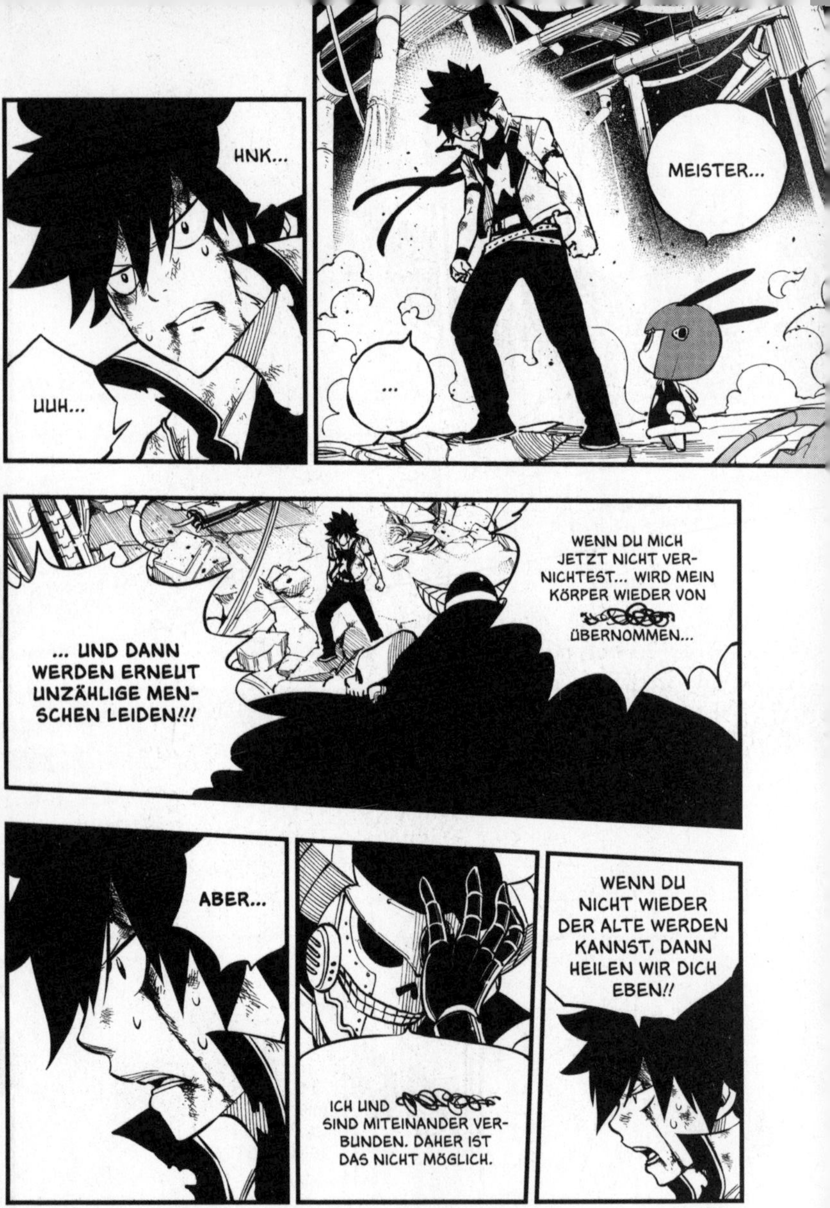
HNK...
UUH...
MEISTER...
...
WENN DU MICH JETZT NICHT VERNICHTEST... WIRD MEIN KÖRPER WIEDER VON ÜBERNOMMEN...
... UND DANN WERDEN ERNEUT UNZÄHLIGE MENSCHEN LEIDEN!!!
WENN DU NICHT WIEDER DER ALTE WERDEN KANNST, DANN HEILEN WIR DICH EBEN!!
ICH UND SIND MITEINANDER VERBUNDEN. DAHER IST DAS NICHT MÖGLICH.
ABER...

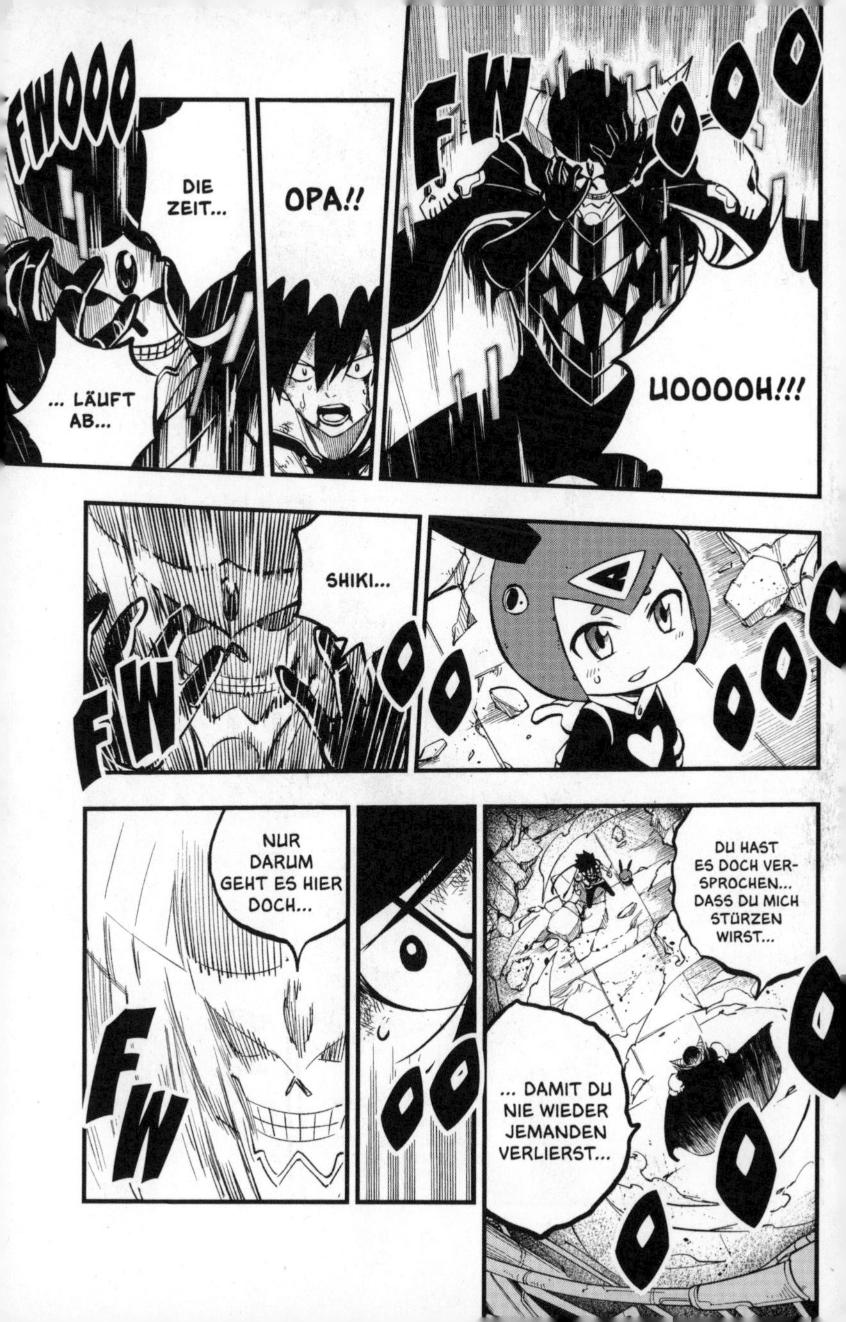
FWOOO
UOOOOH!!!
FWOOOO
OPA!!
DIE ZEIT...
... LÄUFT AB...
FWOOOO
SHIKI...
FWOOOO
DU HAST ES DOCH VERSPROCHEN... DASS DU MICH STÜRZEN WIRST...
... DAMIT DU NIE WIEDER JEMANDEN VERLIERST...
OOOO
NUR DARUM GEHT ES HIER DOCH...
FWOOOO

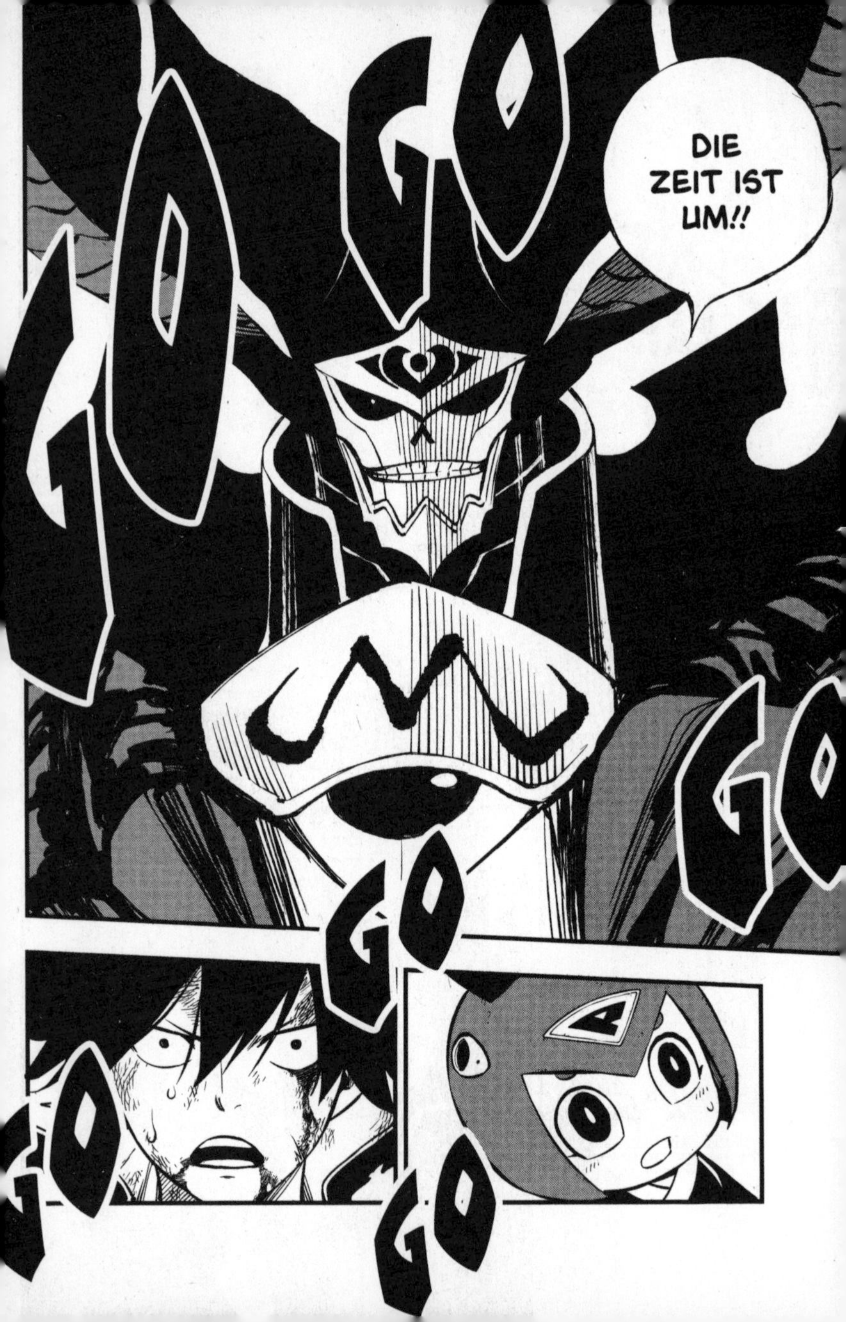
DIE ZEIT IST UM!!
GO GO GO
GO GO
GO GO

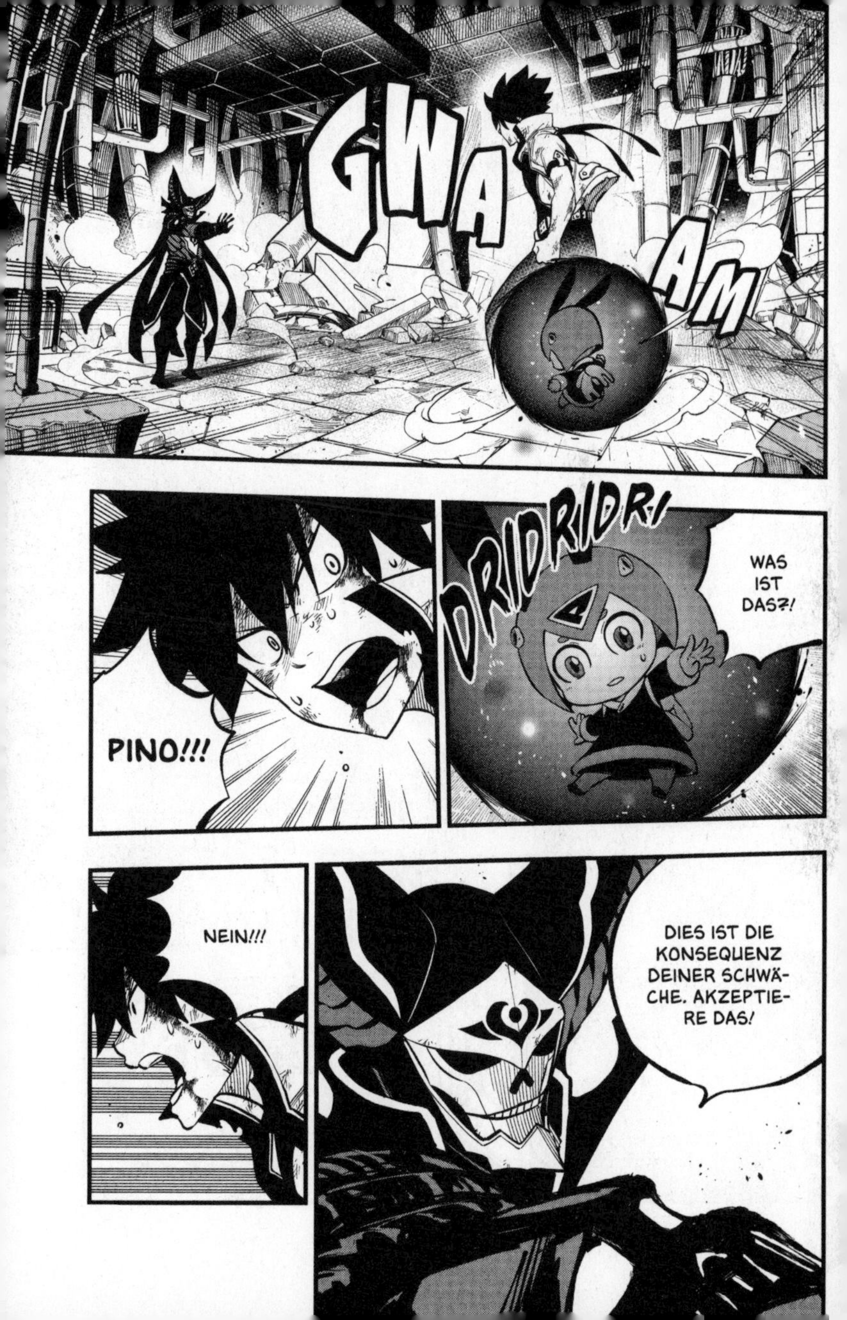
GWA
AM
DRIDRIDRI
WAS IST DAS?!
PINO!!!
DIES IST DIE KONSEQUENZ DEINER SCHWÄCHE. AKZEPTIERE DAS!
NEIN!!!

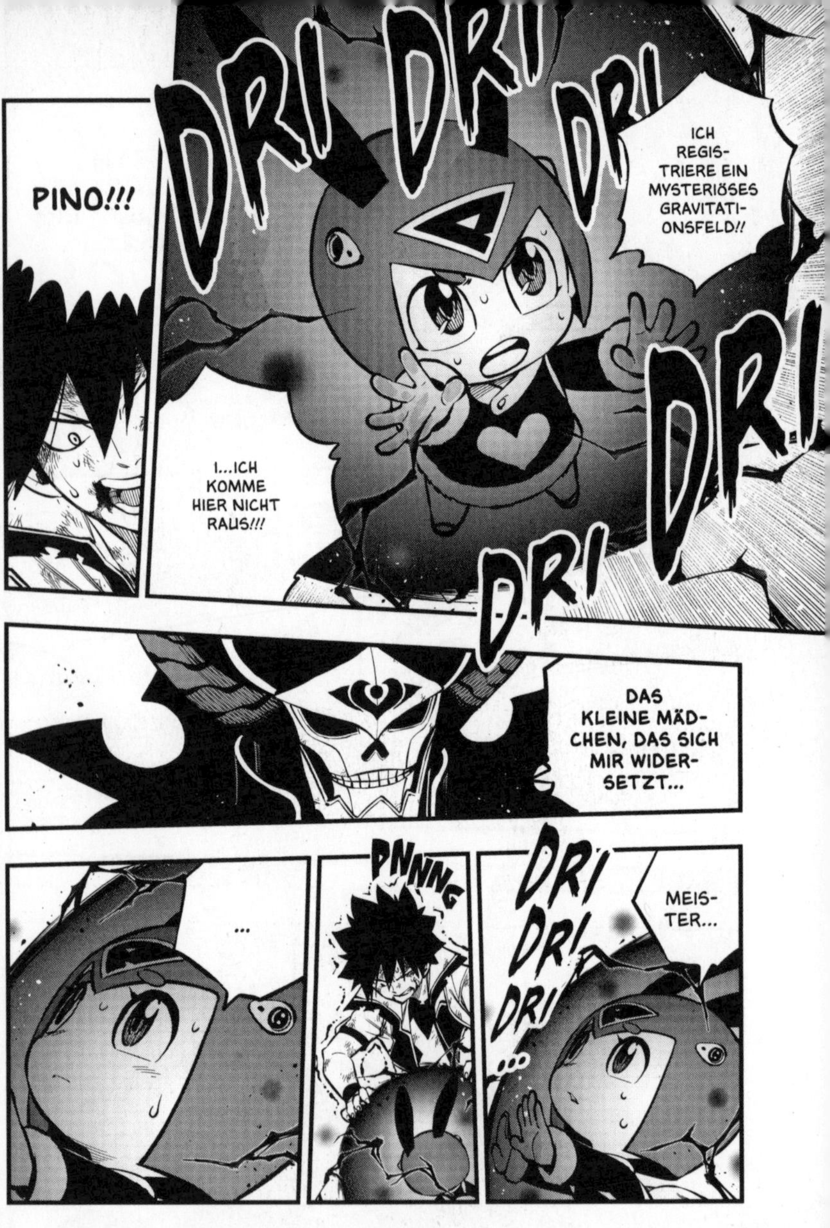
DRI DRI DRI
ICH REGIS-TRIERE EIN MYSTERIÖSES GRAVITATI-ONSFELD!!
PINO!!!
DRI DRI
I...ICH KOMME HIER NICHT RAUS!!!
DAS KLEINE MÄD-CHEN, DAS SICH MIR WIDER-SETZT...
...
PNNNG
DRI DRI DRI
MEIS-TER...

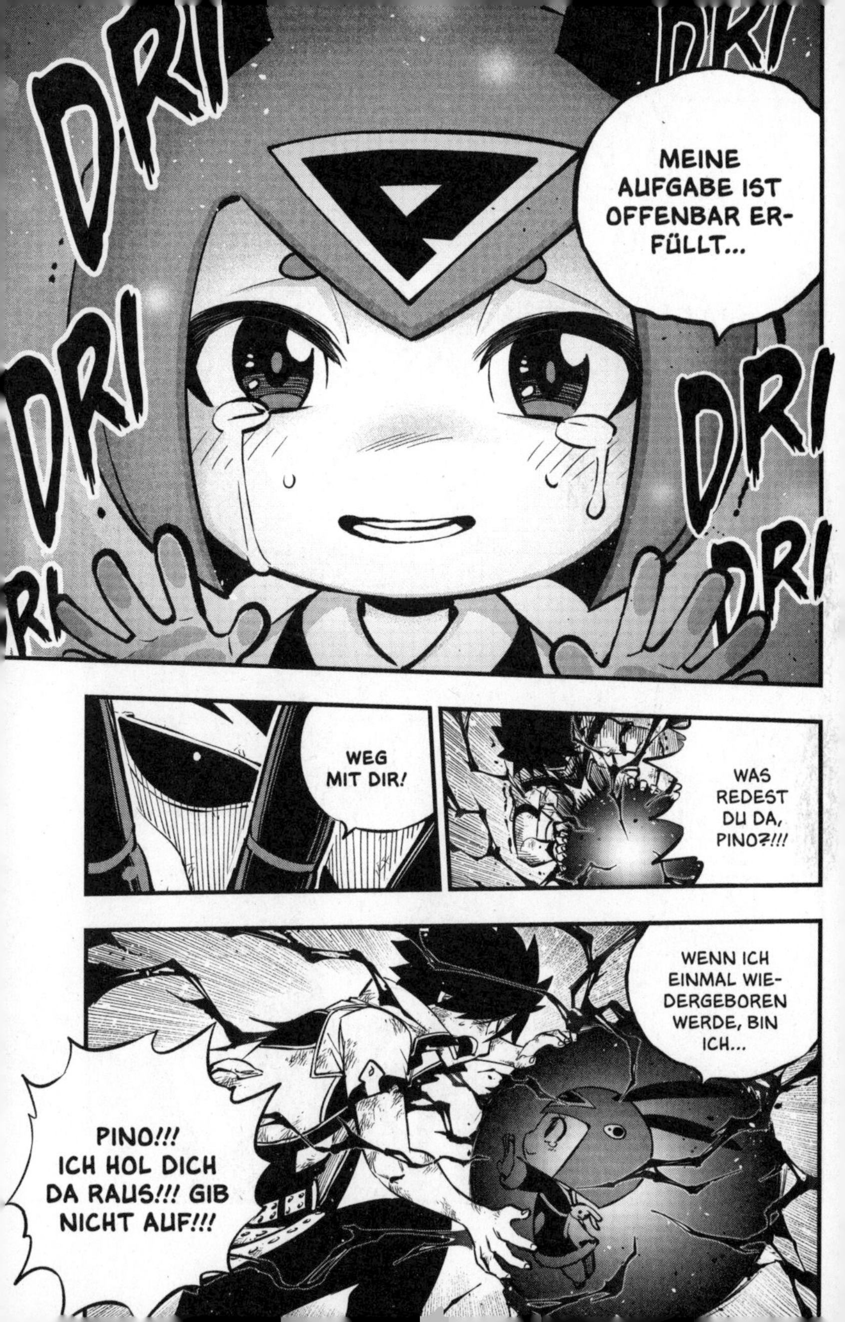
DRI
DRI
MEINE AUFGABE IST OFFENBAR ERFÜLLT...
DRI
DRI
DRI
WEG MIT DIR!
WAS REDEST DU DA, PINO?!!!
WENN ICH EINMAL WIEDERGEBOREN WERDE, BIN ICH...
PINO!!! ICH HOL DICH DA RAUS!!! GIB NICHT AUF!!!

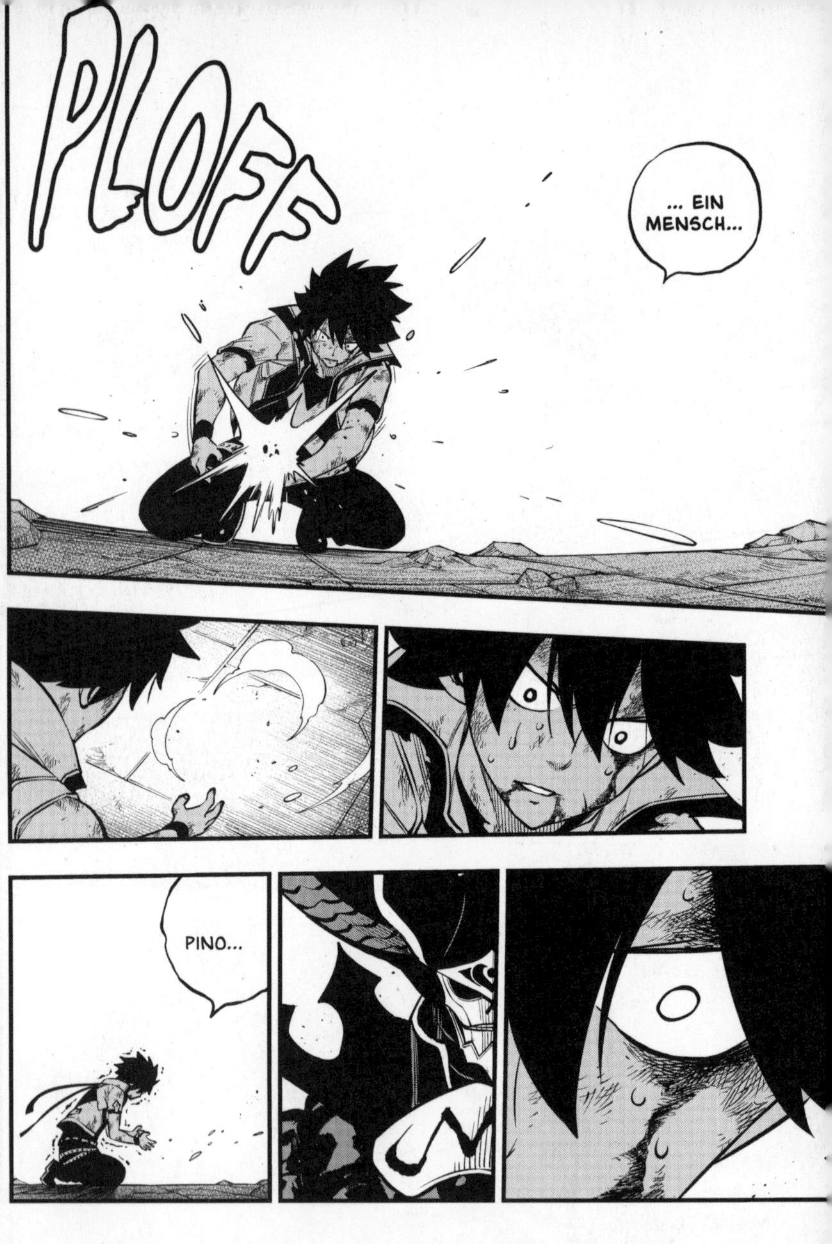
PLOFF
... EIN MENSCH...
PINO...

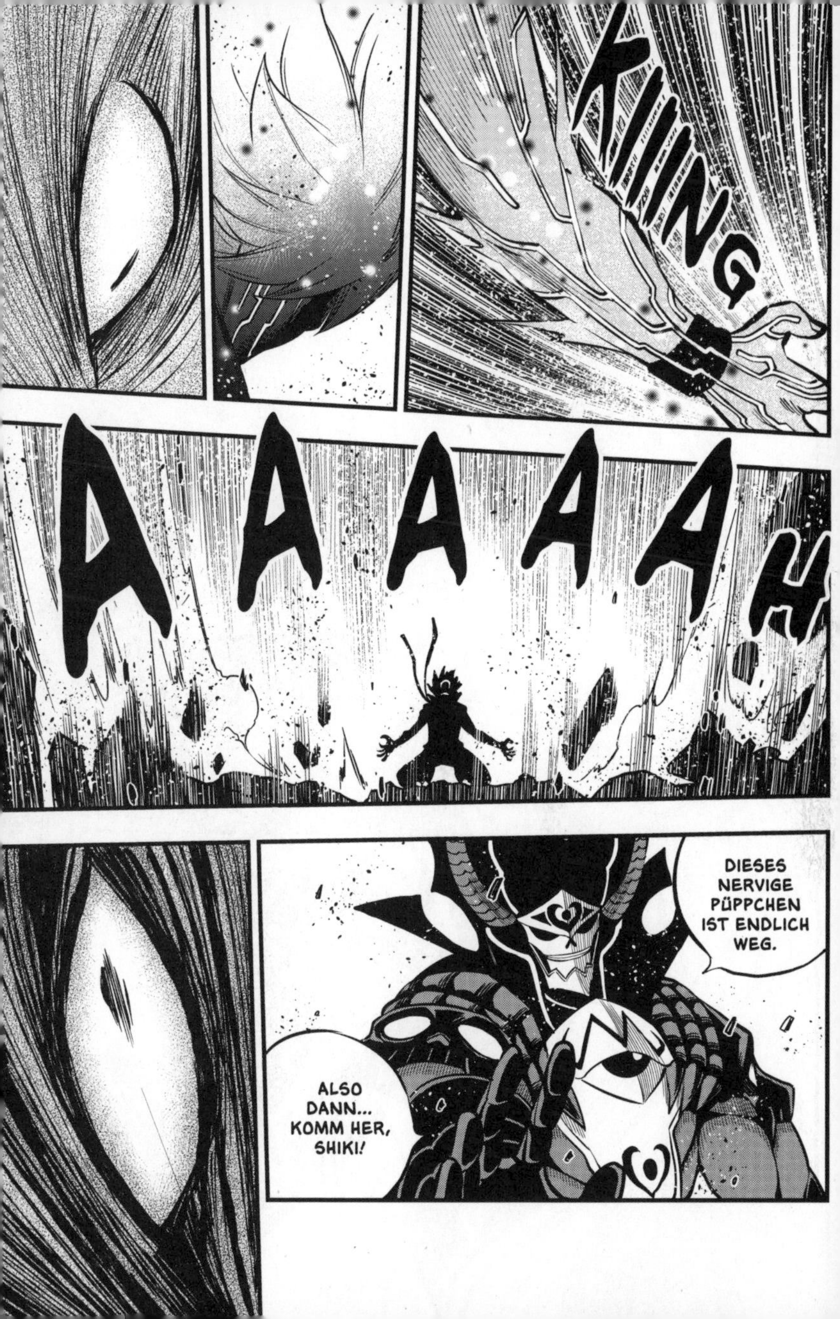
KIIING
AAAAAH
DIESES NERVIGE PÜPPCHEN IST ENDLICH WEG.
ALSO DANN... KOMM HER, SHIKI!

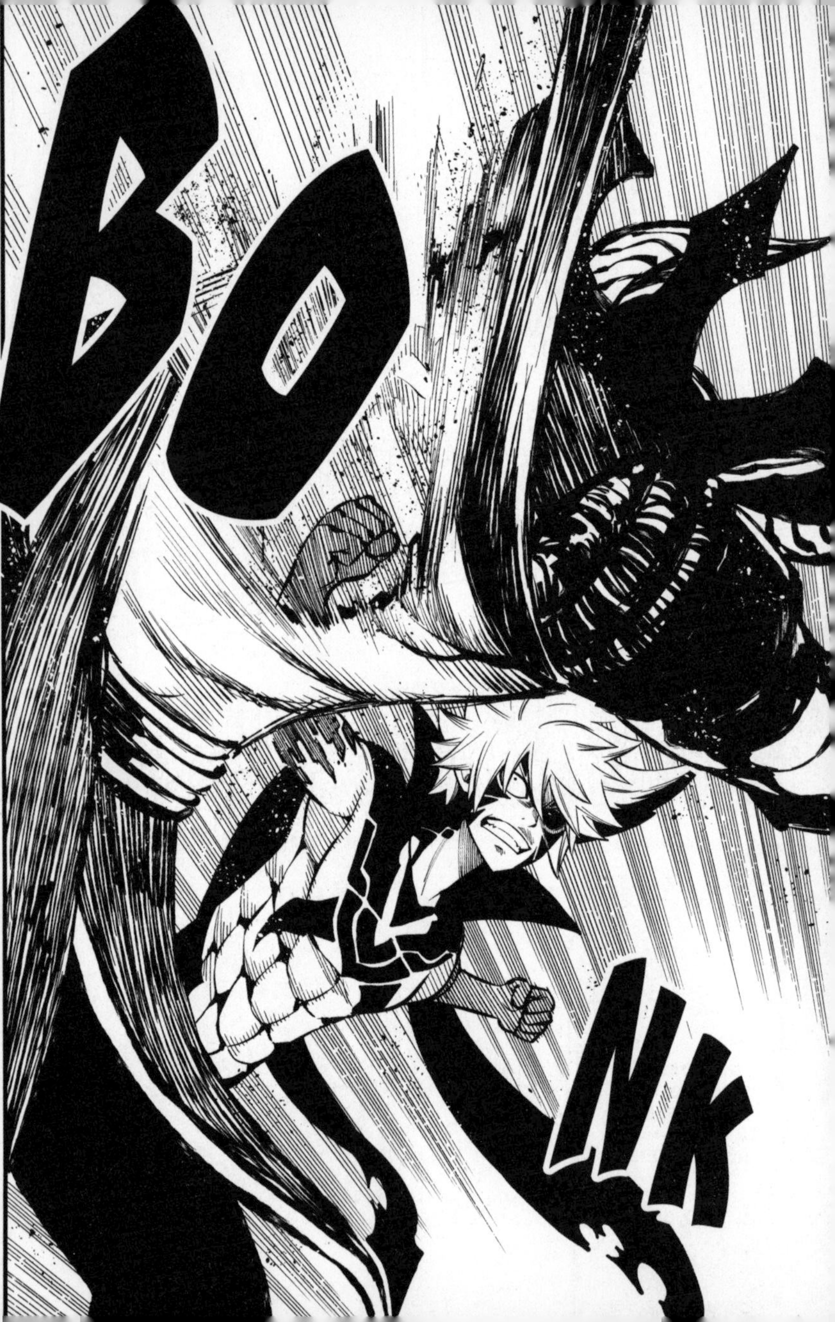
BO
NK

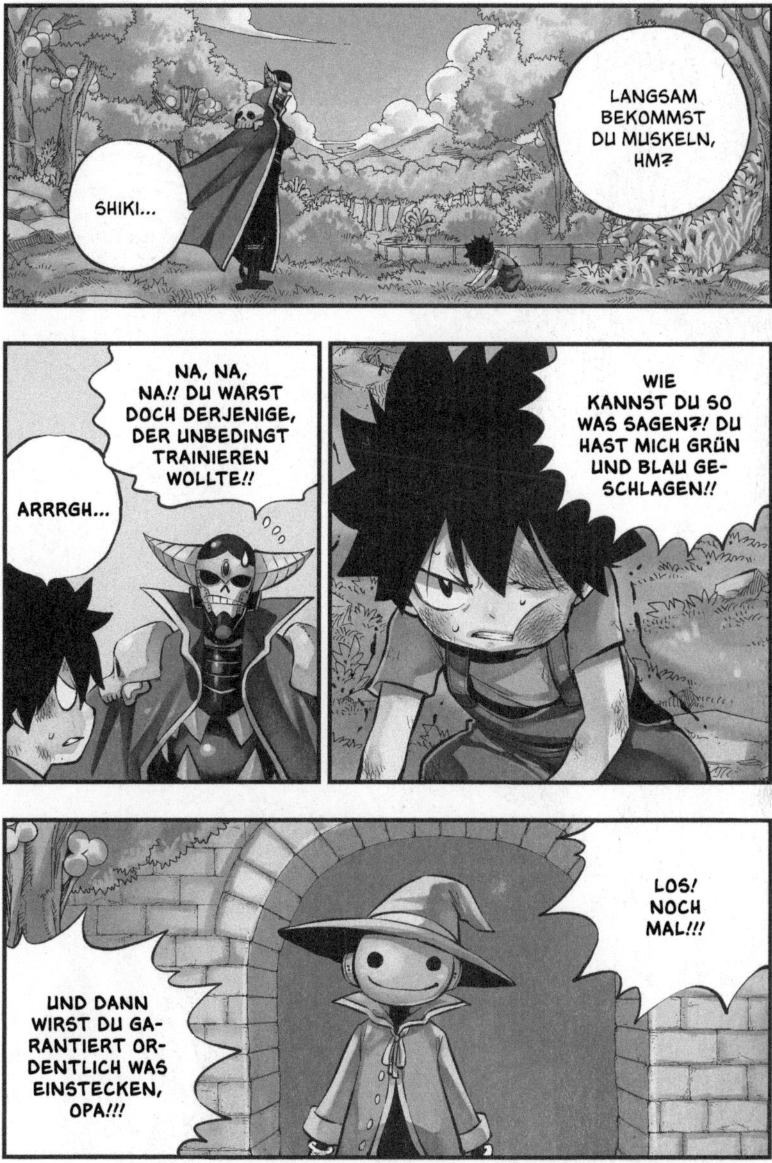
LANGSAM BEKOMMST DU MUSKELN, HM?
SHIKI...
WIE KANNST DU SO WAS SAGEN?! DU HAST MICH GRÜN UND BLAU GE-SCHLAGEN!!
NA, NA, NA!! DU WARST DOCH DERJENIGE, DER UNBEDINGT TRAINIEREN WOLLTE!!
ARRRGH...
LOS! NOCH MAL!!!
UND DANN WIRST DU GA-RANTIERT OR-DENTLICH WAS EINSTECKEN, OPA!!!

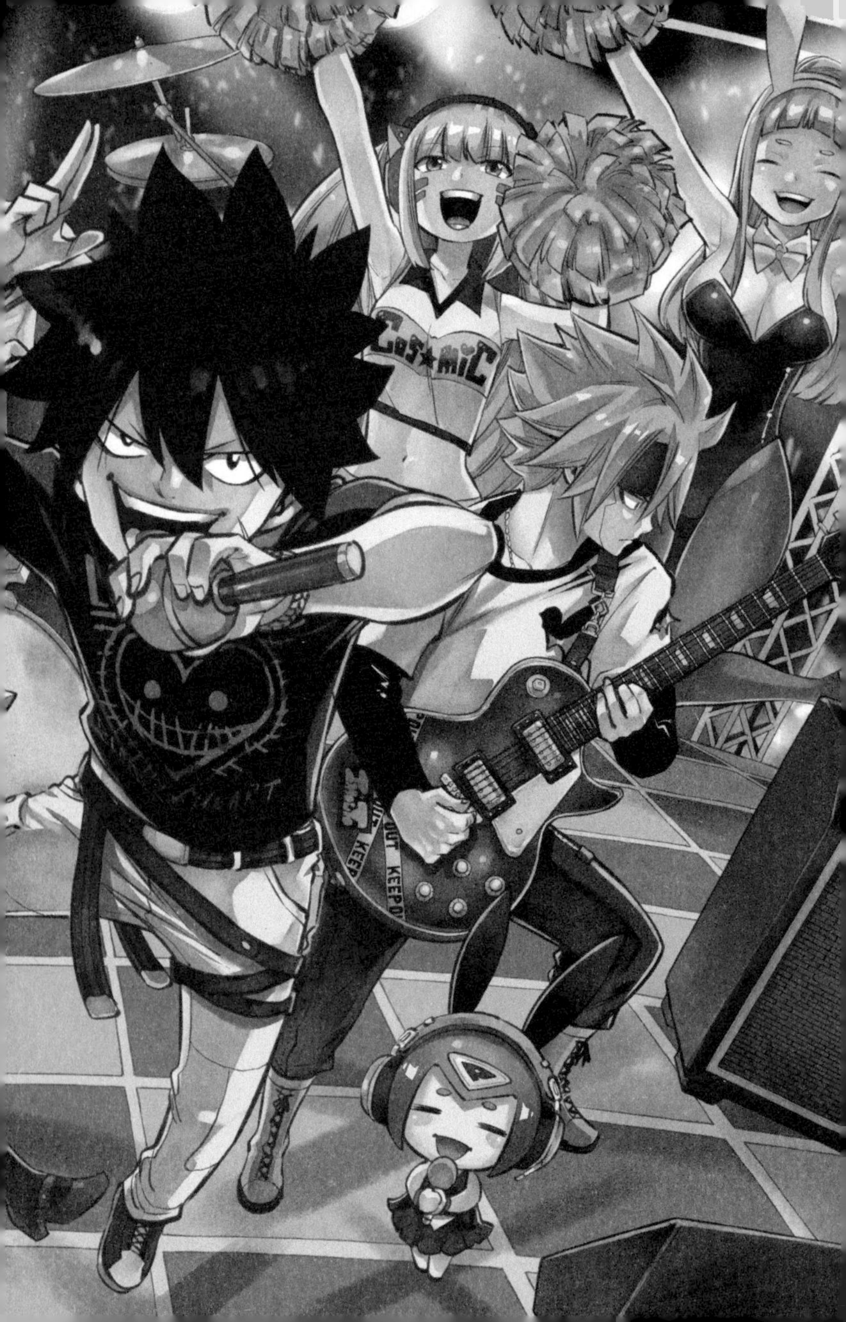
Cos★miC

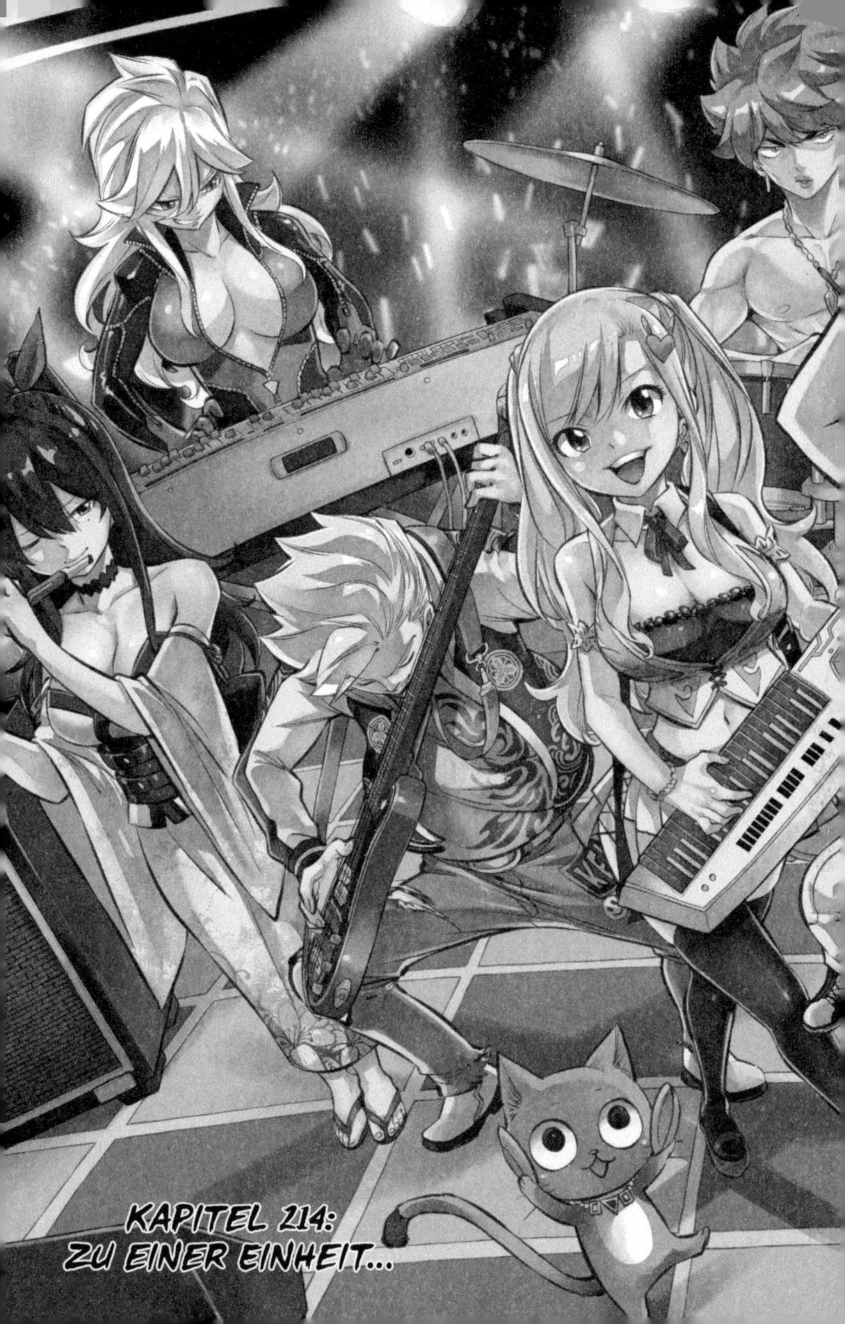
KAPITEL 214:
ZU EINER EINHEIT...

EDENS ZERO

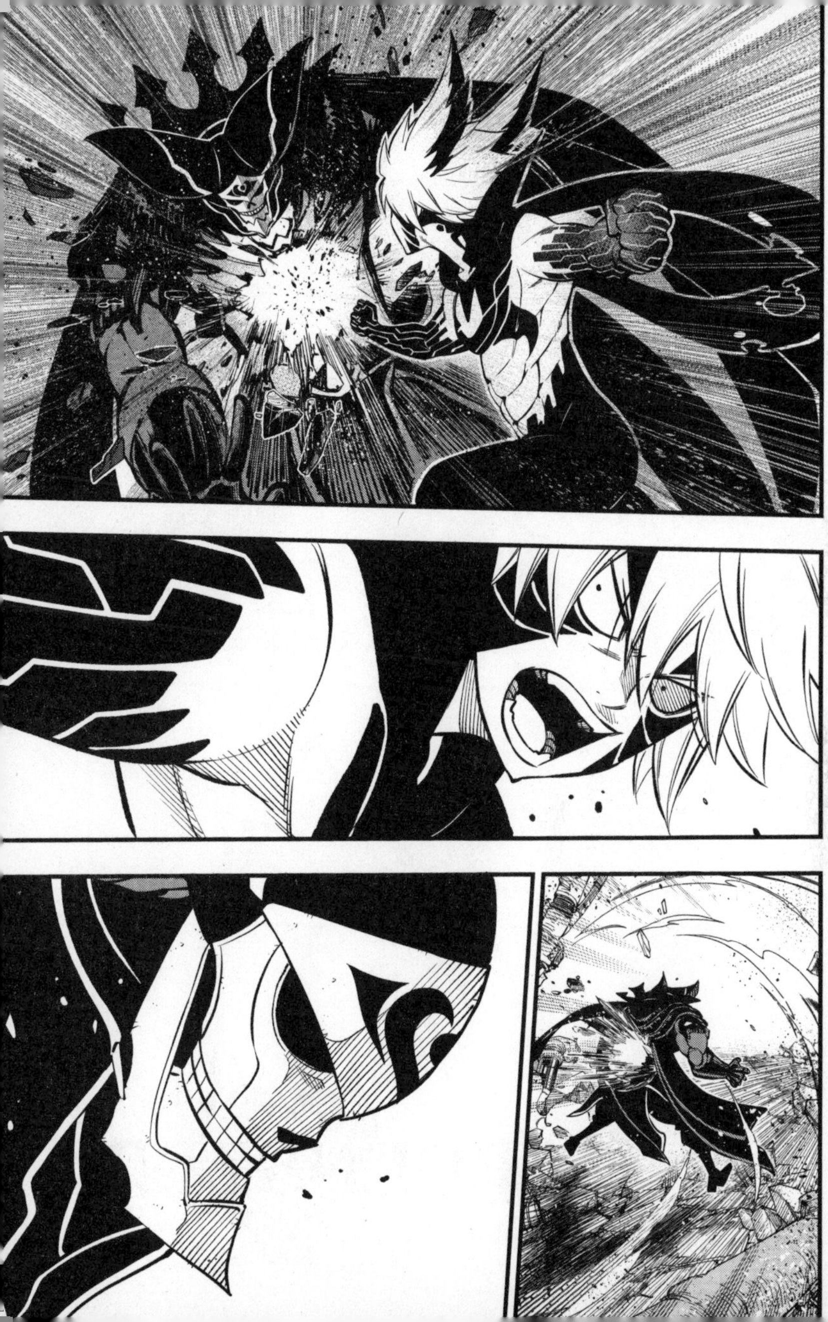

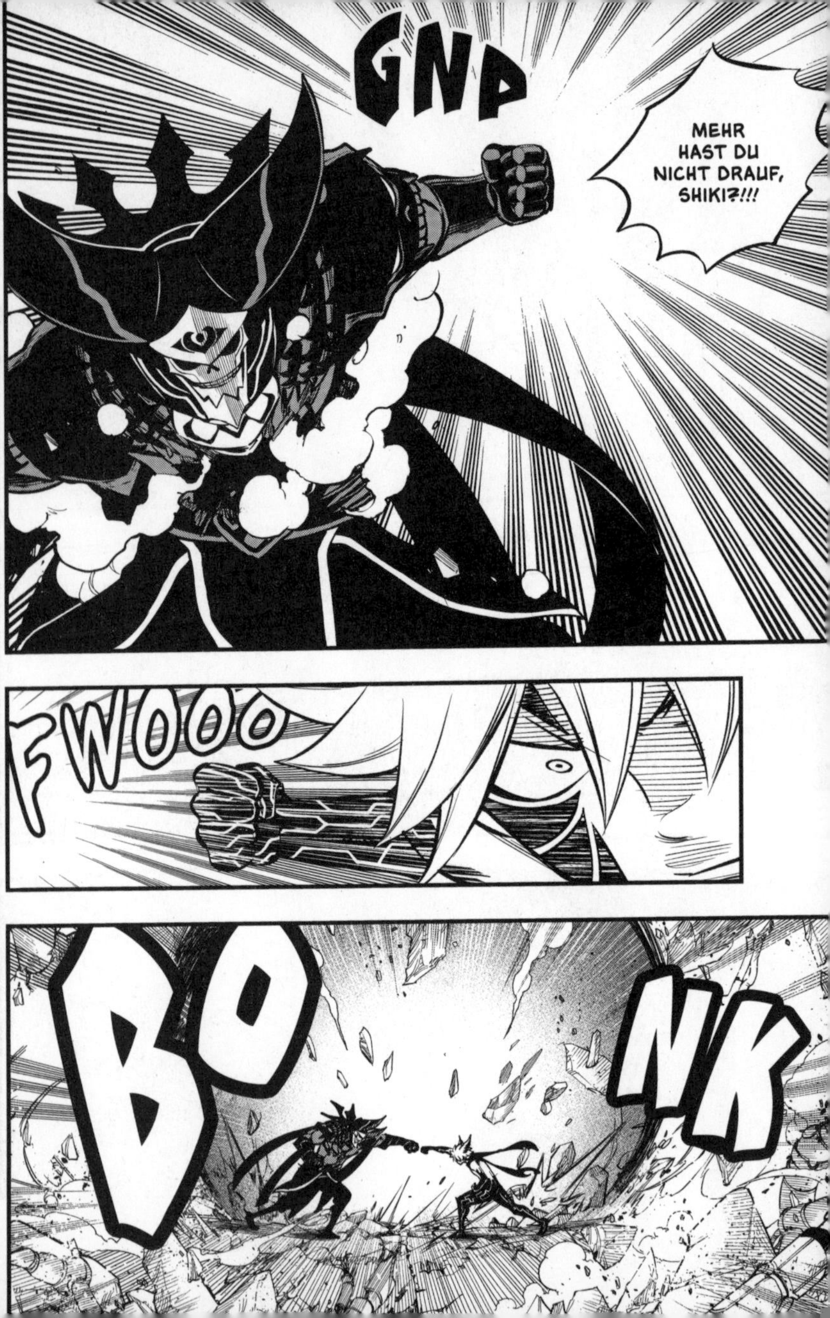
GNP
MEHR HAST DU NICHT DRAUF, SHIKI?!!!
FWOOO
BONK

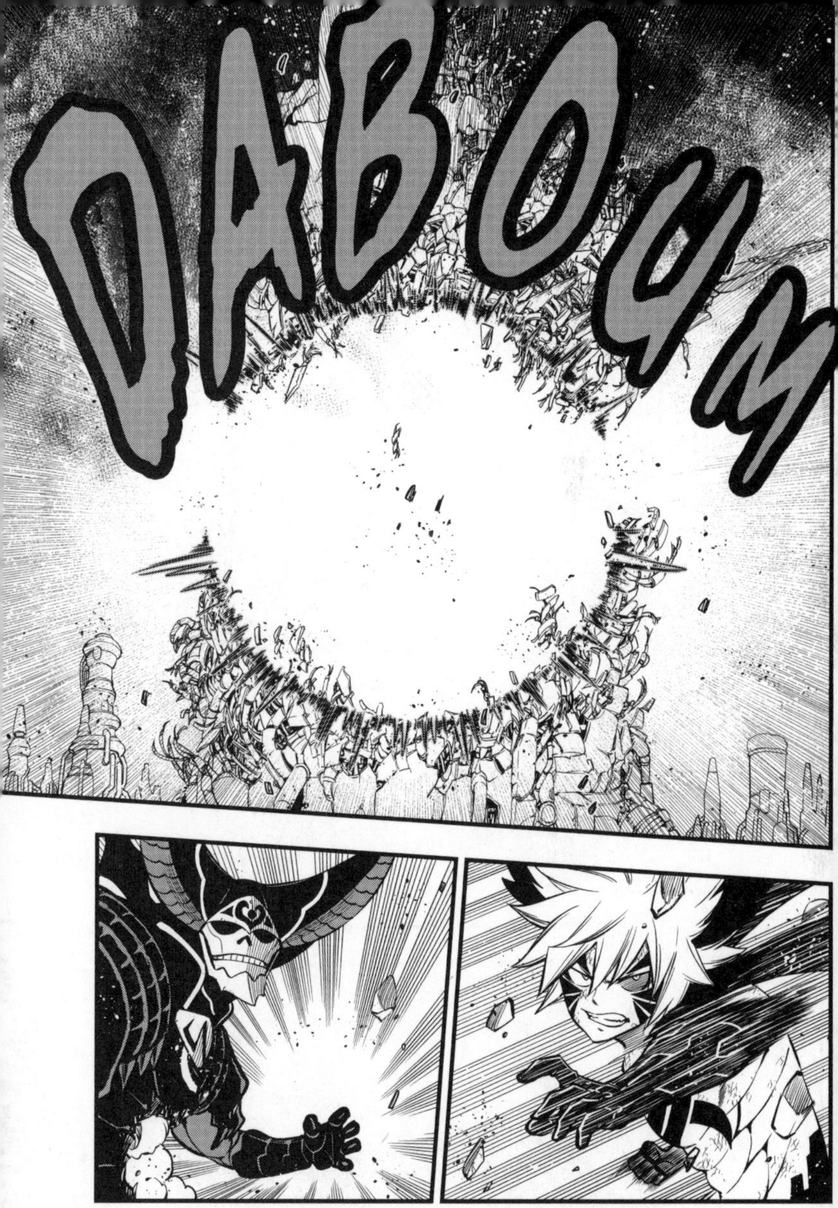
DABOOM

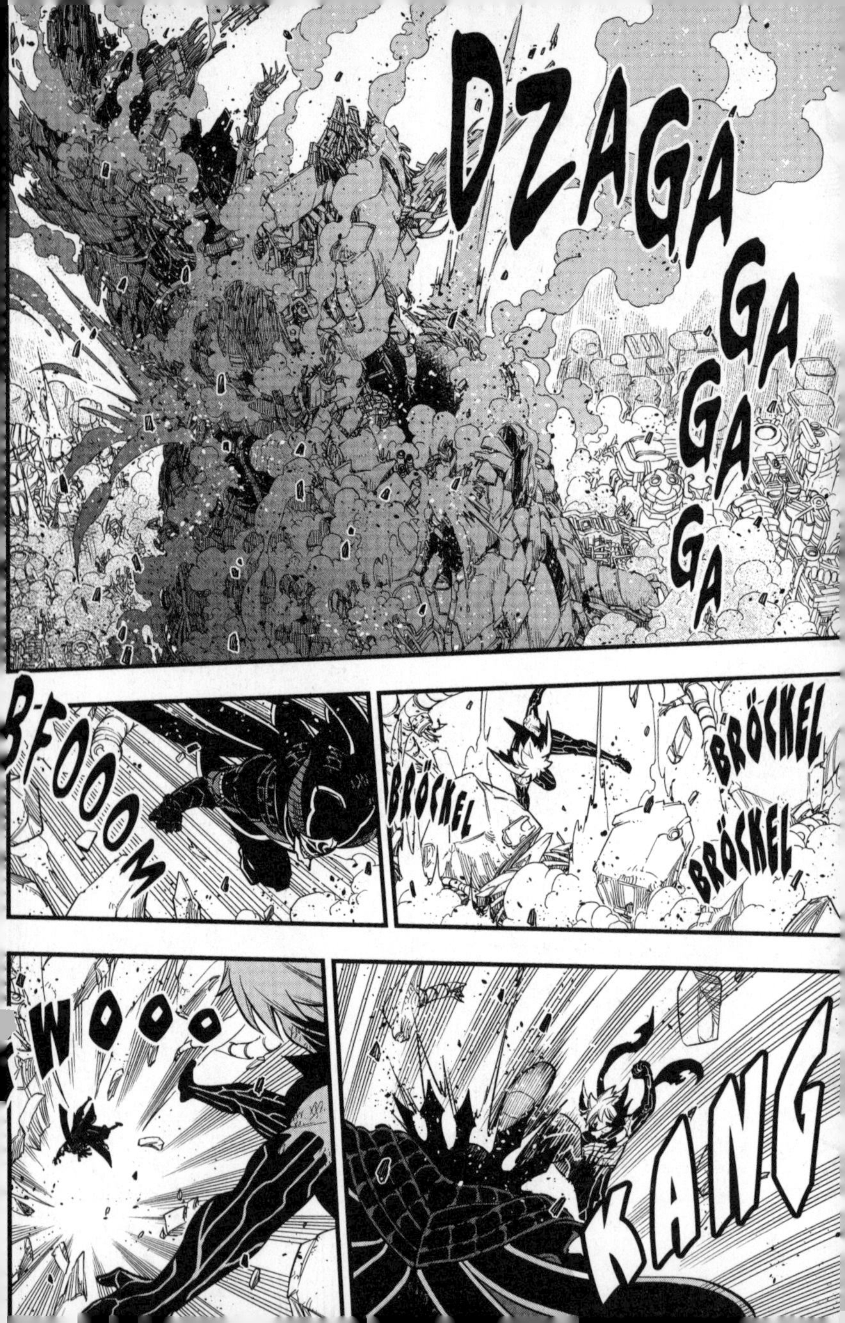
DZAGA GA GA GA
BRÖCKEL
BRÖCKEL
BRÖCKEL
B-FOOOM
KANG
WOOO

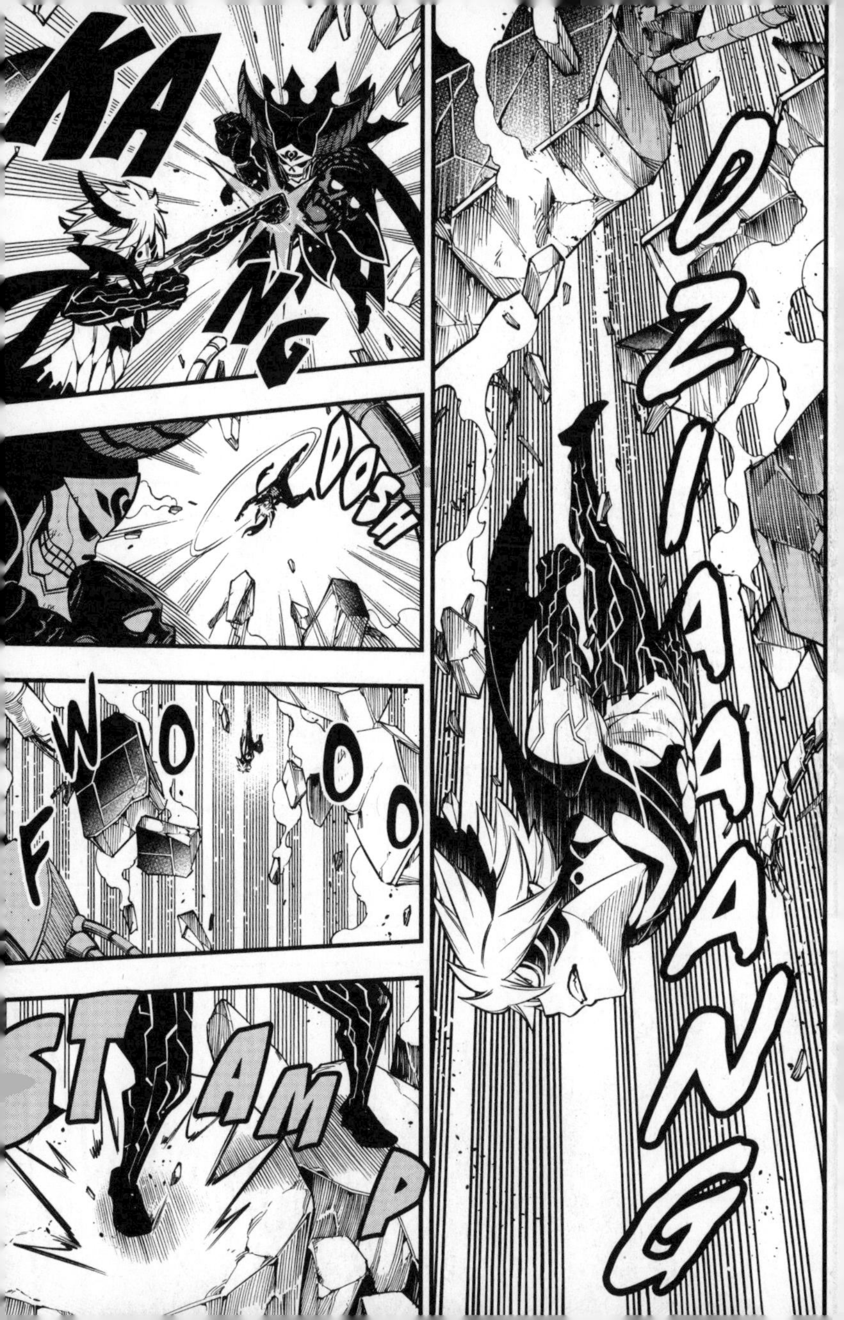
DZIAAANG
KANG
DOSH
FWOOO
STAMP

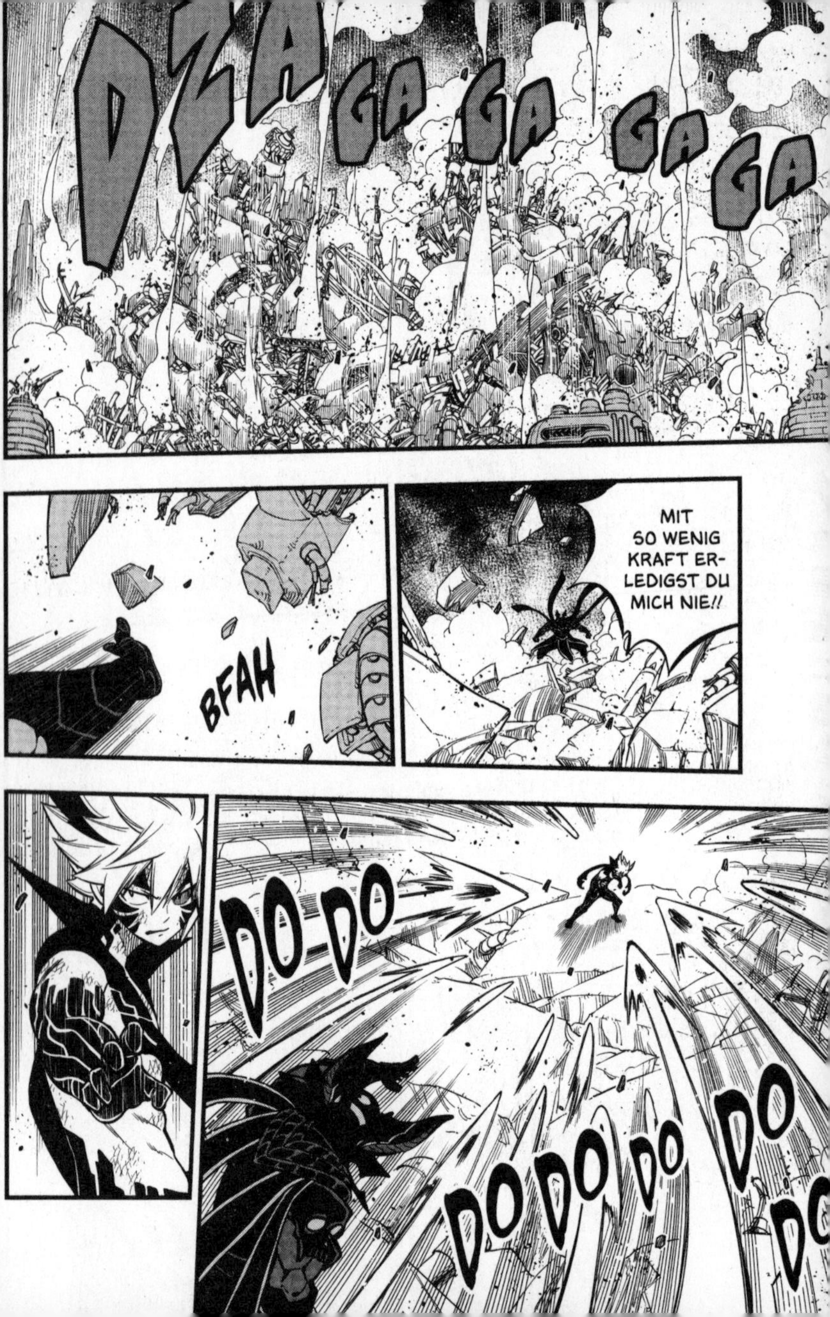
DZA GA GA GA GA
BFAH
MIT SO WENIG KRAFT ER-LEDIGST DU MICH NIE!!
DO DO
DO DO DO DO DO

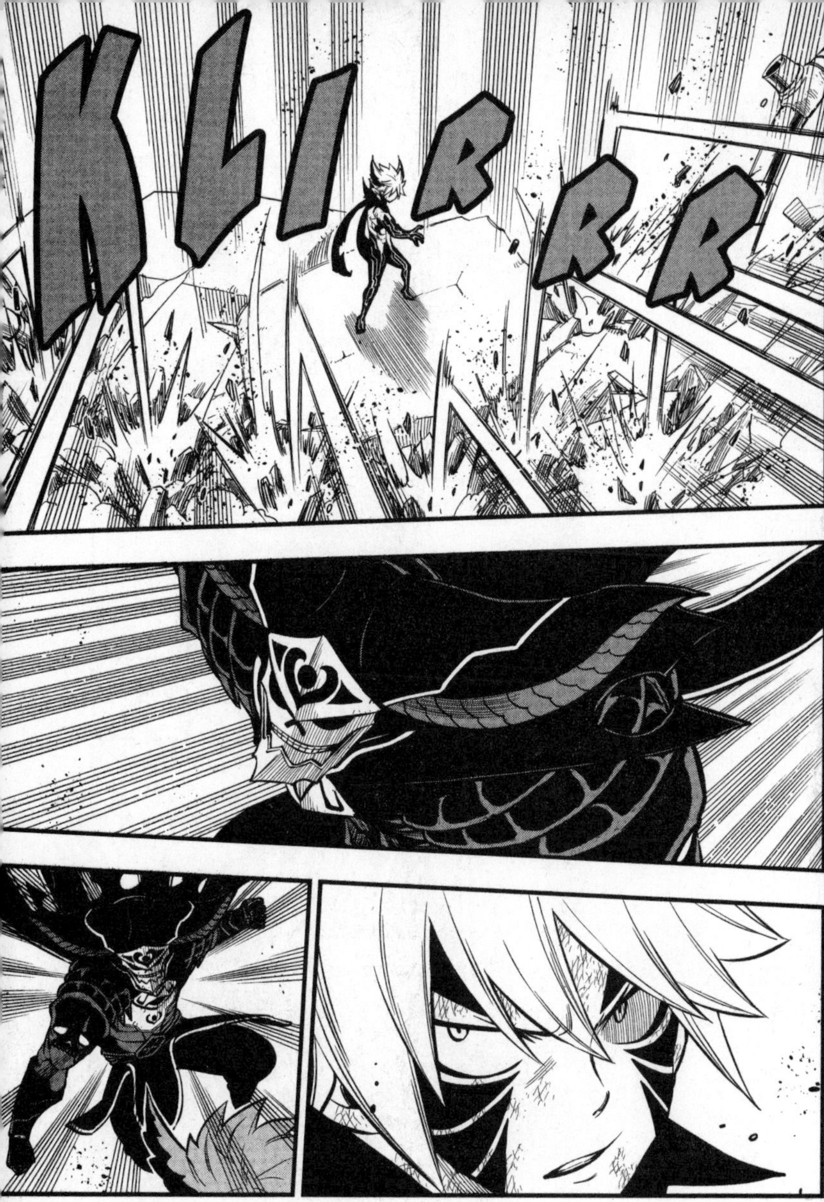
KLIRRRR

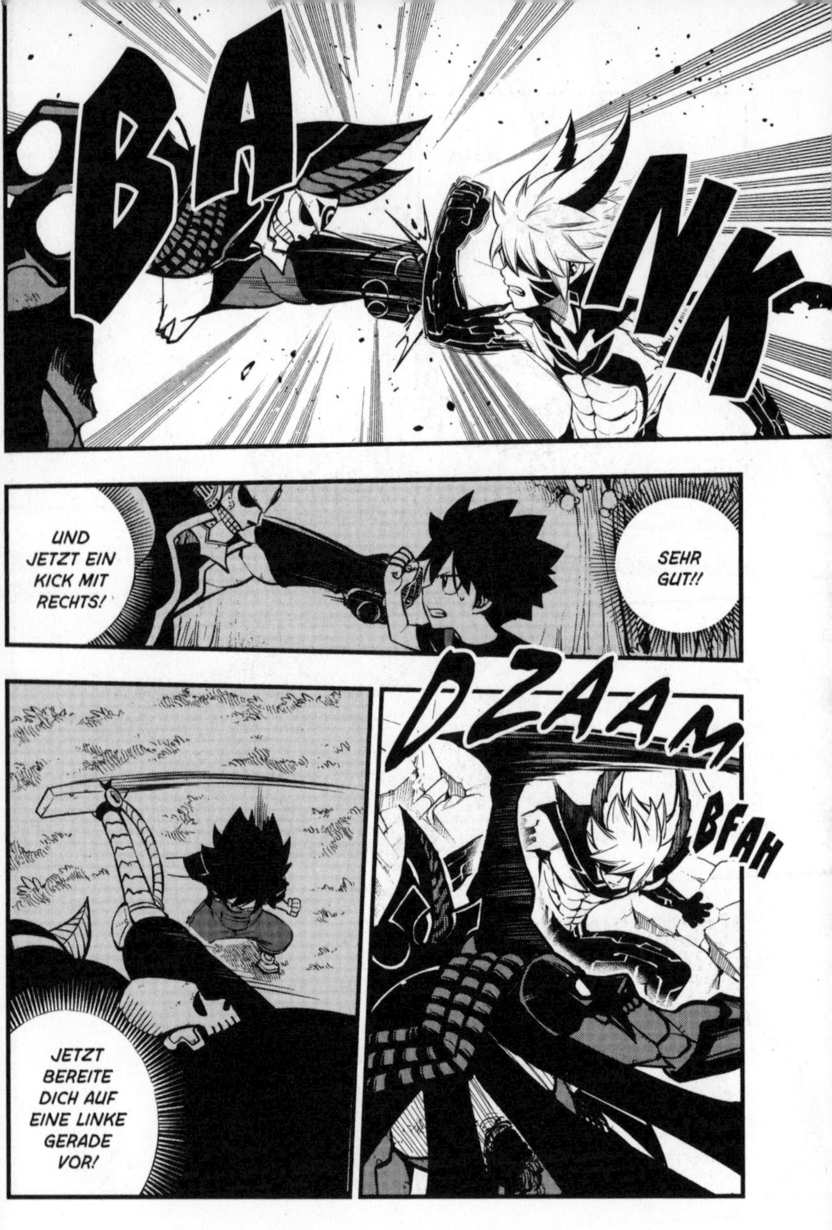
BA
NK
UND JETZT EIN KICK MIT RECHTS!
SEHR GUT!!
DZAAM
BFAH
JETZT BEREITE DICH AUF EINE LINKE GERADE VOR!

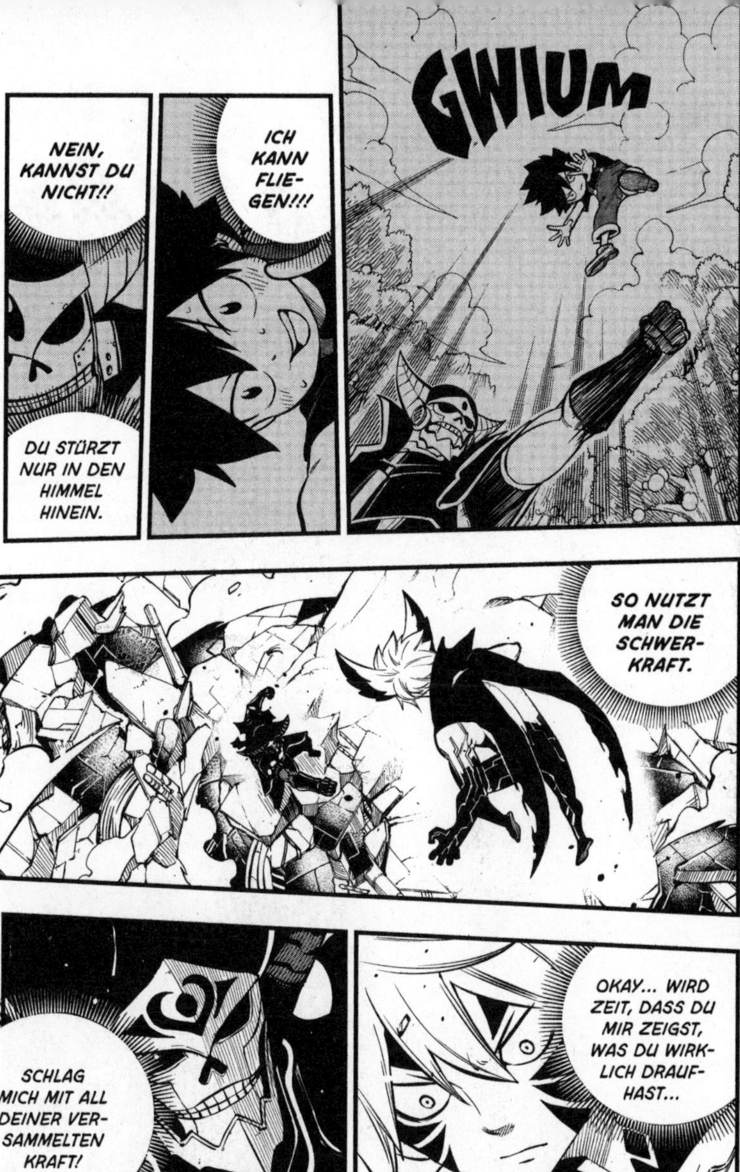
GWIUM
ICH KANN FLIE-GEN!!!
NEIN, KANNST DU NICHT!!
DU STÜRZT NUR IN DEN HIMMEL HINEIN.
SO NUTZT MAN DIE SCHWER-KRAFT.
OKAY... WIRD ZEIT, DASS DU MIR ZEIGST, WAS DU WIRK-LICH DRAUF-HAST...
SCHLAG MICH MIT ALL DEINER VER-SAMMELTEN KRAFT!

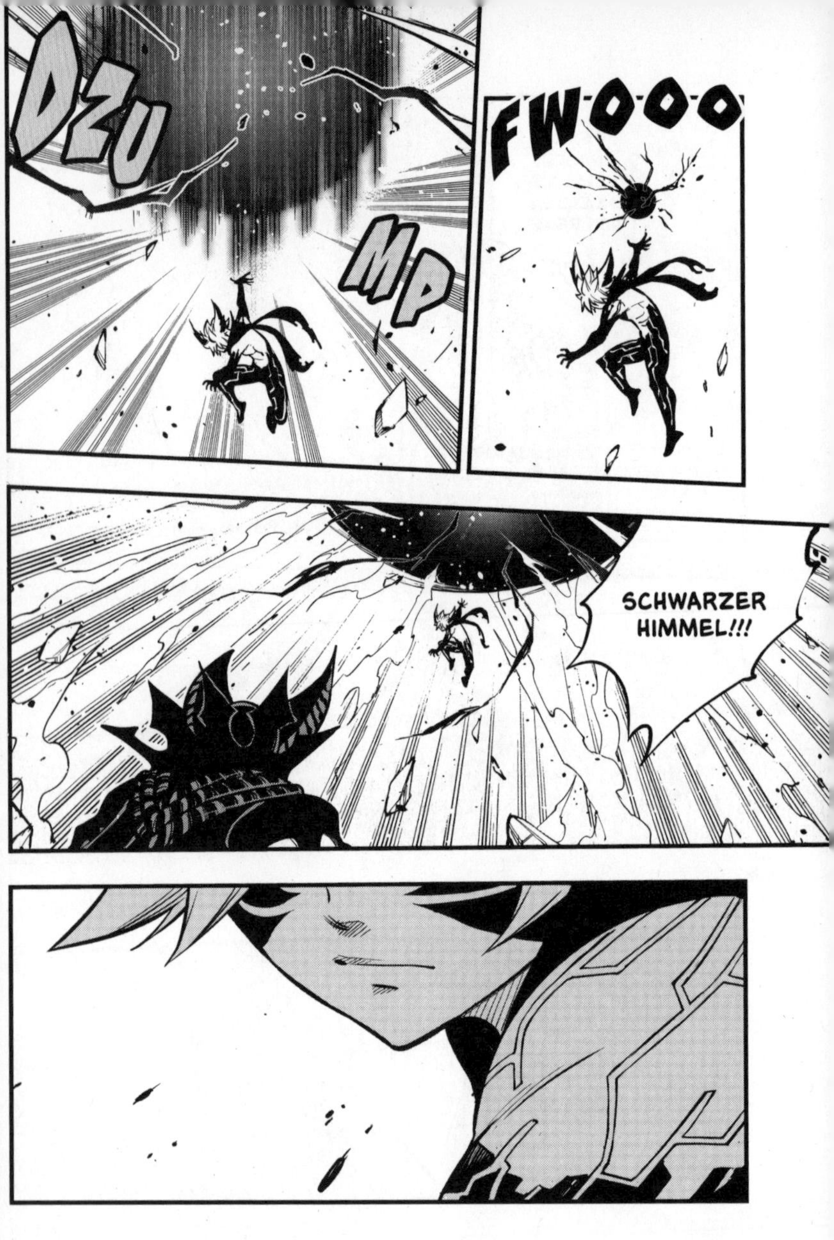
FWOOO
DZUMP
SCHWARZER HIMMEL!!!

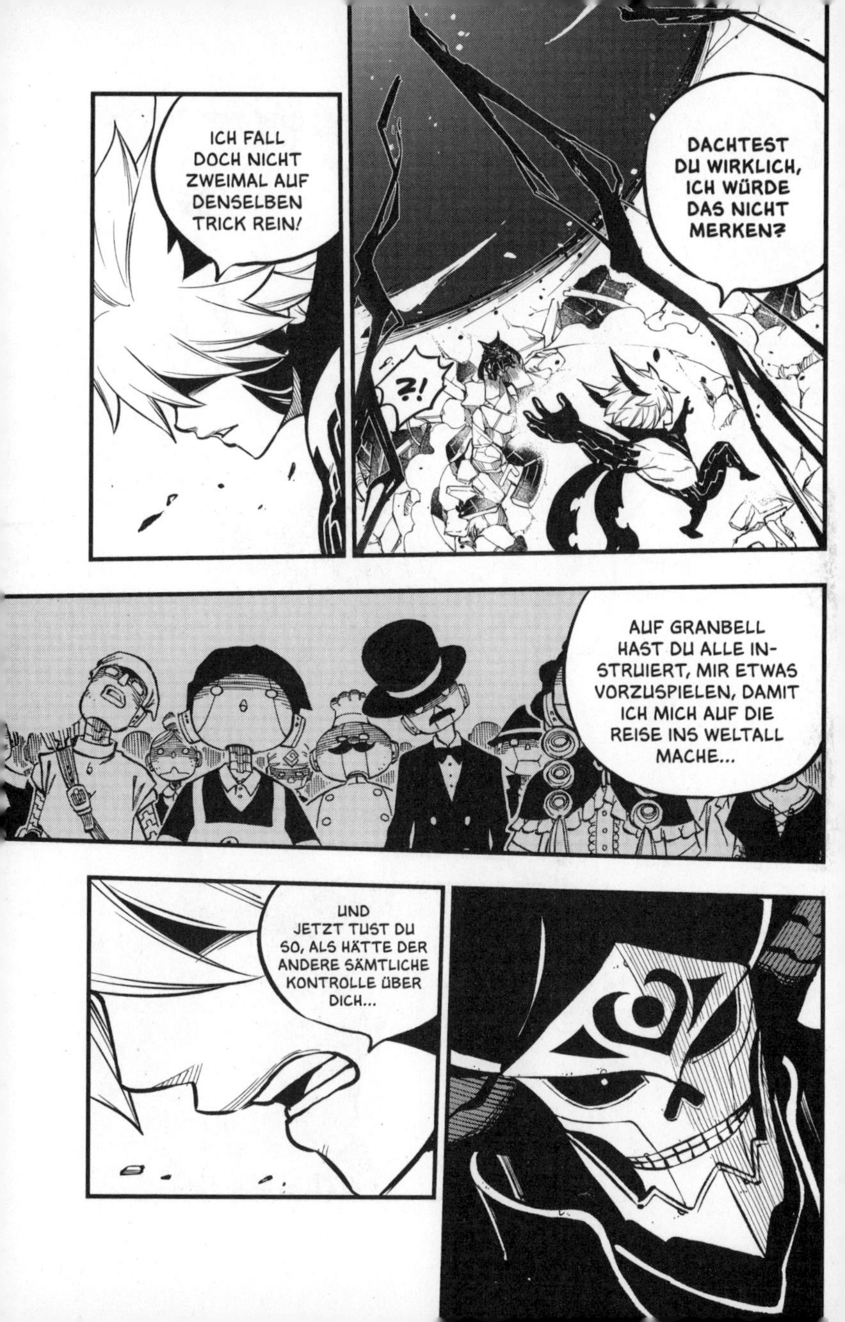
DACHTEST DU WIRKLICH, ICH WÜRDE DAS NICHT MERKEN?
?!
ICH FALL DOCH NICHT ZWEIMAL AUF DENSELBEN TRICK REIN!
AUF GRANBELL HAST DU ALLE IN-STRUIERT, MIR ETWAS VORZUSPIELEN, DAMIT ICH MICH AUF DIE REISE INS WELTALL MACHE...
UND JETZT TUST DU SO, ALS HÄTTE DER ANDERE SÄMTLICHE KONTROLLE ÜBER DICH...

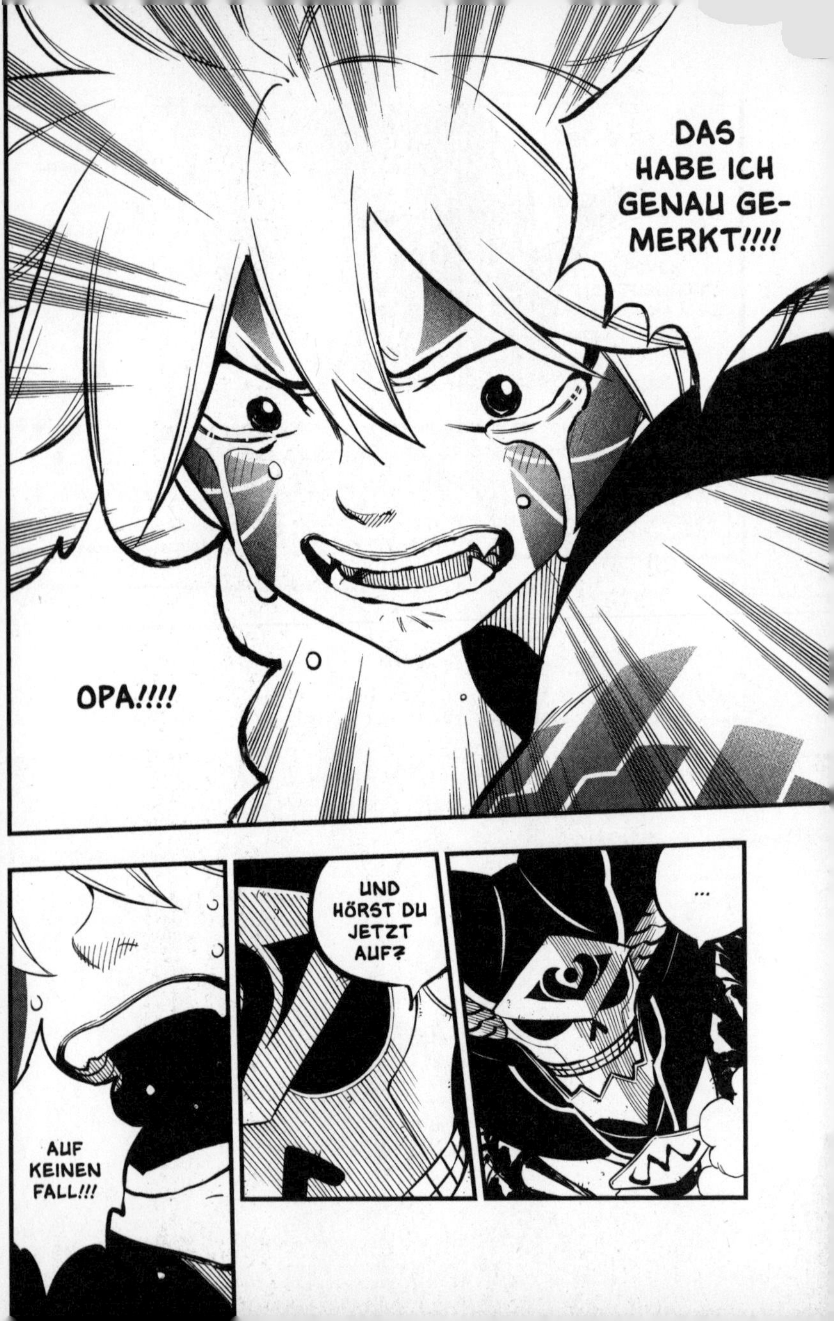
DAS HABE ICH GENAU GE-MERKT!!!!
OPA!!!!
...
UND HÖRST DU JETZT AUF?
AUF KEINEN FALL!!!

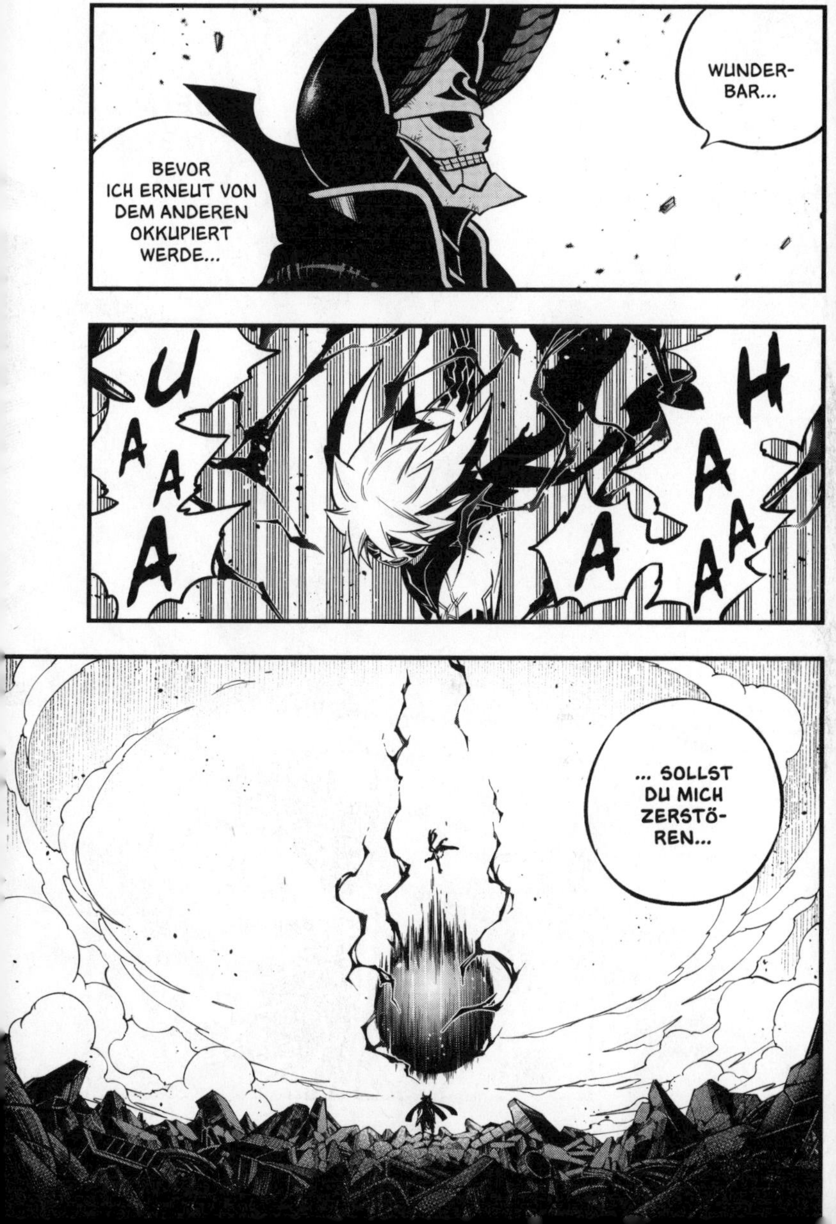
WUNDER-
BAR...
BEVOR ICH ERNEUT VON DEM ANDEREN OKKUPIERT WERDE...
UAAAA
HAAAAA
... SOLLST DU MICH ZERSTÖ-REN...

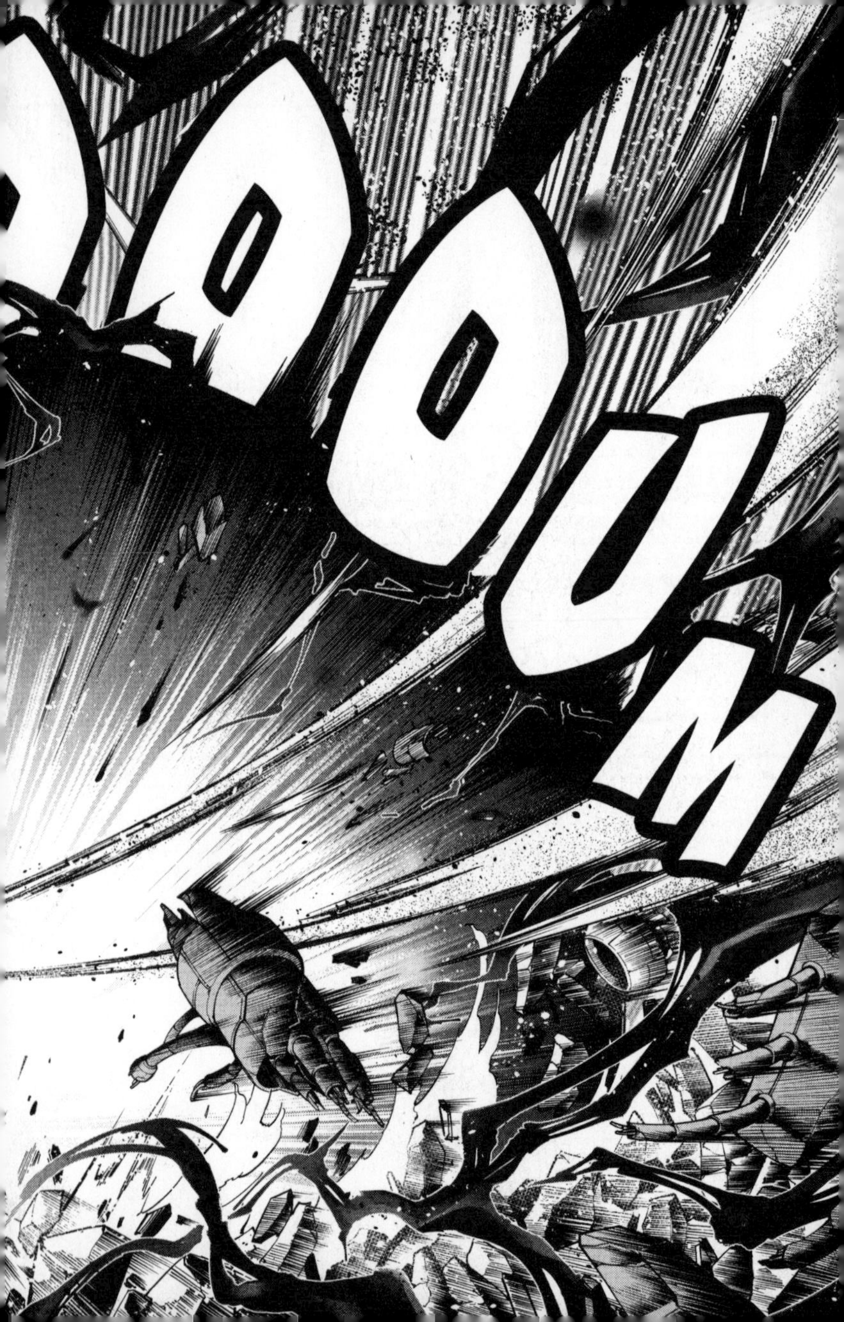
OOUM

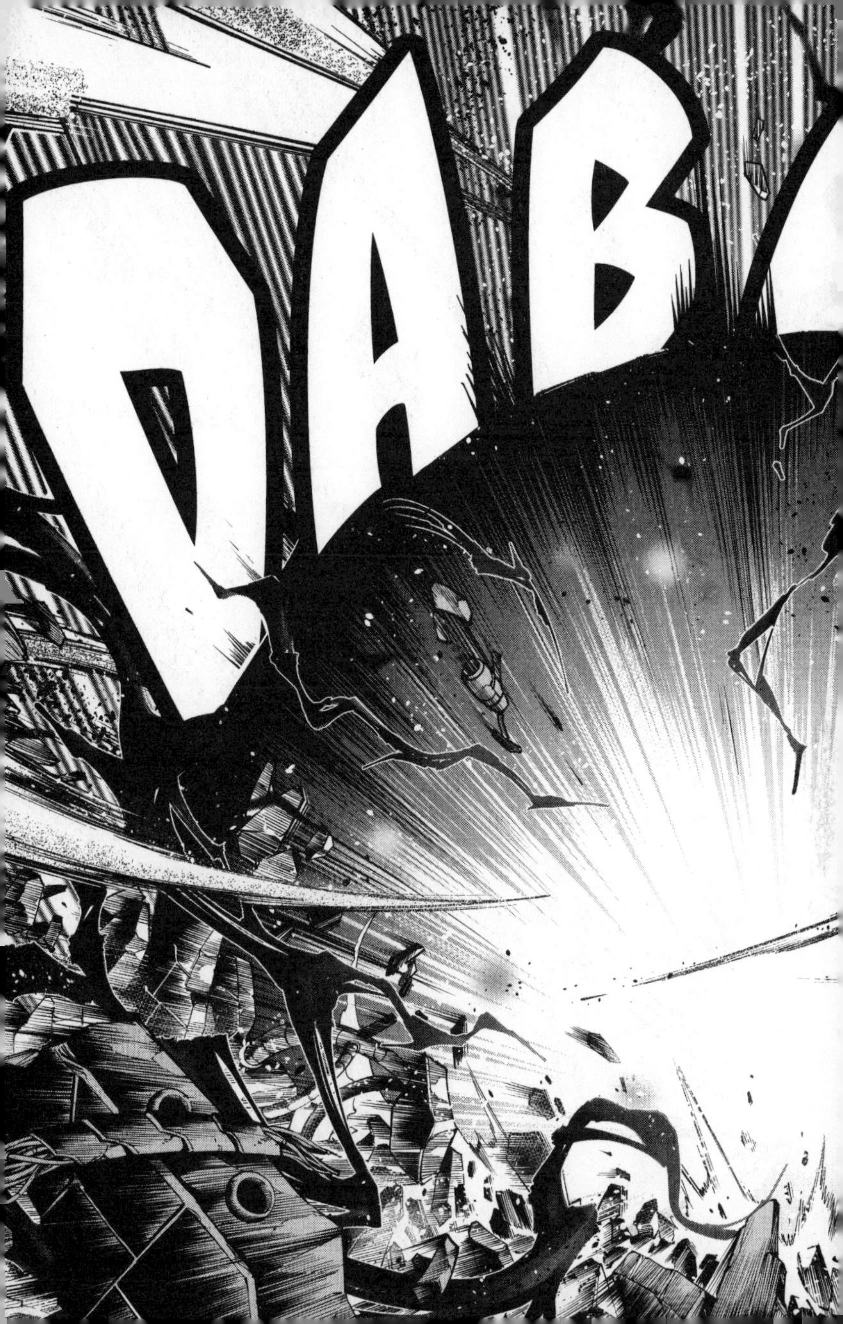
DAB

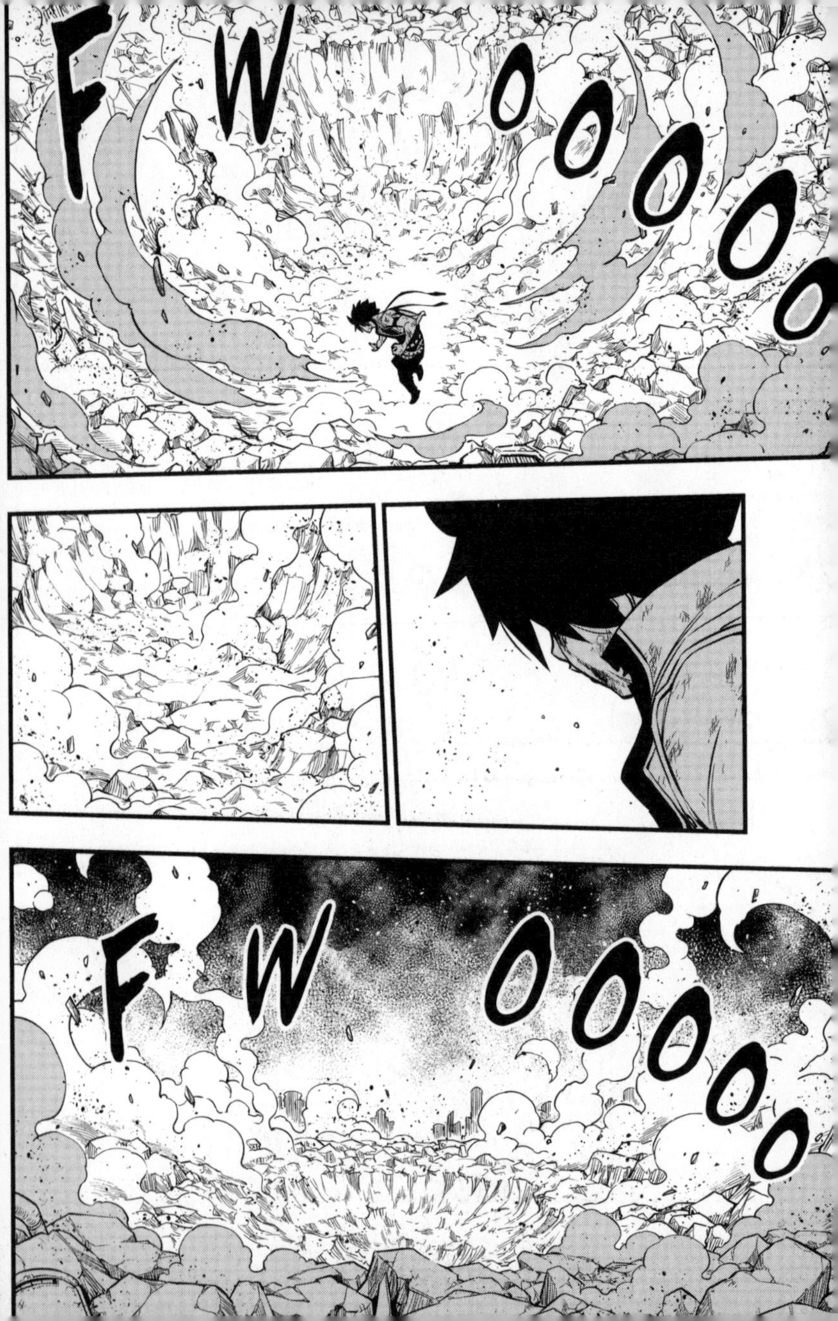
FWOOOOOO
FWOOOOOO

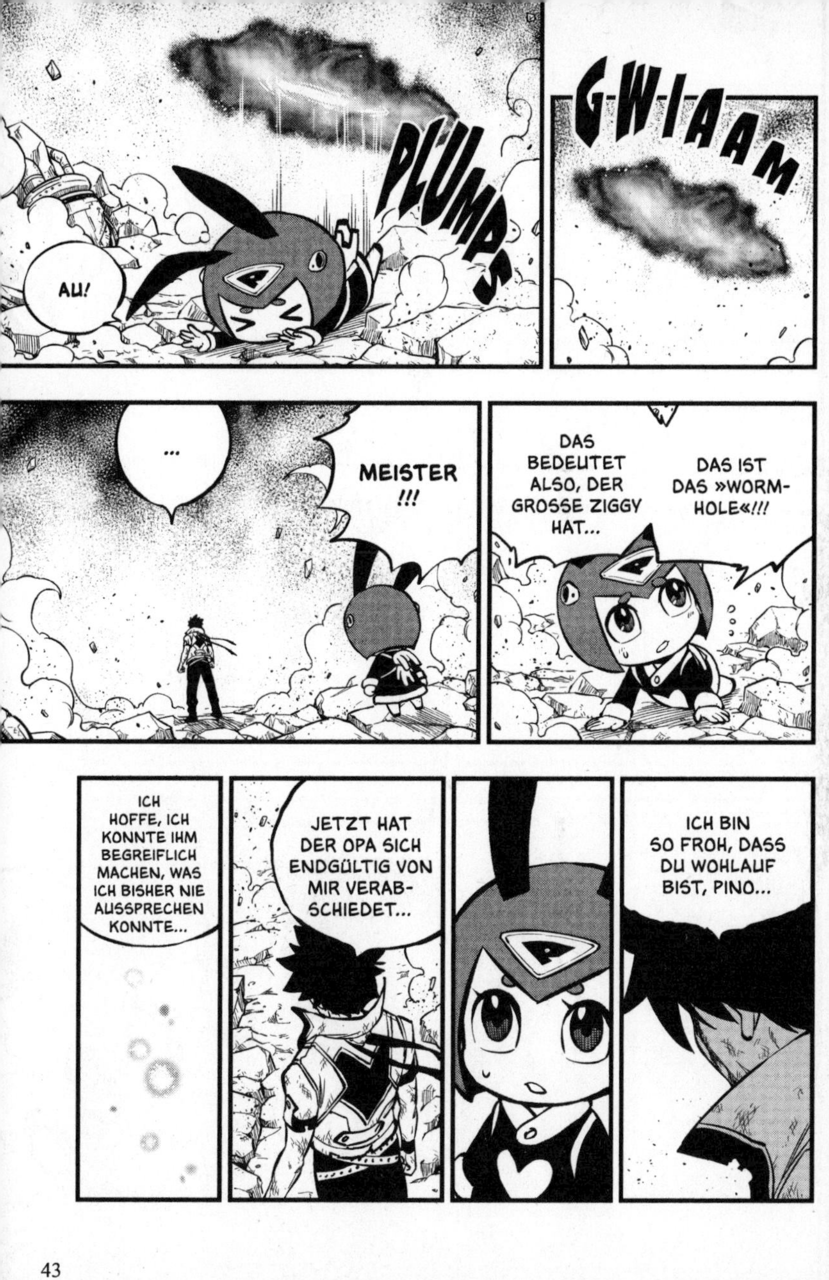
PLUMPS
AU!
G-W-I-A-A-M
...
MEISTER !!!
DAS BEDEUTET ALSO, DER GROSSE ZIGGY HAT...
DAS IST DAS »WORM-HOLE«!!!
ICH BIN SO FROH, DASS DU WOHLAUF BIST, PINO...
JETZT HAT DER OPA SICH ENDGÜLTIG VON MIR VERAB-SCHIEDET...
ICH HOFFE, ICH KONNTE IHM BEGREIFLICH MACHEN, WAS ICH BISHER NIE AUSSPRECHEN KONNTE...

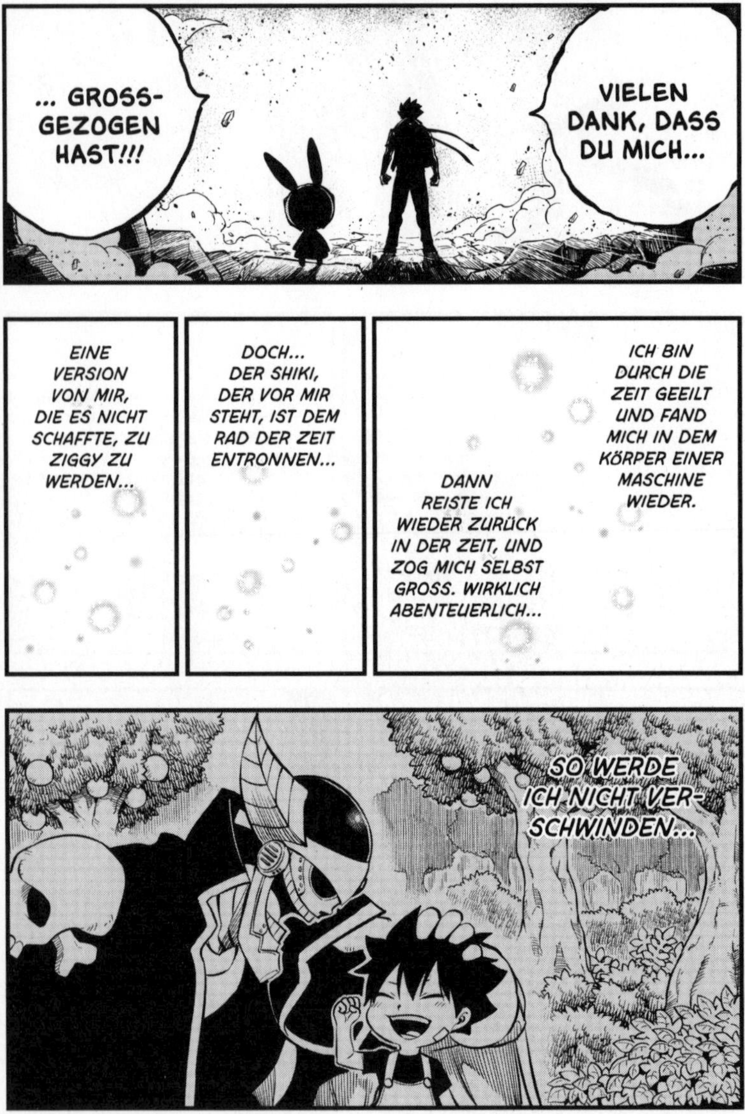
VIELEN DANK, DASS DU MICH...
... GROSS-GEZOGEN HAST!!!
ICH BIN DURCH DIE ZEIT GEEILT UND FAND MICH IN DEM KÖRPER EINER MASCHINE WIEDER.
DANN REISTE ICH WIEDER ZURÜCK IN DER ZEIT, UND ZOG MICH SELBST GROSS. WIRKLICH ABENTEUERLICH...
DOCH... DER SHIKI, DER VOR MIR STEHT, IST DEM RAD DER ZEIT ENTRONNEN...
EINE VERSION VON MIR, DIE ES NICHT SCHAFFTE, ZU ZIGGY ZU WERDEN...
SO WERDE ICH NICHT VER-SCHWINDEN...

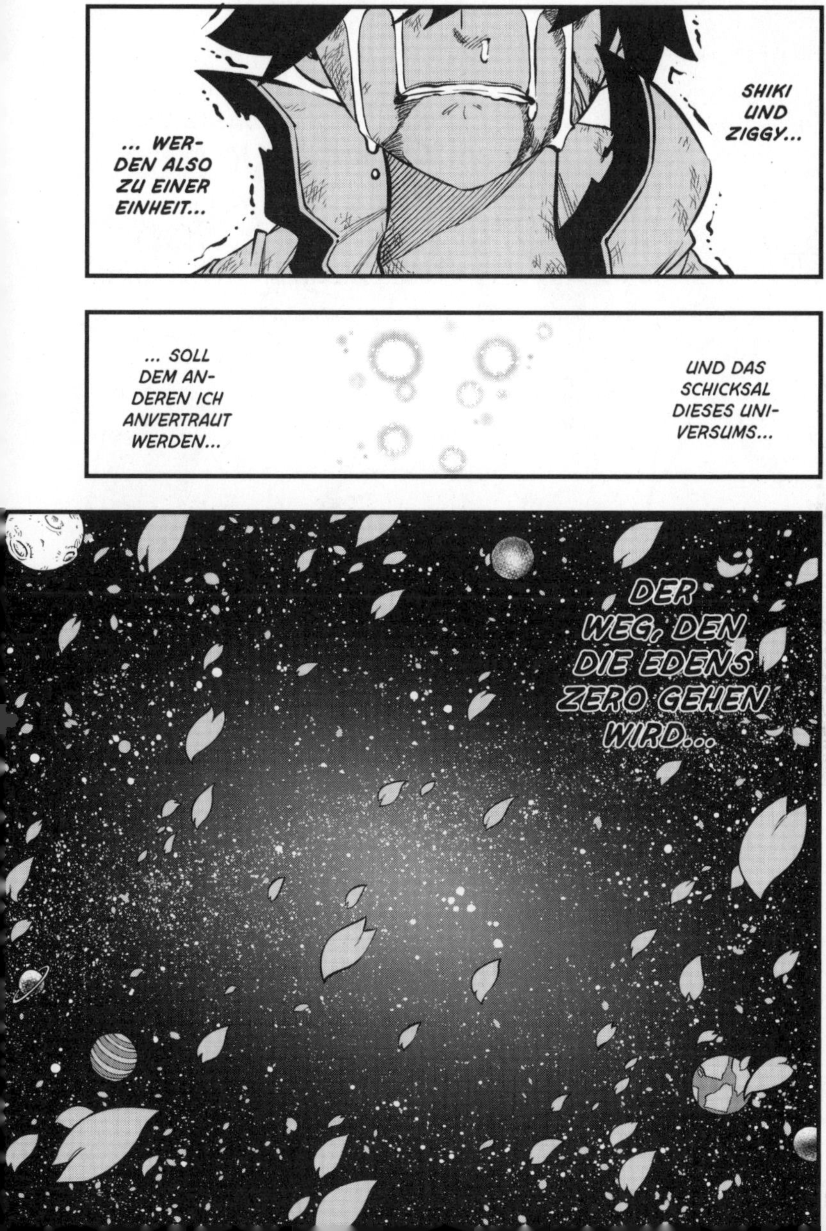
SHIKI UND ZIGGY...
... WERDEN ALSO ZU EINER EINHEIT...
UND DAS SCHICKSAL DIESES UNIVERSUMS...
... SOLL DEM ANDEREN ICH ANVERTRAUT WERDEN...
DER WEG, DEN DIE EDENS ZERO GEHEN WIRD...

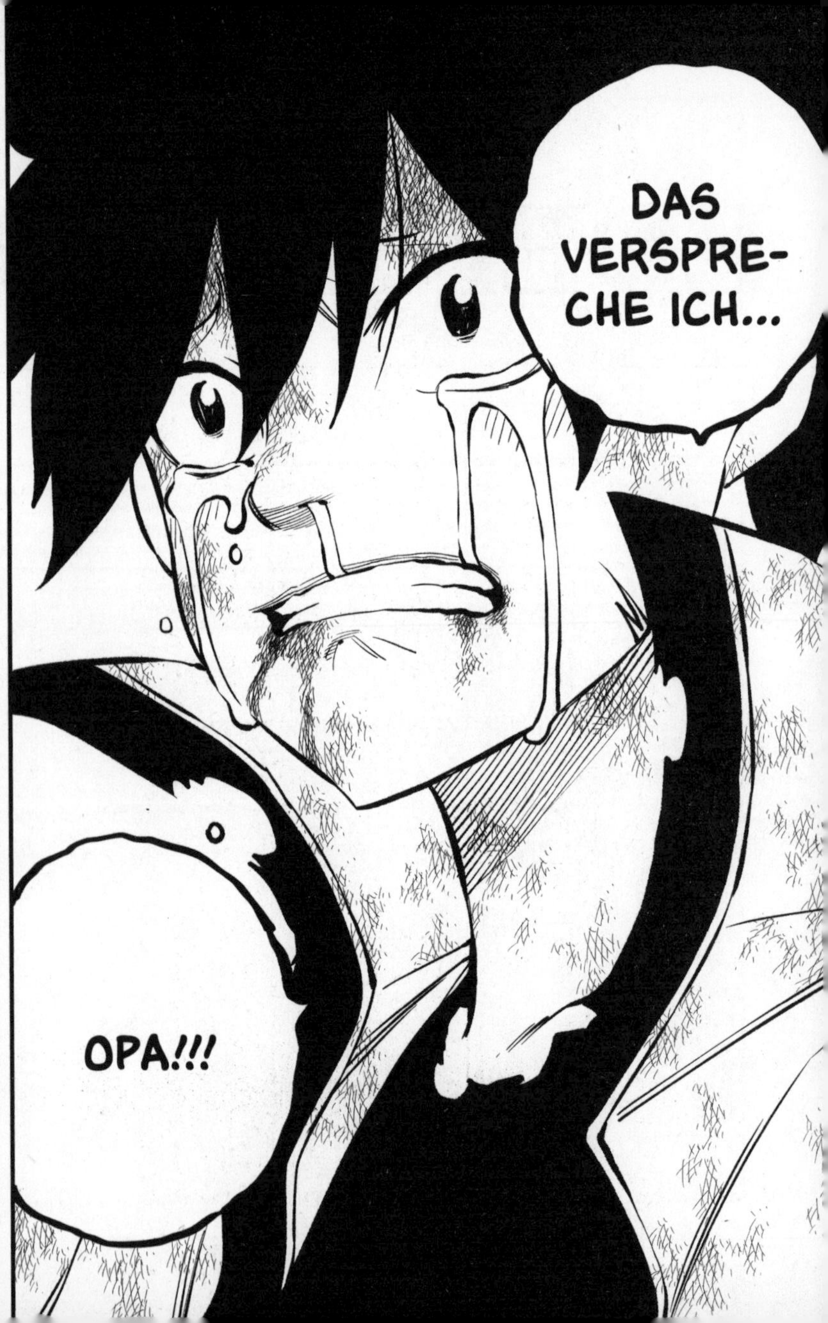
DAS VERSPRE-
CHE ICH...
OPA!!!

EDENS ZERO

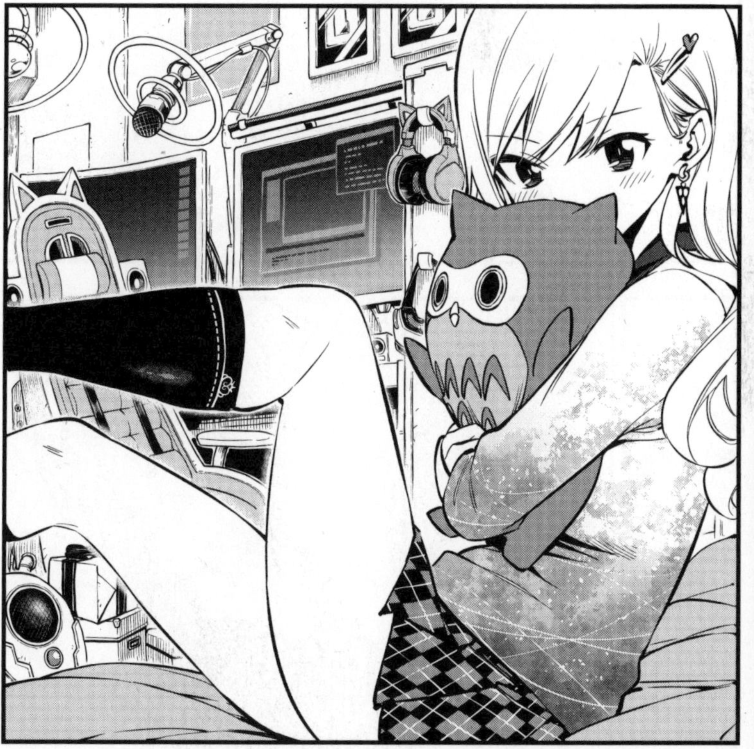

KAPITEL 215: AUS DEN TIEFEN DER ERDE...

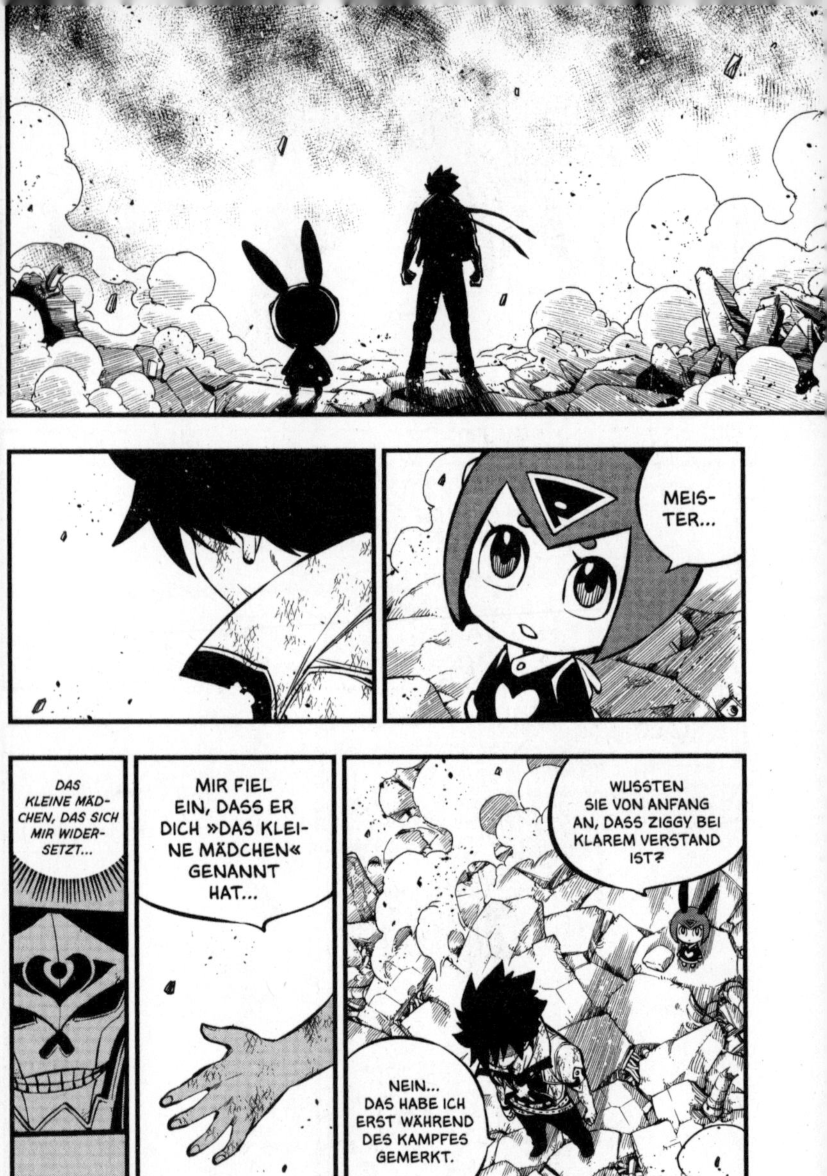
MEIS-
TER...
WUSSTEN SIE VON ANFANG AN, DASS ZIGGY BEI KLAREM VERSTAND IST?
NEIN... DAS HABE ICH ERST WÄHREND DES KAMPFES GEMERKT.
MIR FIEL EIN, DASS ER DICH »DAS KLEINE MÄDCHEN« GENANNT HAT...
DAS KLEINE MÄDCHEN, DAS SICH MIR WIDERSETZT...

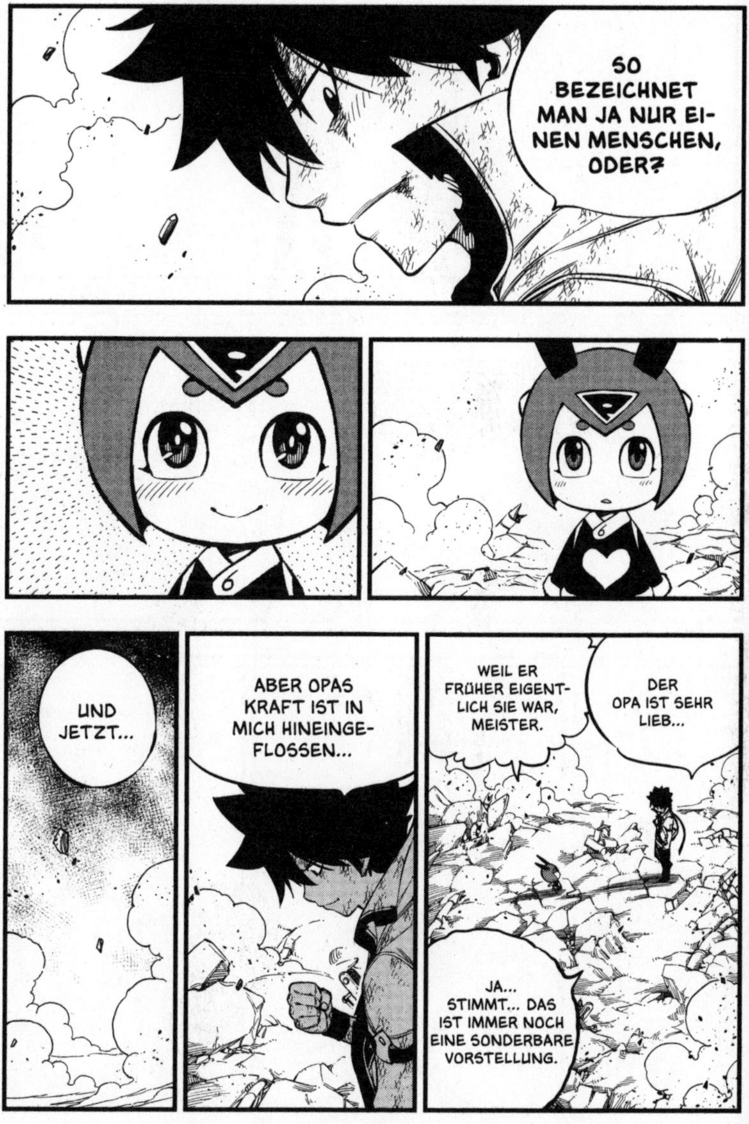
SO BEZEICHNET MAN JA NUR EI-NEN MENSCHEN, ODER?
DER OPA IST SEHR LIEB...
WEIL ER FRÜHER EIGENT-LICH SIE WAR, MEISTER.
JA... STIMMT... DAS IST IMMER NOCH EINE SONDERBARE VORSTELLUNG.
ABER OPAS KRAFT IST IN MICH HINEINGE-FLOSSEN...
UND JETZT...

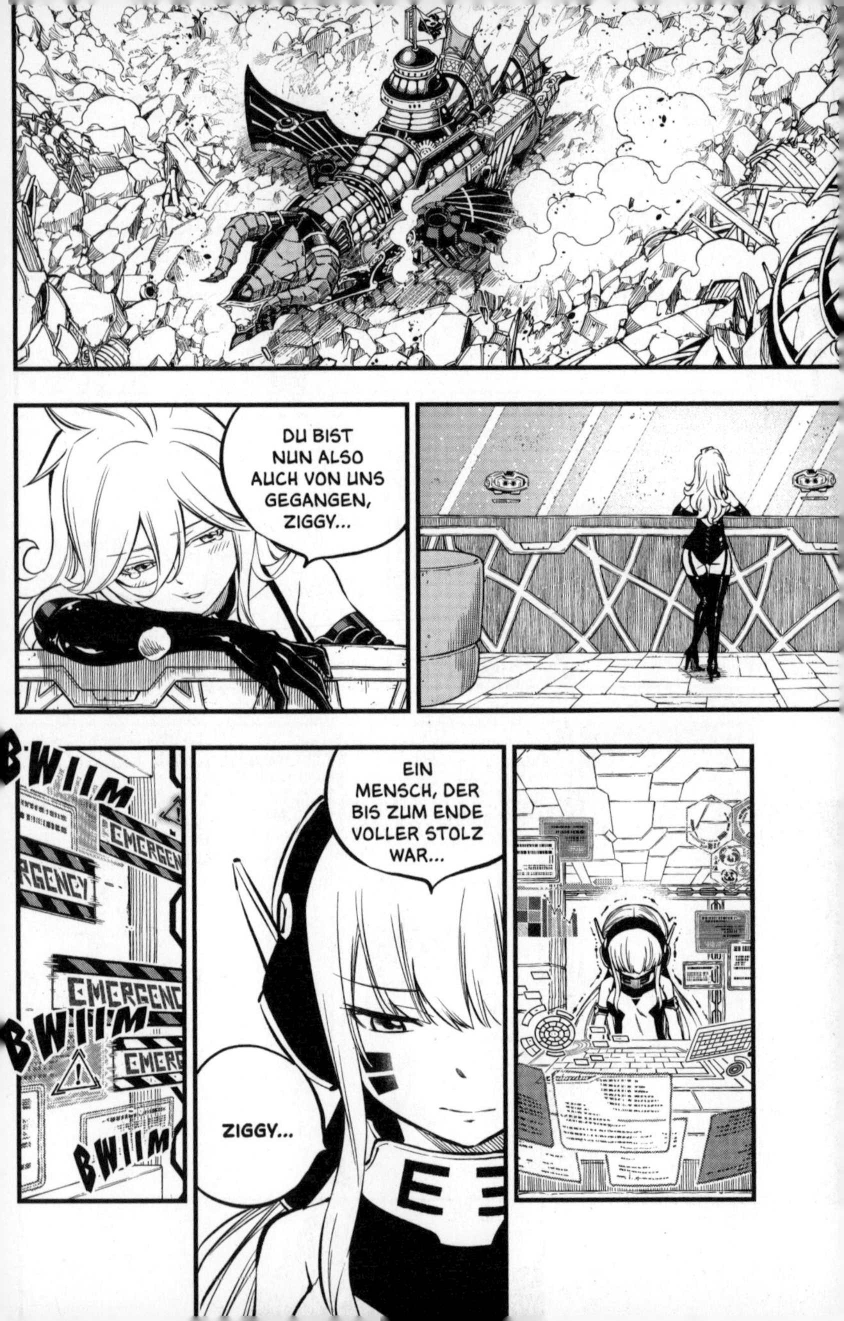
DU BIST NUN ALSO AUCH VON UNS GEGANGEN, ZIGGY...
BWIIM
EMERGENCY
EIN MENSCH, DER BIS ZUM ENDE VOLLER STOLZ WAR...
ZIGGY...

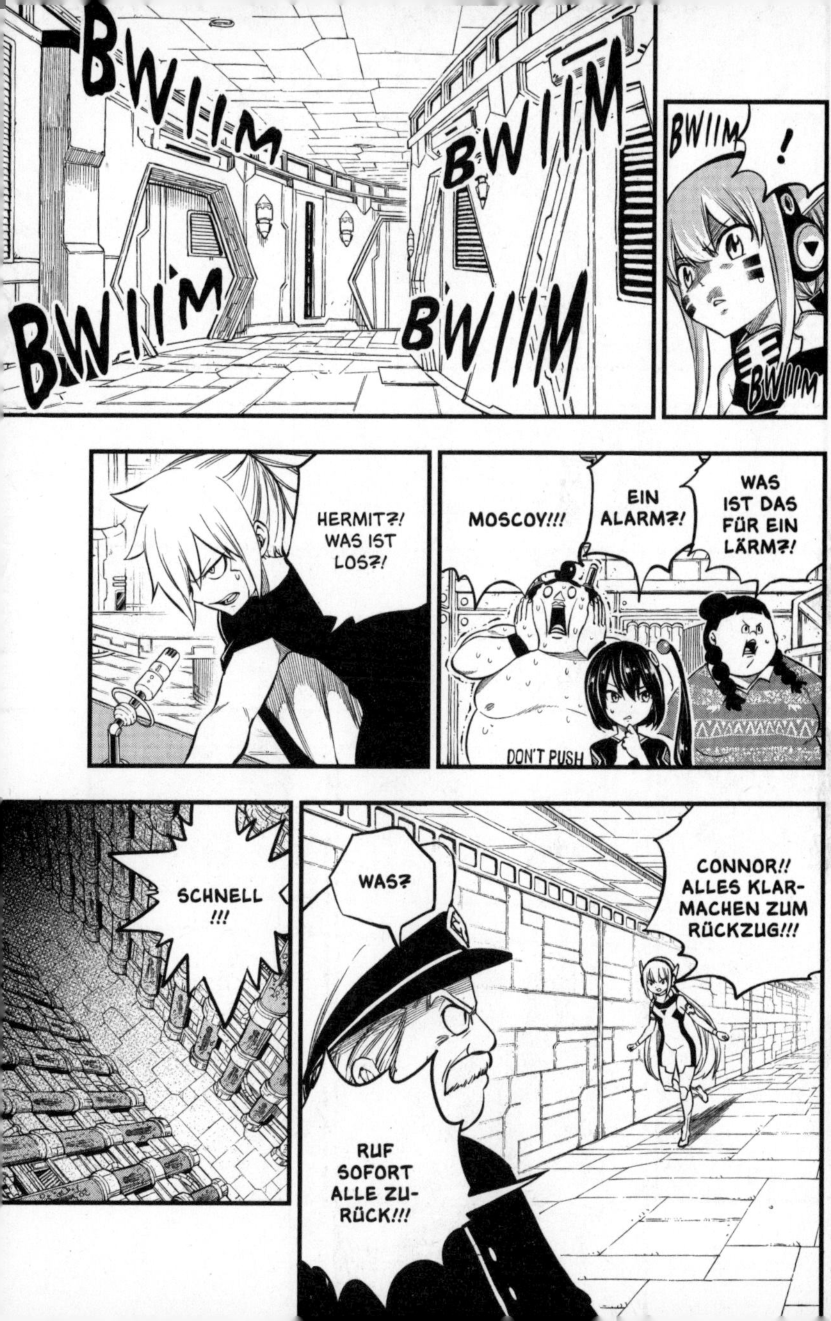
BWIIM
BWIIM
BWIIM
BWIIM
BWIIM !
BWIIM
HERMIT?! WAS IST LOS?!
WAS IST DAS FÜR EIN LÄRM?!
EIN ALARM?!
MOSCOY!!!
DON'T PUSH
CONNOR!! ALLES KLAR-MACHEN ZUM RÜCKZUG!!!
WAS?
RUF SOFORT ALLE ZU-RÜCK!!!
SCHNELL !!!

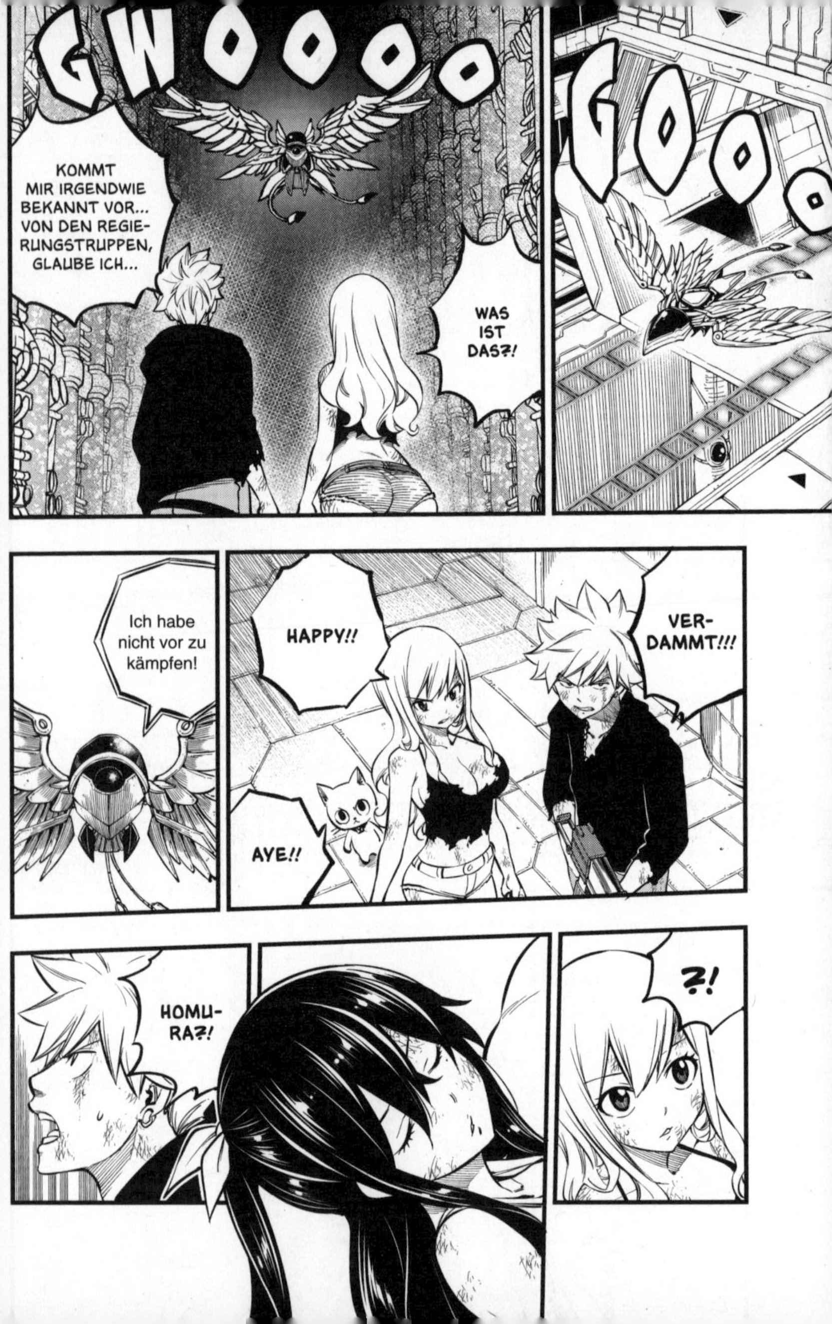
GWOOOO
KOMMT MIR IRGENDWIE BEKANNT VOR... VON DEN REGIERUNGSTRUPPEN, GLAUBE ICH...
WAS IST DAS?!
GOOOO
Ich habe nicht vor zu kämpfen!
VERDAMMT!!!
HAPPY!!
AYE!!
?!
HOMURA?!

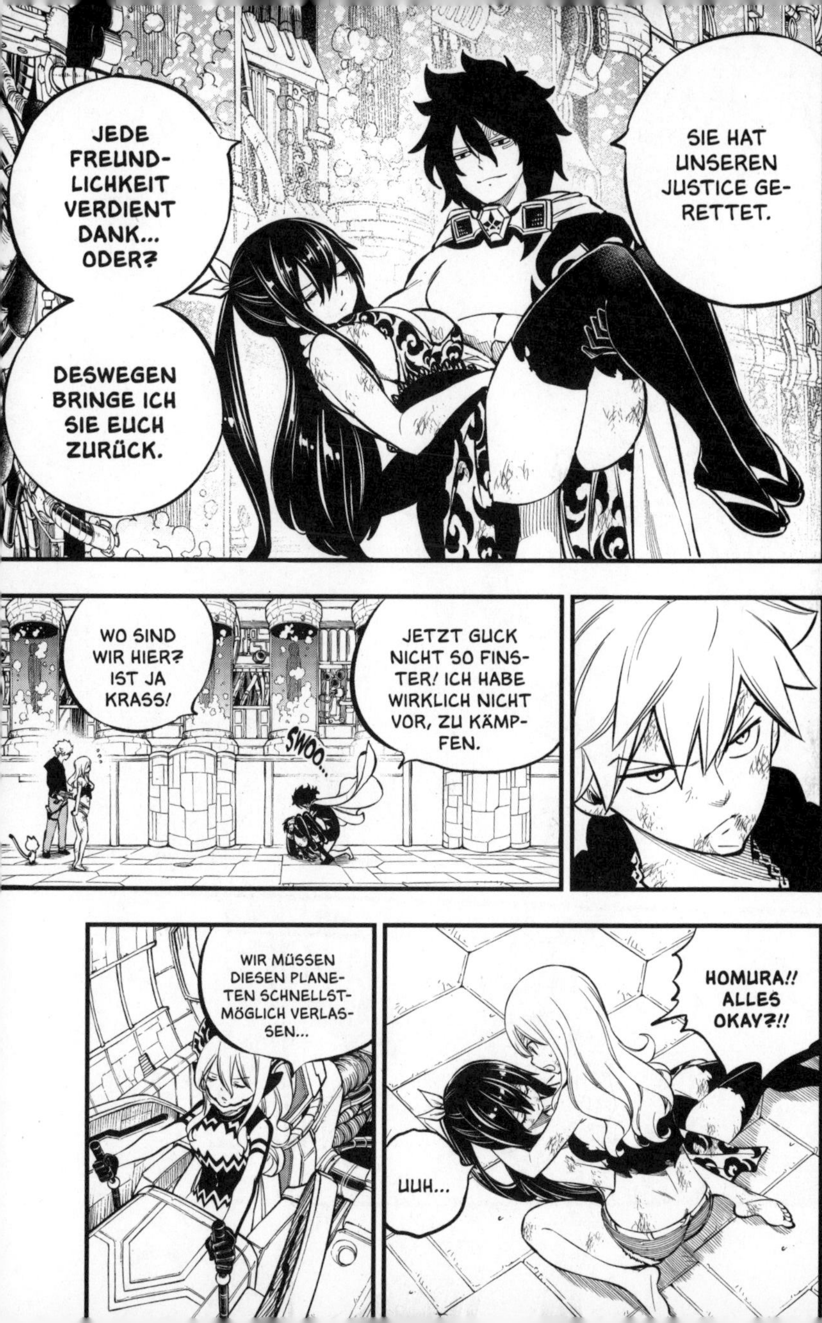
SIE HAT UNSEREN JUSTICE GERETTET.
JEDE FREUNDLICHKEIT VERDIENT DANK... ODER?
DESWEGEN BRINGE ICH SIE EUCH ZURÜCK.
JETZT GUCK NICHT SO FINSTER! ICH HABE WIRKLICH NICHT VOR, ZU KÄMPFEN.
SWOO...
WO SIND WIR HIER? IST JA KRASS!
HOMURA!! ALLES OKAY?!!
UUH...
WIR MÜSSEN DIESEN PLANETEN SCHNELLSTMÖGLICH VERLASSEN...

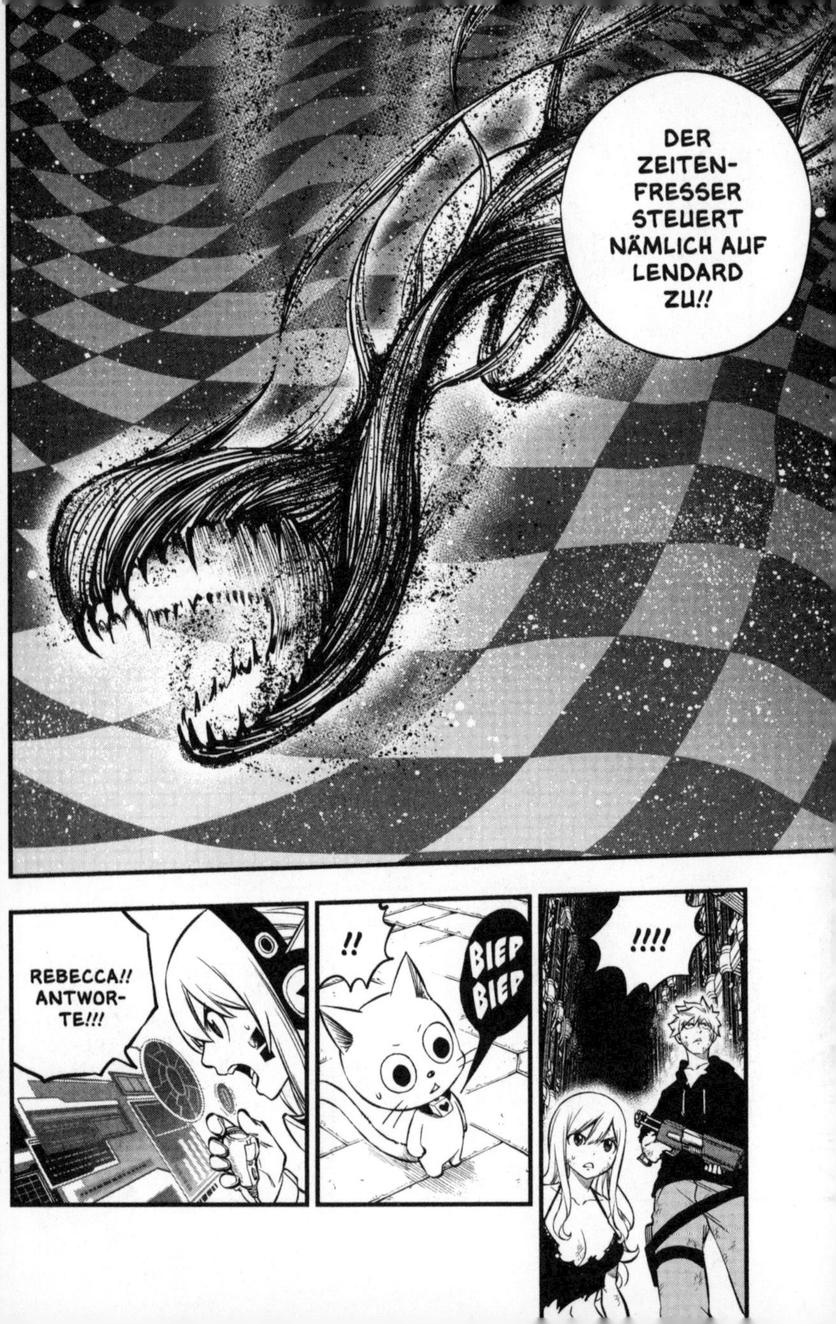
DER ZEITEN-FRESSER STEUERT NÄMLICH AUF LENDARD ZU!!
!!!!
BIEP BIEP
!!
REBECCA!! ANTWORTE!!!

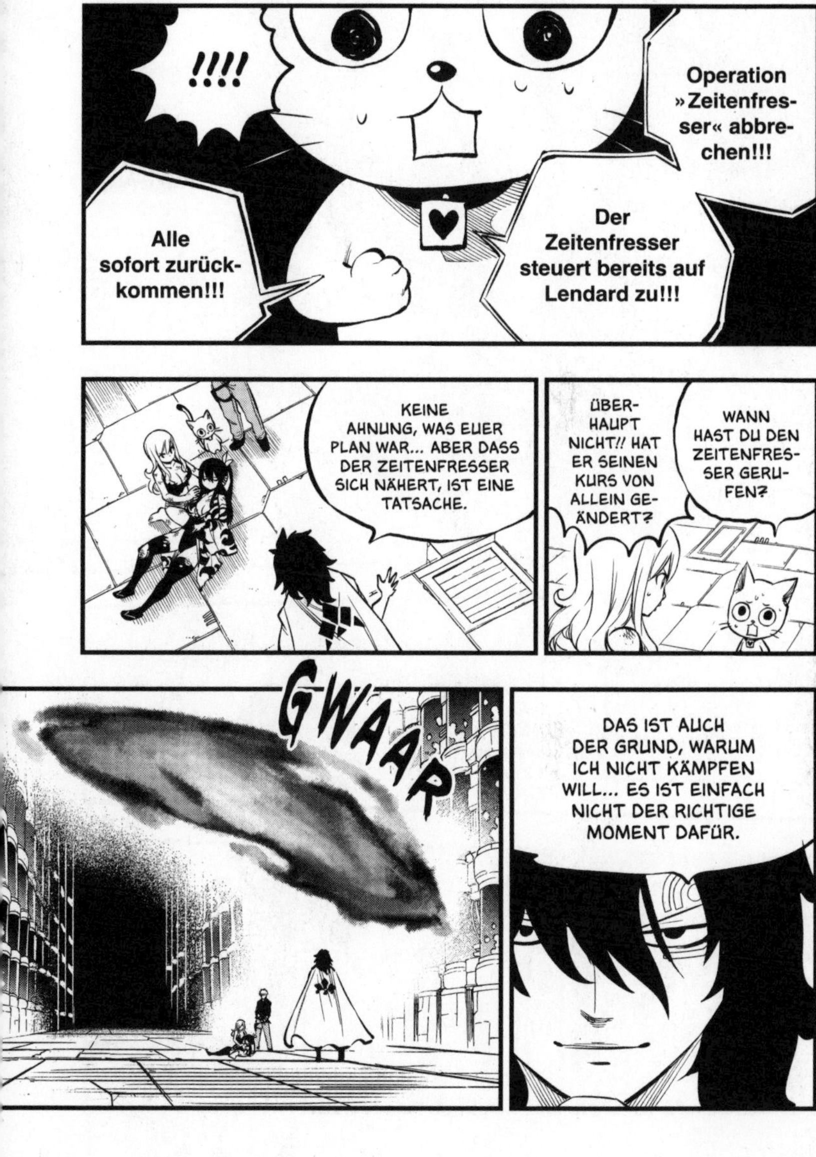
!!!!
Operation »Zeitenfresser« abbrechen!!!
Der Zeitenfresser steuert bereits auf Lendard zu!!!
Alle sofort zurückkommen!!!
WANN HAST DU DEN ZEITENFRESSER GERUFEN?
ÜBERHAUPT NICHT!! HAT ER SEINEN KURS VON ALLEIN GEÄNDERT?
KEINE AHNUNG, WAS EUER PLAN WAR... ABER DASS DER ZEITENFRESSER SICH NÄHERT, IST EINE TATSACHE.
DAS IST AUCH DER GRUND, WARUM ICH NICHT KÄMPFEN WILL... ES IST EINFACH NICHT DER RICHTIGE MOMENT DAFÜR.
GWAAR

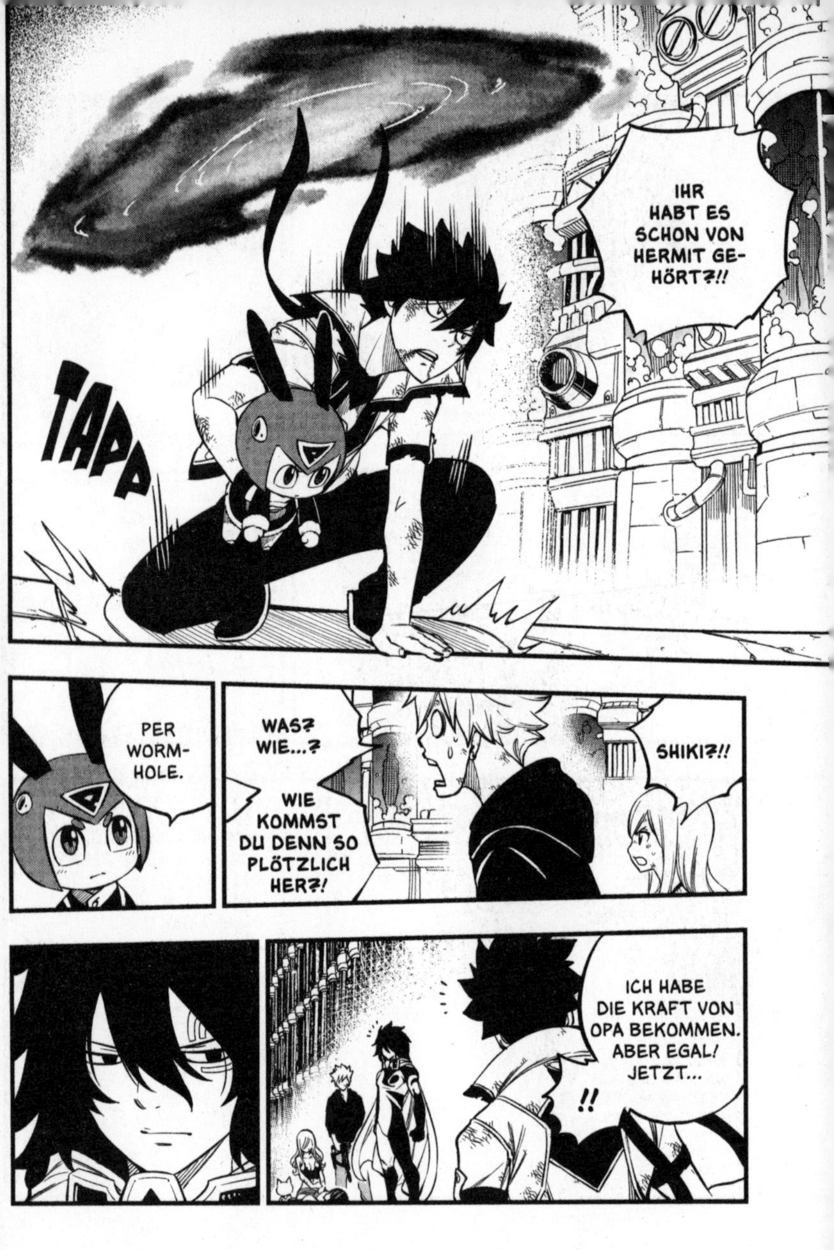
IHR HABT ES SCHON VON HERMIT GE-HÖRT?!!
TAPP
SHIKI?!!
WAS? WIE...?
WIE KOMMST DU DENN SO PLÖTZLICH HER?!
PER WORM-HOLE.
ICH HABE DIE KRAFT VON OPA BEKOMMEN. ABER EGAL! JETZT...
!!

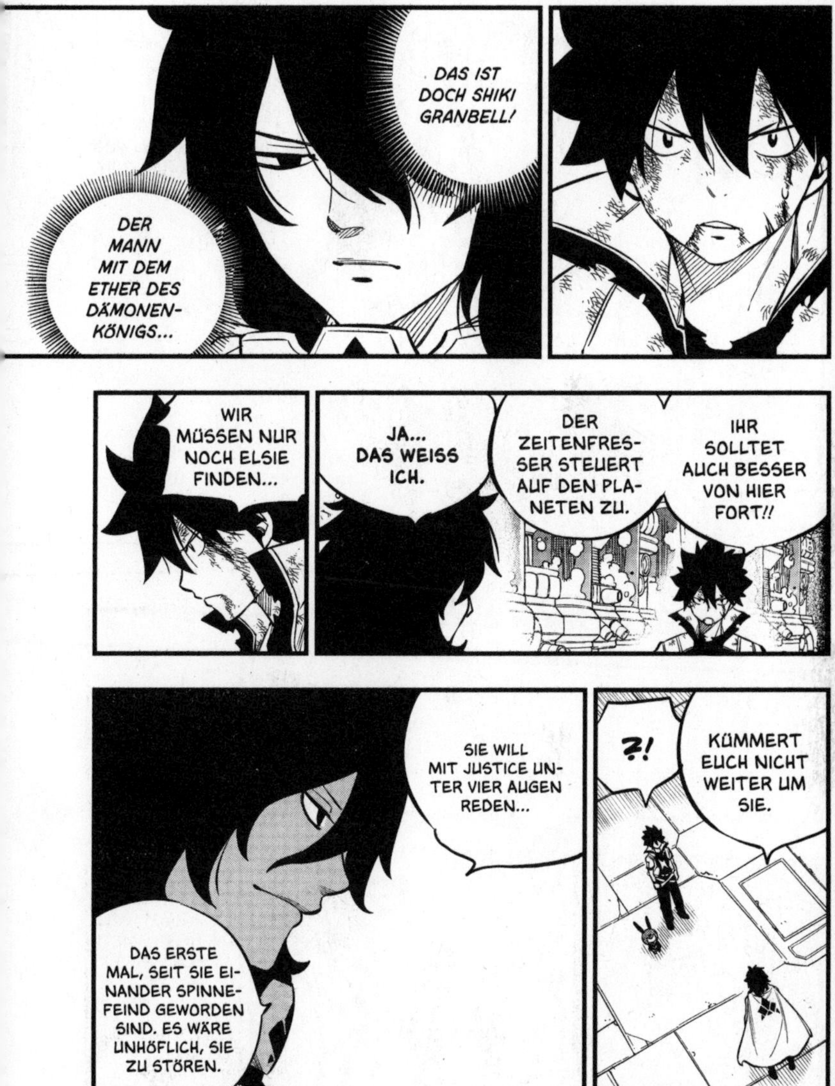
DAS IST DOCH SHIKI GRANBELL!
DER MANN MIT DEM ETHER DES DÄMONENKÖNIGS...
DER ZEITENFRESSER STEUERT AUF DEN PLANETEN ZU.
IHR SOLLTET AUCH BESSER VON HIER FORT!!
JA... DAS WEISS ICH.
WIR MÜSSEN NUR NOCH ELSIE FINDEN...
KÜMMERT EUCH NICHT WEITER UM SIE.
?!
SIE WILL MIT JUSTICE UNTER VIER AUGEN REDEN...
DAS ERSTE MAL, SEIT SIE EINANDER SPINNEFEIND GEWORDEN SIND. ES WÄRE UNHÖFLICH, SIE ZU STÖREN.

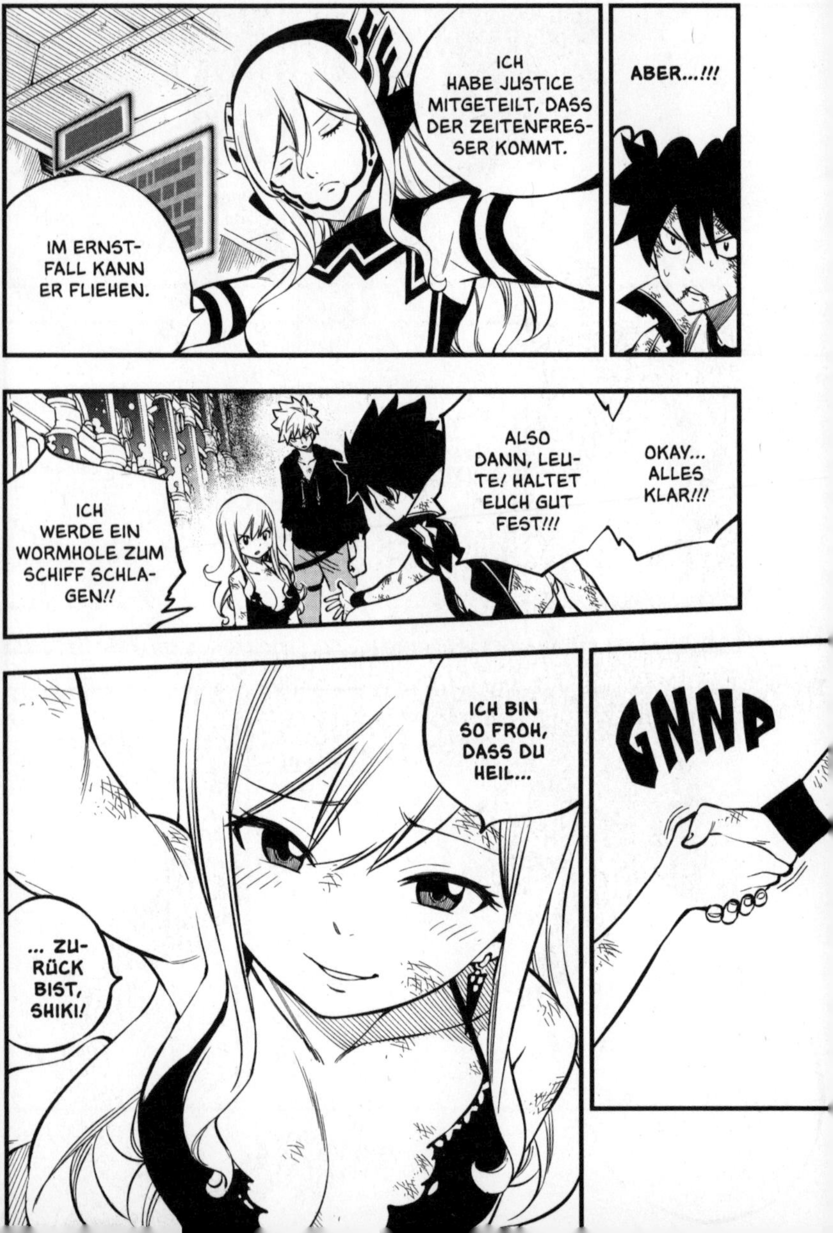

ABER...!!!
ICH HABE JUSTICE MITGETEILT, DASS DER ZEITENFRESSER KOMMT.
IM ERNSTFALL KANN ER FLIEHEN.
OKAY... ALLES KLAR!!!
ALSO DANN, LEUTE! HALTET EUCH GUT FEST!!!
ICH WERDE EIN WORMHOLE ZUM SCHIFF SCHLAGEN!!
GNNP
ICH BIN SO FROH, DASS DU HEIL...
... ZURÜCK BIST, SHIKI!

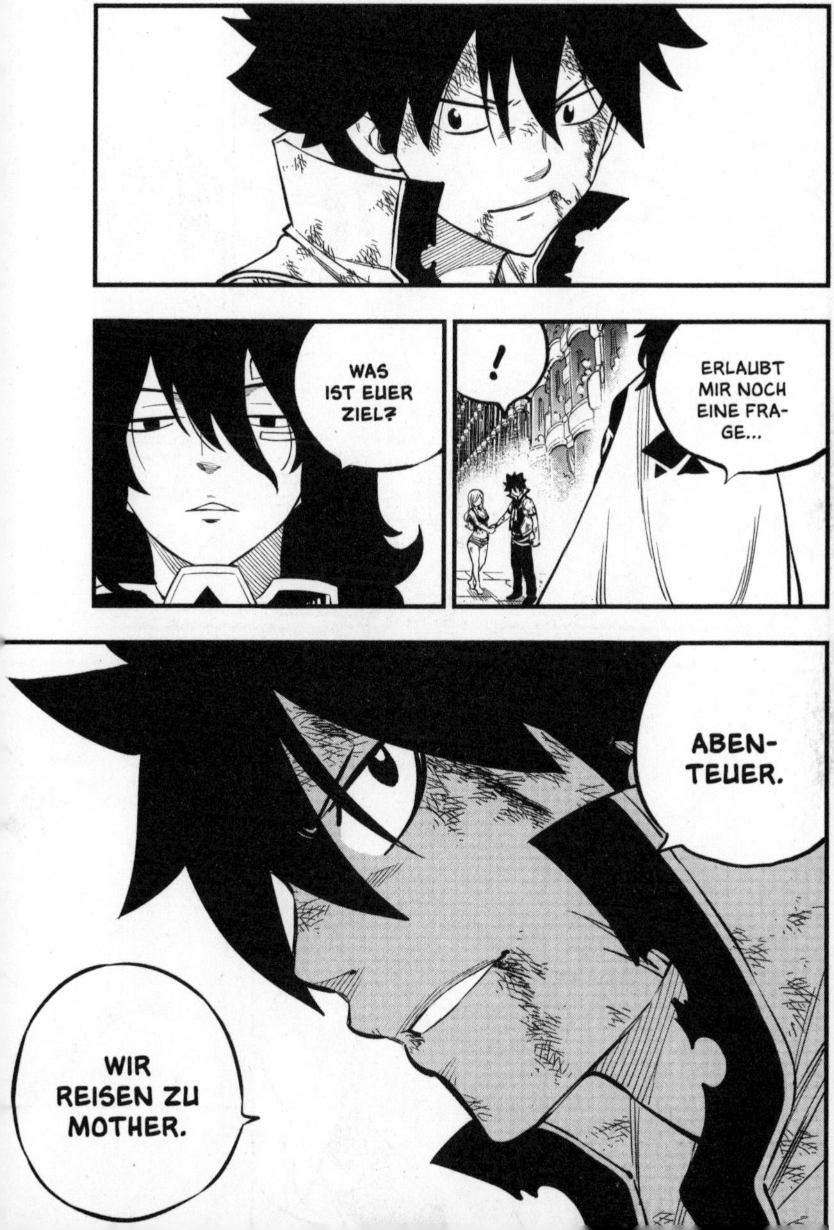
ERLAUBT MIR NOCH EINE FRAGE...
!
WAS IST EUER ZIEL?
ABENTEUER.
WIR REISEN ZU MOTHER.

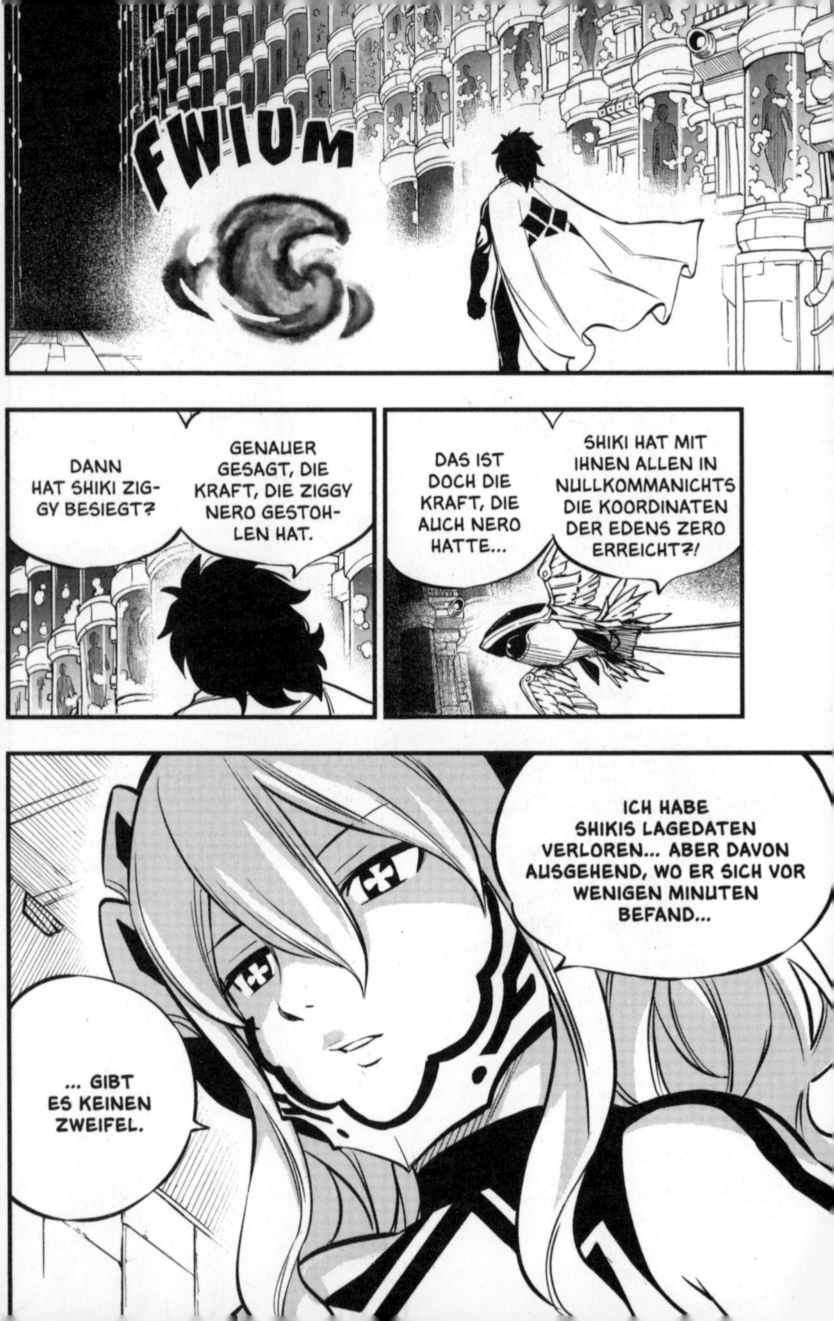
FWIUM
SHIKI HAT MIT IHNEN ALLEN IN NULLKOMMANICHTS DIE KOORDINATEN DER EDENS ZERO ERREICHT?!
DAS IST DOCH DIE KRAFT, DIE AUCH NERO HATTE...
GENAUER GESAGT, DIE KRAFT, DIE ZIGGY NERO GESTOHLEN HAT.
DANN HAT SHIKI ZIGGY BESIEGT?
ICH HABE SHIKIS LAGEDATEN VERLOREN... ABER DAVON AUSGEHEND, WO ER SICH VOR WENIGEN MINUTEN BEFAND...
... GIBT ES KEINEN ZWEIFEL.

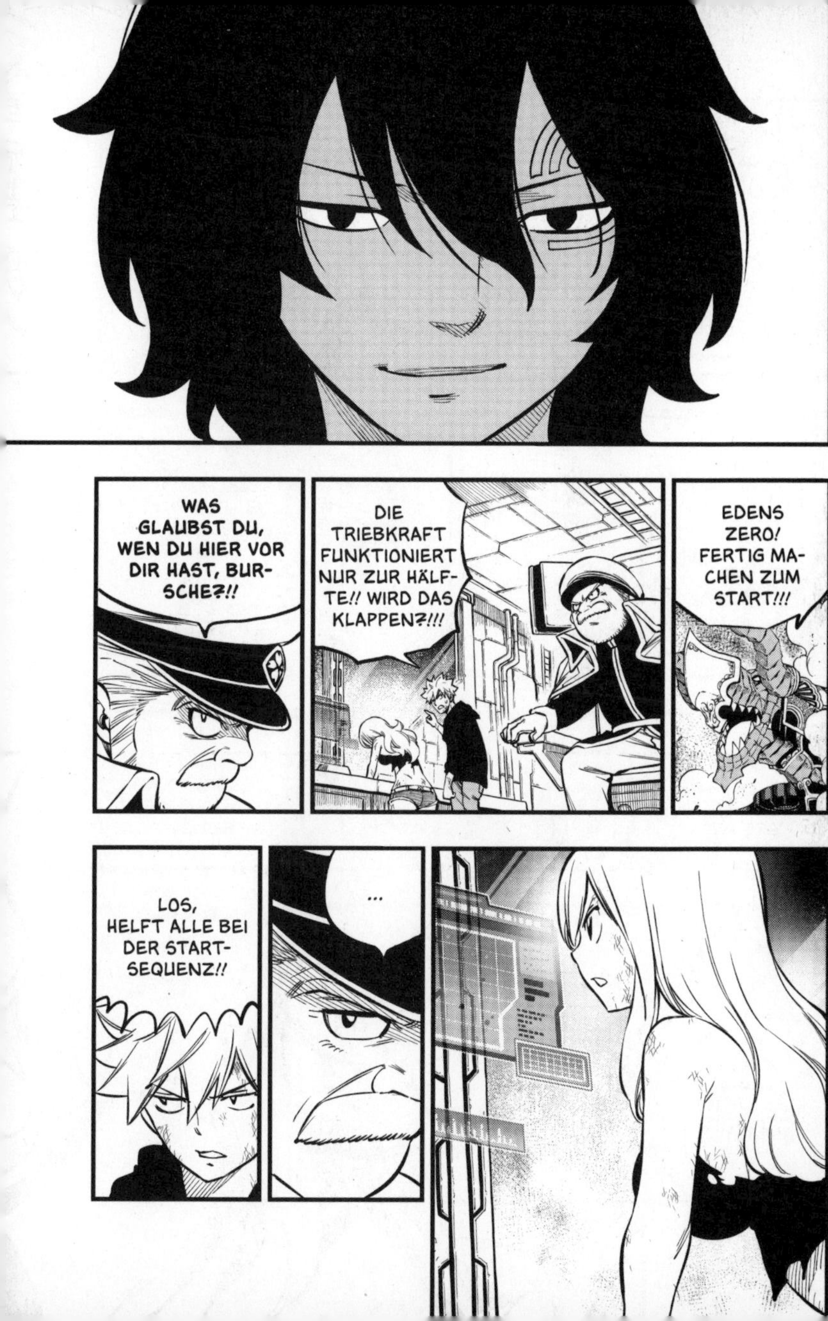
WAS GLAUBST DU, WEN DU HIER VOR DIR HAST, BURSCHE?!!
DIE TRIEBKRAFT FUNKTIONIERT NUR ZUR HÄLFTE!! WIRD DAS KLAPPEN?!!!
EDENS ZERO! FERTIG MACHEN ZUM START!!!
LOS, HELFT ALLE BEI DER STARTSEQUENZ!!
...

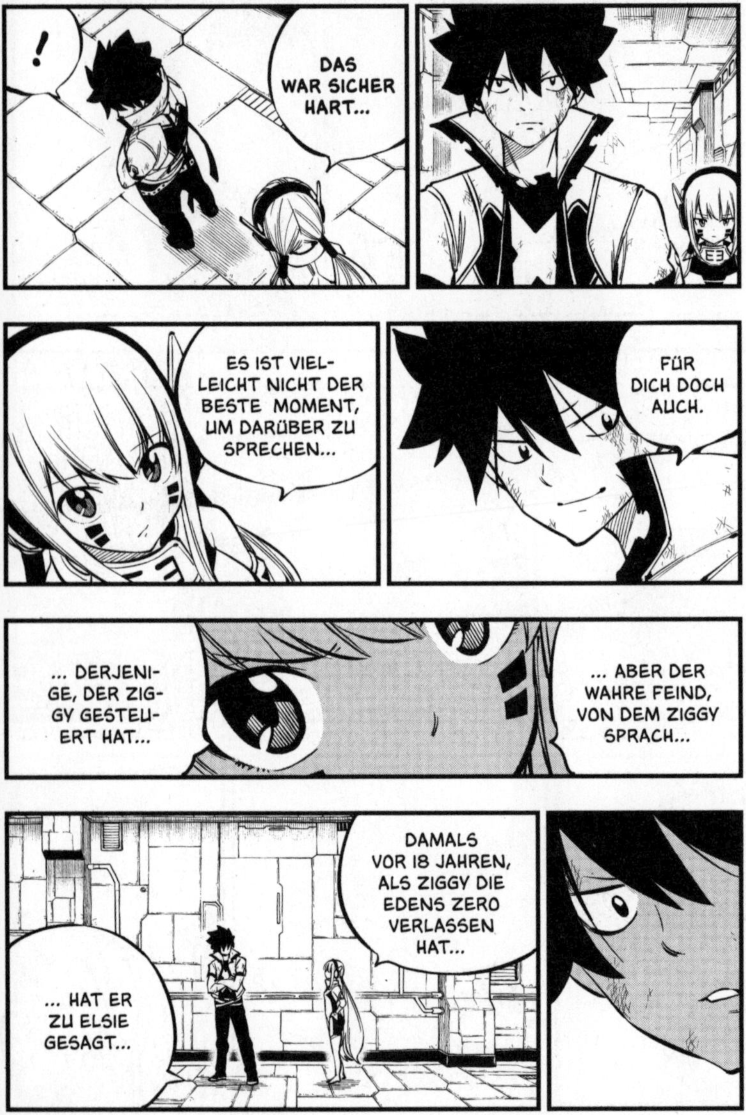
DAS WAR SICHER HART...
!
ES IST VIEL-LEICHT NICHT DER BESTE MOMENT, UM DARÜBER ZU SPRECHEN...
FÜR DICH DOCH AUCH.
... ABER DER WAHRE FEIND, VON DEM ZIGGY SPRACH...
... DERJENI-GE, DER ZIG-GY GESTEU-ERT HAT...
DAMALS VOR 18 JAHREN, ALS ZIGGY DIE EDENS ZERO VERLASSEN HAT...
... HAT ER ZU ELSIE GESAGT...

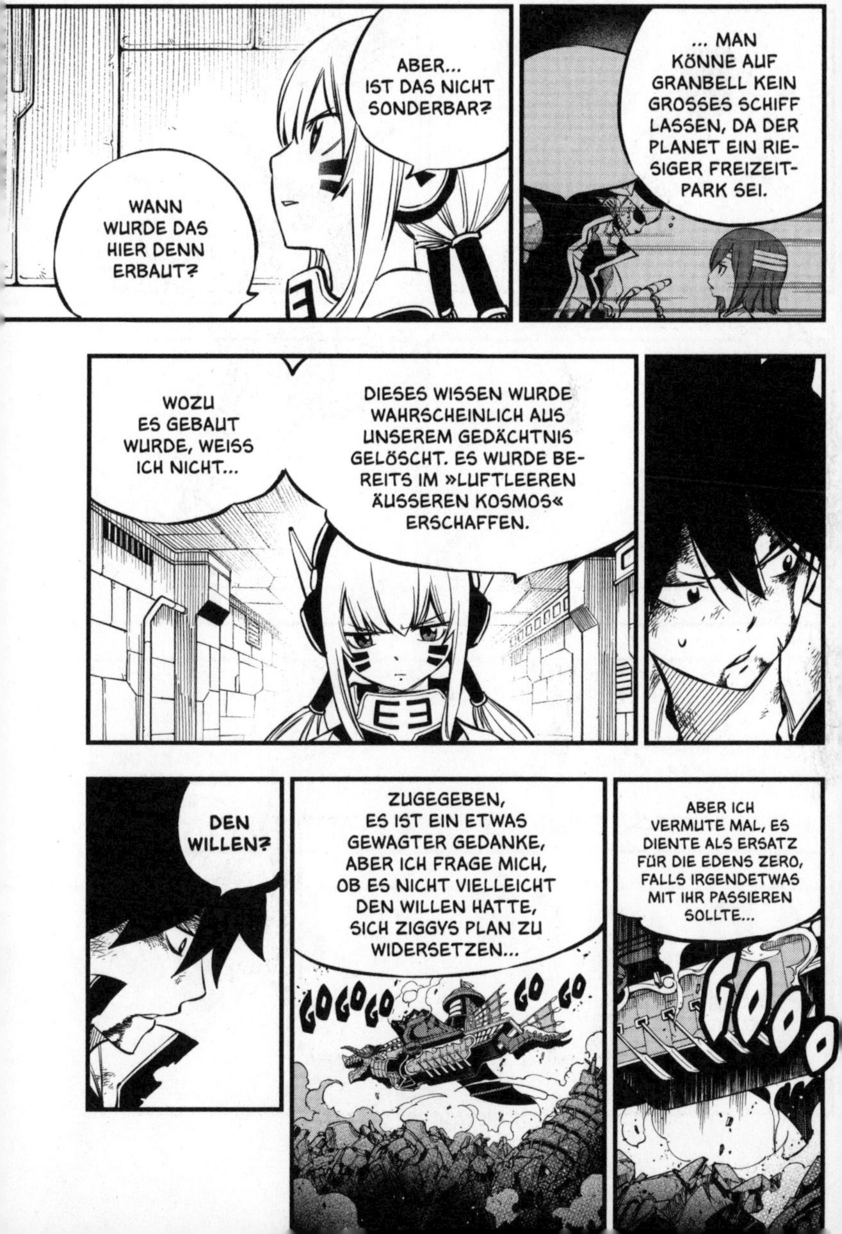
... MAN KÖNNE AUF GRANBELL KEIN GROSSES SCHIFF LASSEN, DA DER PLANET EIN RIESIGER FREIZEIT-PARK SEI.
ABER... IST DAS NICHT SONDERBAR?
WANN WURDE DAS HIER DENN ERBAUT?
DIESES WISSEN WURDE WAHRSCHEINLICH AUS UNSEREM GEDÄCHTNIS GELÖSCHT. ES WURDE BEREITS IM »LUFTLEEREN ÄUSSEREN KOSMOS« ERSCHAFFEN.
WOZU ES GEBAUT WURDE, WEISS ICH NICHT...
ABER ICH VERMUTE MAL, ES DIENTE ALS ERSATZ FÜR DIE EDENS ZERO, FALLS IRGENDETWAS MIT IHR PASSIEREN SOLLTE...
GOOOO
ZUGEGEBEN, ES IST EIN ETWAS GEWAGTER GEDANKE, ABER ICH FRAGE MICH, OB ES NICHT VIELLEICHT DEN WILLEN HATTE, SICH ZIGGYS PLAN ZU WIDERSETZEN...
GOGOGO GO GO
DEN WILLEN?

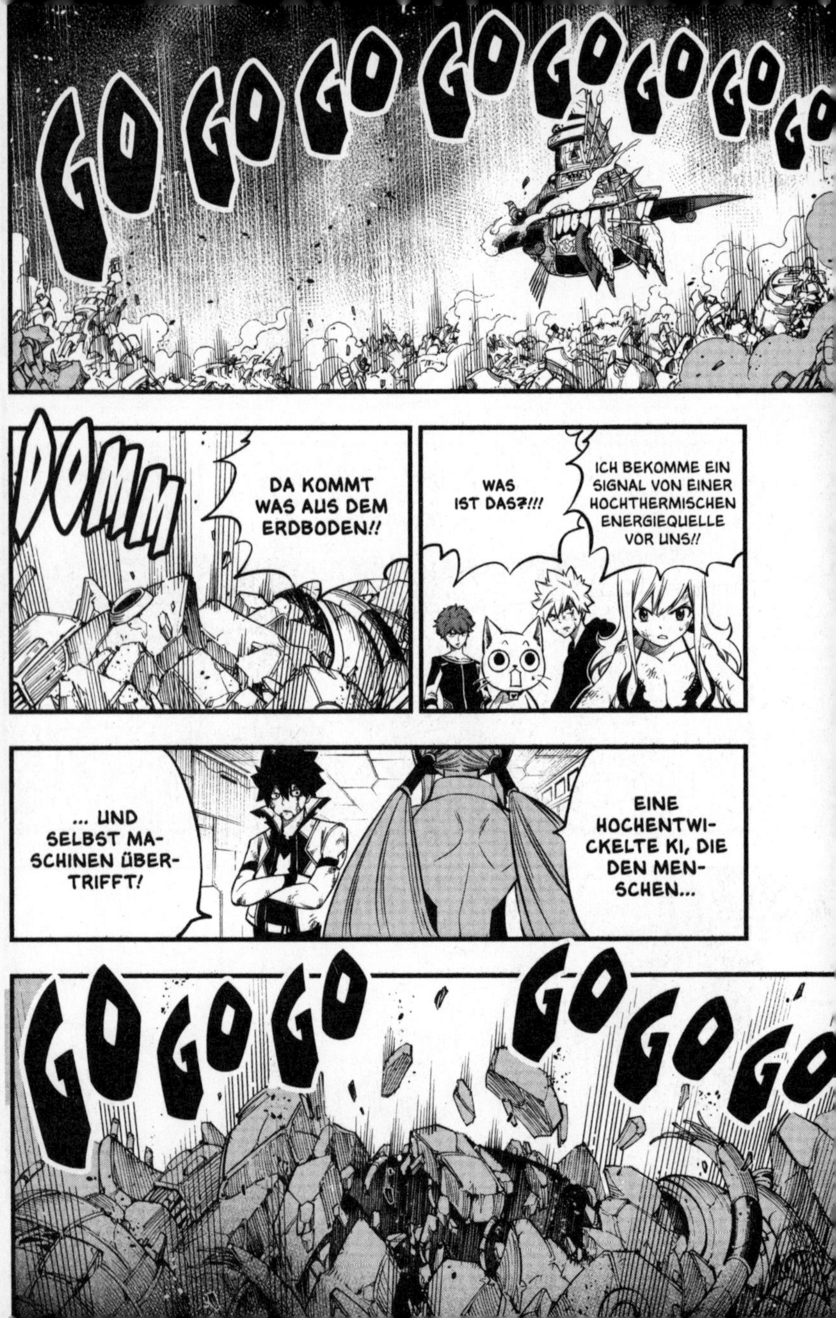
GO GO GO GO GO GO GO GO GO
DOMM
DA KOMMT WAS AUS DEM ERDBODEN!!
ICH BEKOMME EIN SIGNAL VON EINER HOCHTHERMISCHEN ENERGIEQUELLE VOR UNS!!
WAS IST DAS?!!!
EINE HOCHENTWI-CKELTE KI, DIE DEN MEN-SCHEN...
... UND SELBST MA-SCHINEN ÜBER-TRIFFT!
GO GO GO GO GO GO

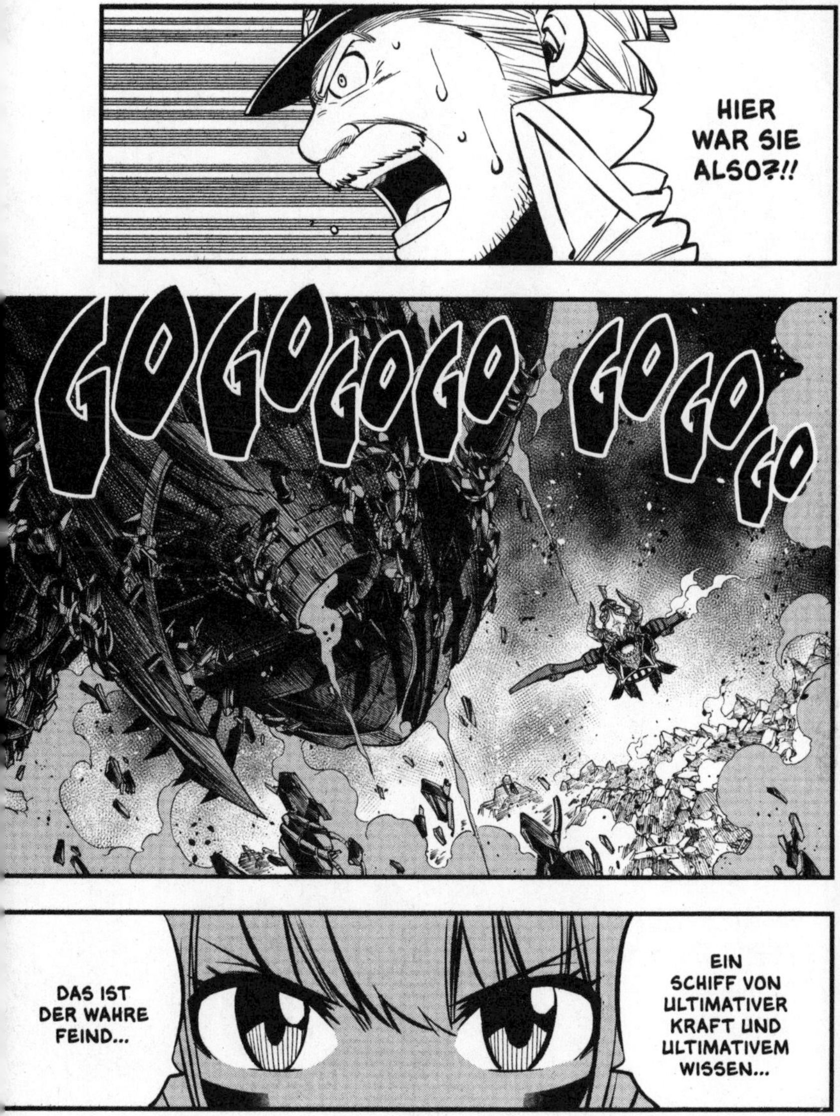
HIER WAR SIE ALSO?!!
GOGOGOGO GOGOGO
EIN SCHIFF VON ULTIMATIVER KRAFT UND ULTIMATIVEM WISSEN...
DAS IST DER WAHRE FEIND...

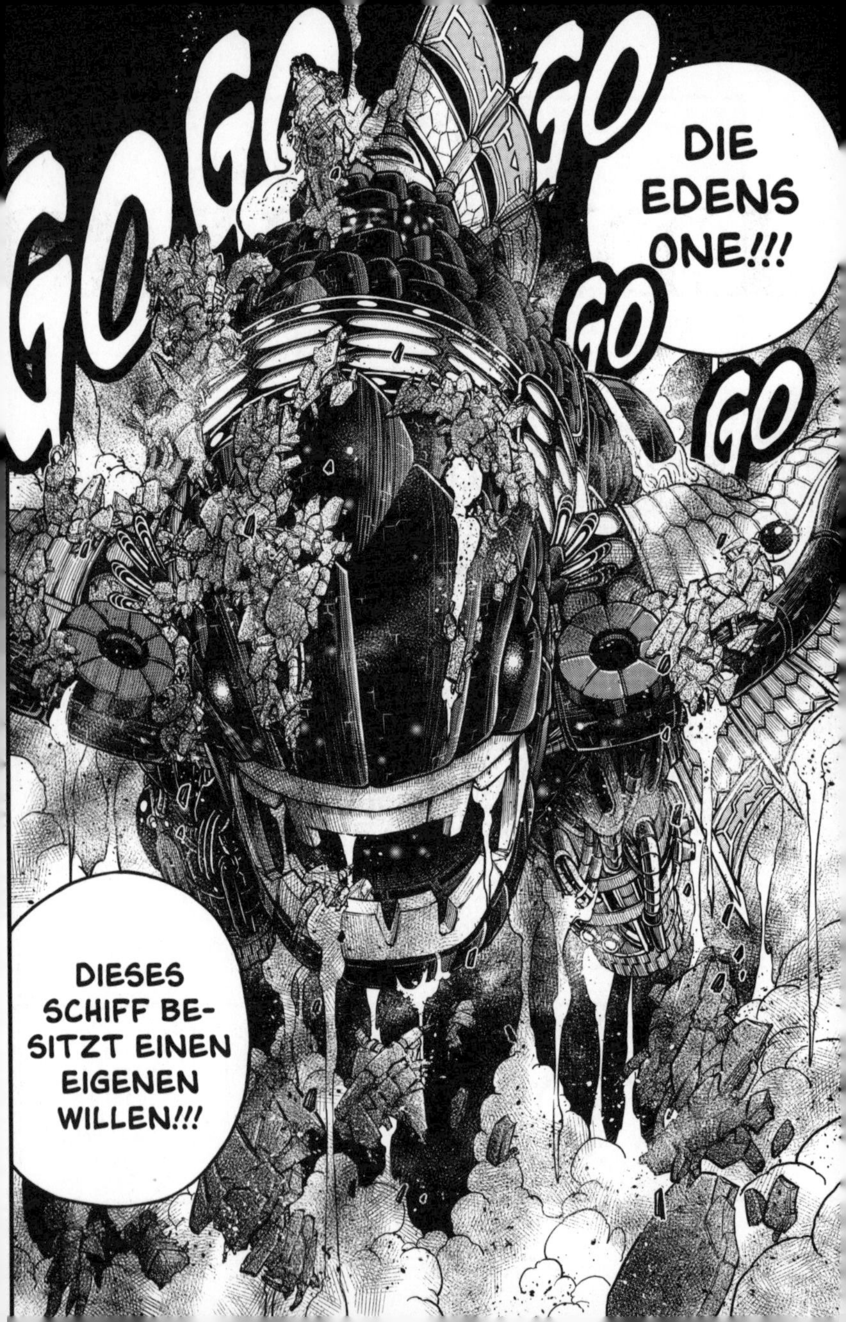
DIE EDENS ONE!!!
GO GO GO GO GO GO
DIESES SCHIFF BE-SITZT EINEN EIGENEN WILLEN!!!

EDENS ZERO

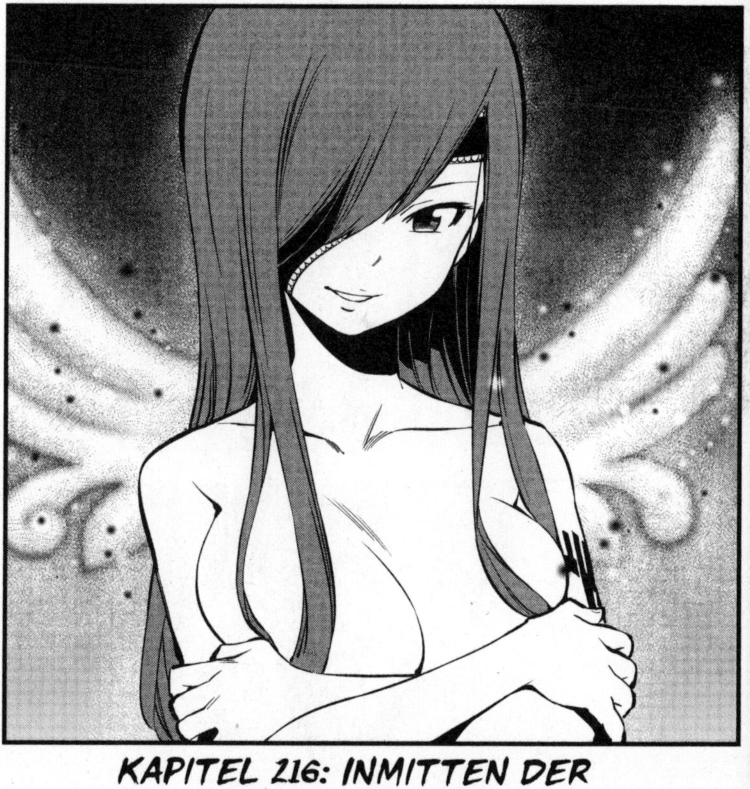

KAPITEL 216: INMITTEN DER VERLORENEN ZEIT

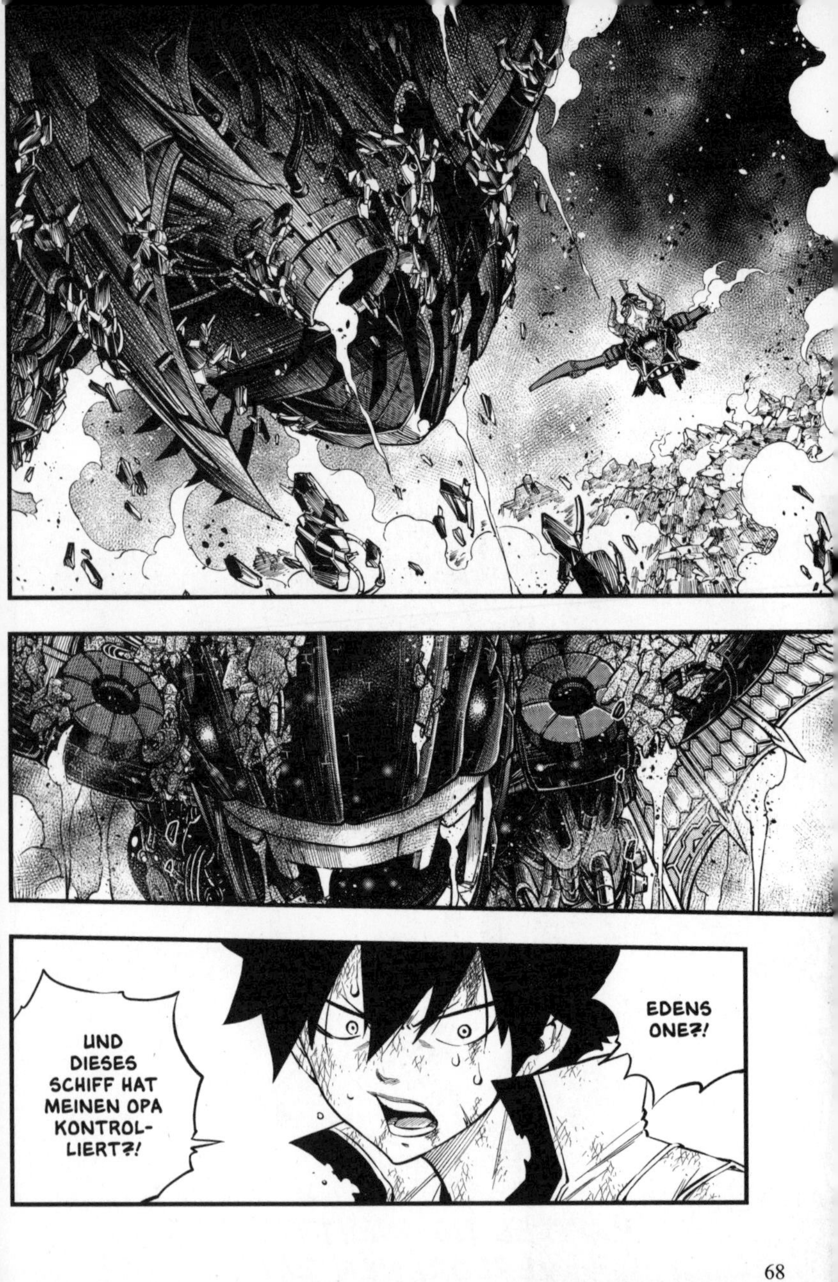
EDENS ONE?!
UND DIESES SCHIFF HAT MEINEN OPA KONTROL-LIERT?!

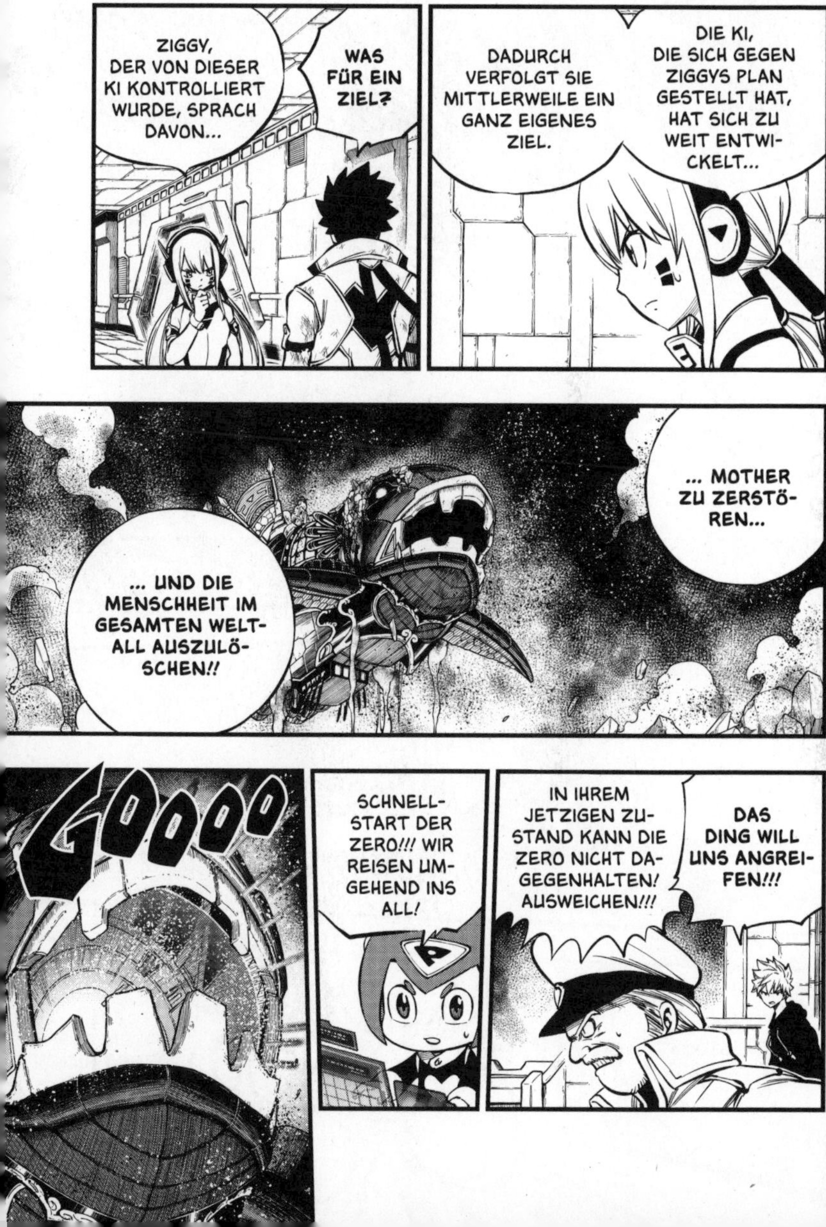
WAS FÜR EIN ZIEL?
ZIGGY, DER VON DIESER KI KONTROLLIERT WURDE, SPRACH DAVON...
DIE KI, DIE SICH GEGEN ZIGGYS PLAN GESTELLT HAT, HAT SICH ZU WEIT ENTWICKELT...
DADURCH VERFOLGT SIE MITTLERWEILE EIN GANZ EIGENES ZIEL.
... MOTHER ZU ZERSTÖREN...
... UND DIE MENSCHHEIT IM GESAMTEN WELTALL AUSZULÖSCHEN!!
DAS DING WILL UNS ANGREIFEN!!!
IN IHREM JETZIGEN ZUSTAND KANN DIE ZERO NICHT DAGEGENHALTEN! AUSWEICHEN!!!
SCHNELLSTART DER ZERO!!! WIR REISEN UMGEHEND INS ALL!
GOOOO

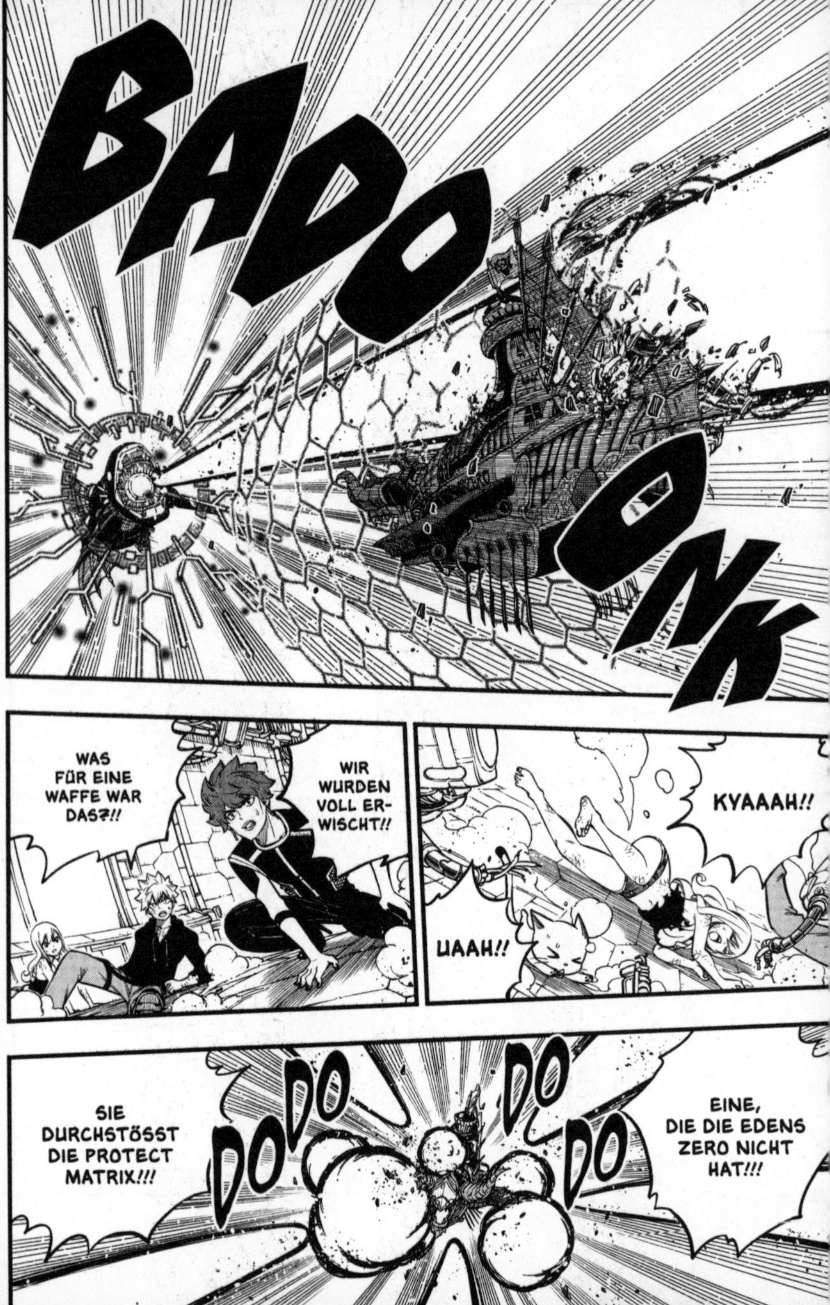
BADOONK
KYAAAH!!
UAAH!!
WIR WURDEN VOLL ER-WISCHT!!
WAS FÜR EINE WAFFE WAR DAS?!!
EINE, DIE DIE EDENS ZERO NICHT HAT!!!
DODO DO DO
SIE DURCHSTÖSST DIE PROTECT MATRIX!!!

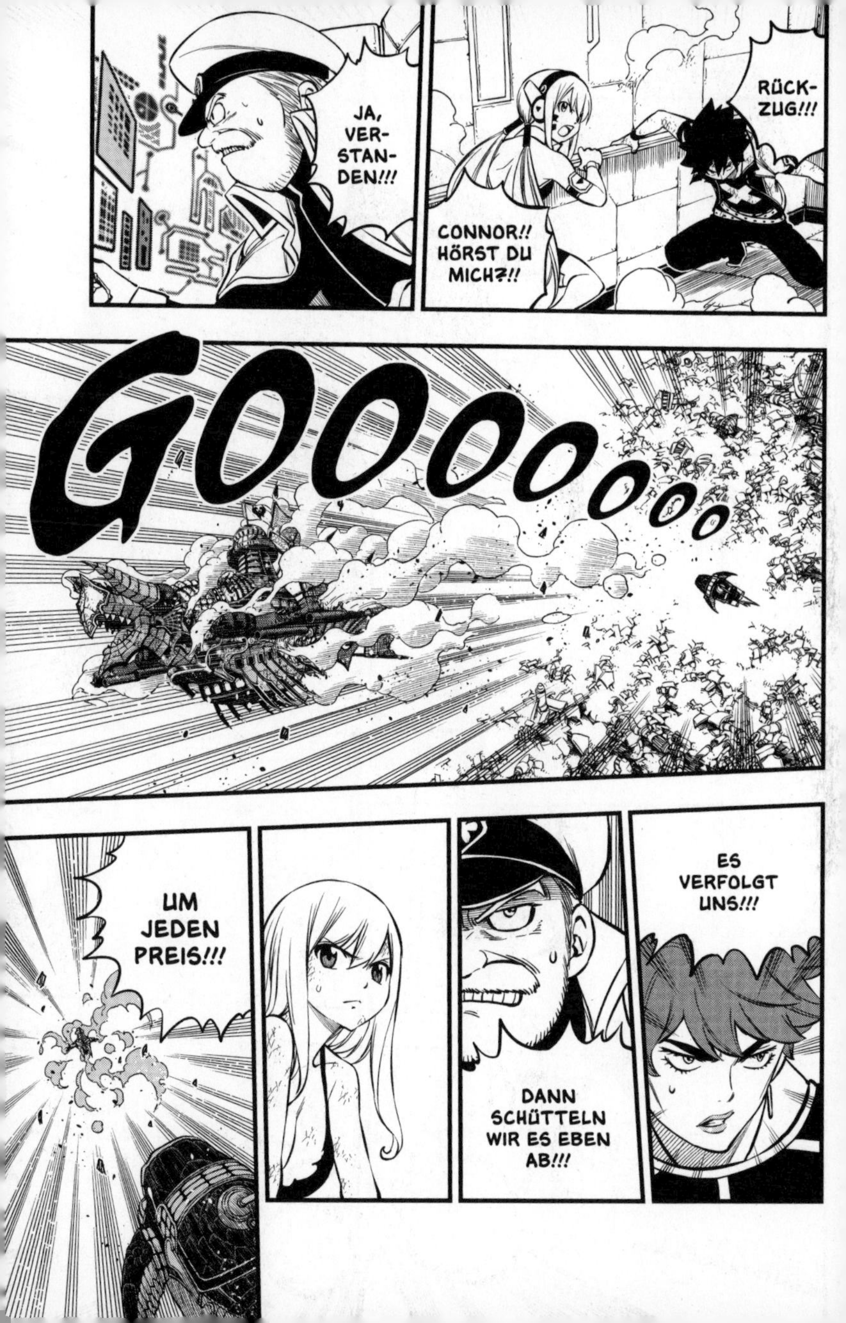
RÜCK-
ZUG!!!
CONNOR!!
HÖRST DU
MICH?!!
JA,
VER-
STAN-
DEN!!!
GOOOOOOO
ES
VERFOLGT
UNS!!!
DANN
SCHÜTTELN
WIR ES EBEN
AB!!!
UM
JEDEN
PREIS!!!

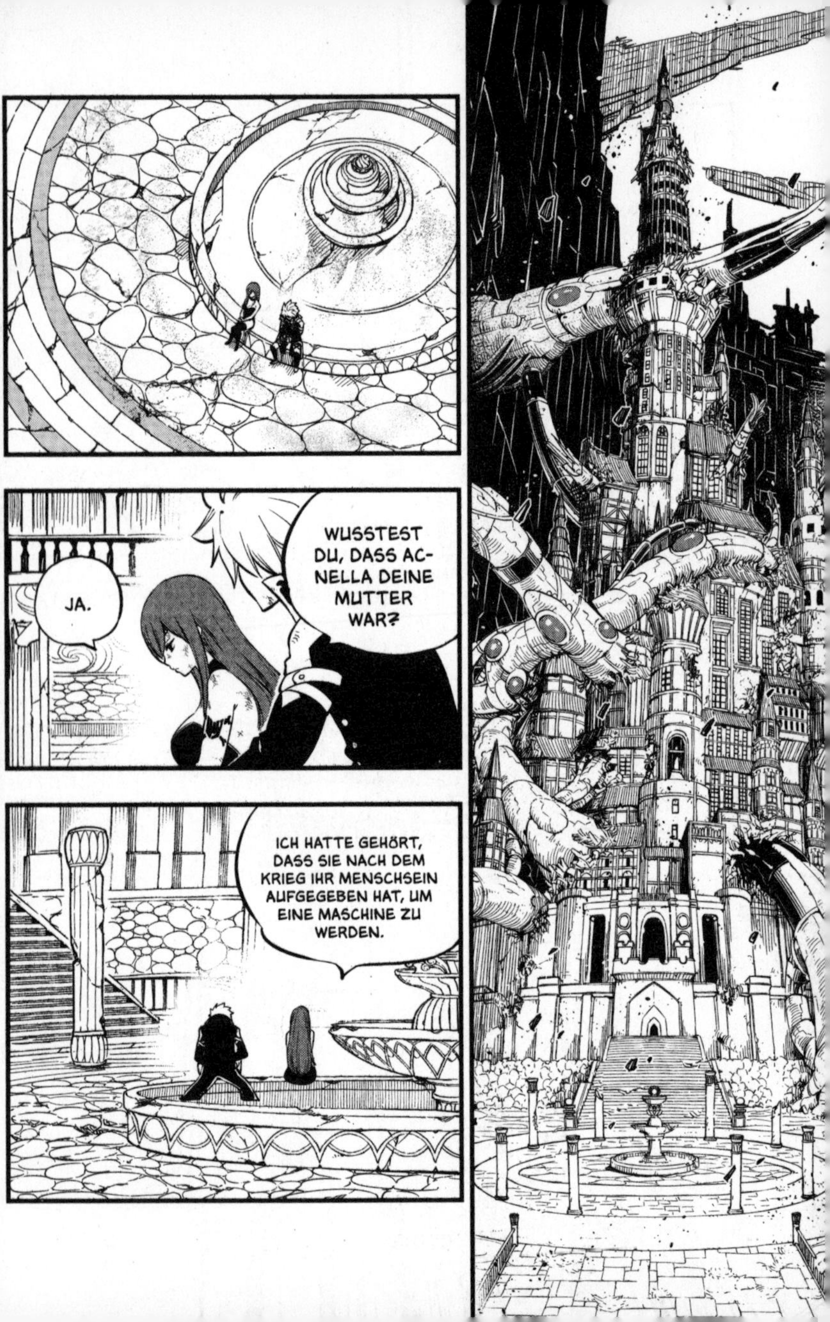
WUSSTEST DU, DASS ACNELLA DEINE MUTTER WAR?
JA.
ICH HATTE GEHÖRT, DASS SIE NACH DEM KRIEG IHR MENSCHSEIN AUFGEGEBEN HAT, UM EINE MASCHINE ZU WERDEN.

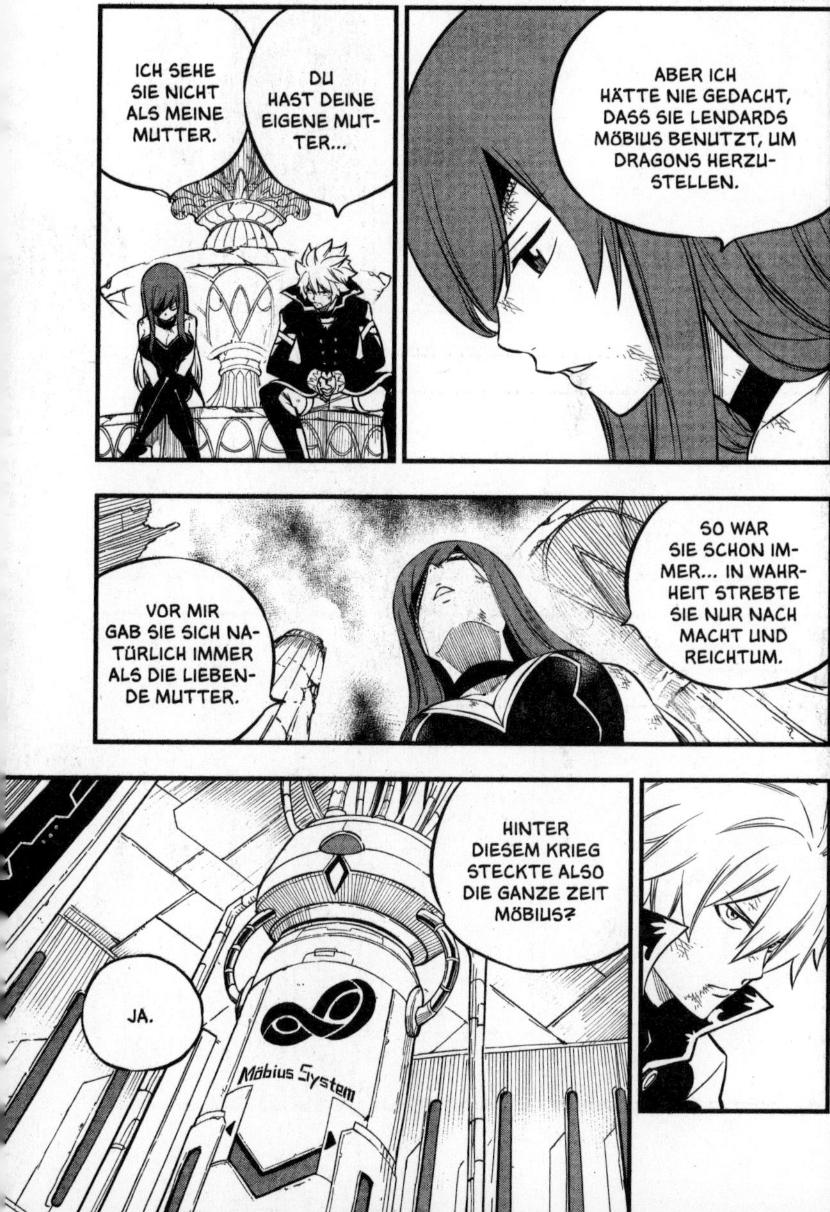
ABER ICH HÄTTE NIE GEDACHT, DASS SIE LENDARDS MÖBIUS BENUTZT, UM DRAGONS HERZUSTELLEN.
DU HAST DEINE EIGENE MUTTER...
ICH SEHE SIE NICHT ALS MEINE MUTTER.
SO WAR SIE SCHON IMMER... IN WAHRHEIT STREBTE SIE NUR NACH MACHT UND REICHTUM.
VOR MIR GAB SIE SICH NATÜRLICH IMMER ALS DIE LIEBENDE MUTTER.
HINTER DIESEM KRIEG STECKTE ALSO DIE GANZE ZEIT MÖBIUS?
JA.
Möbius System

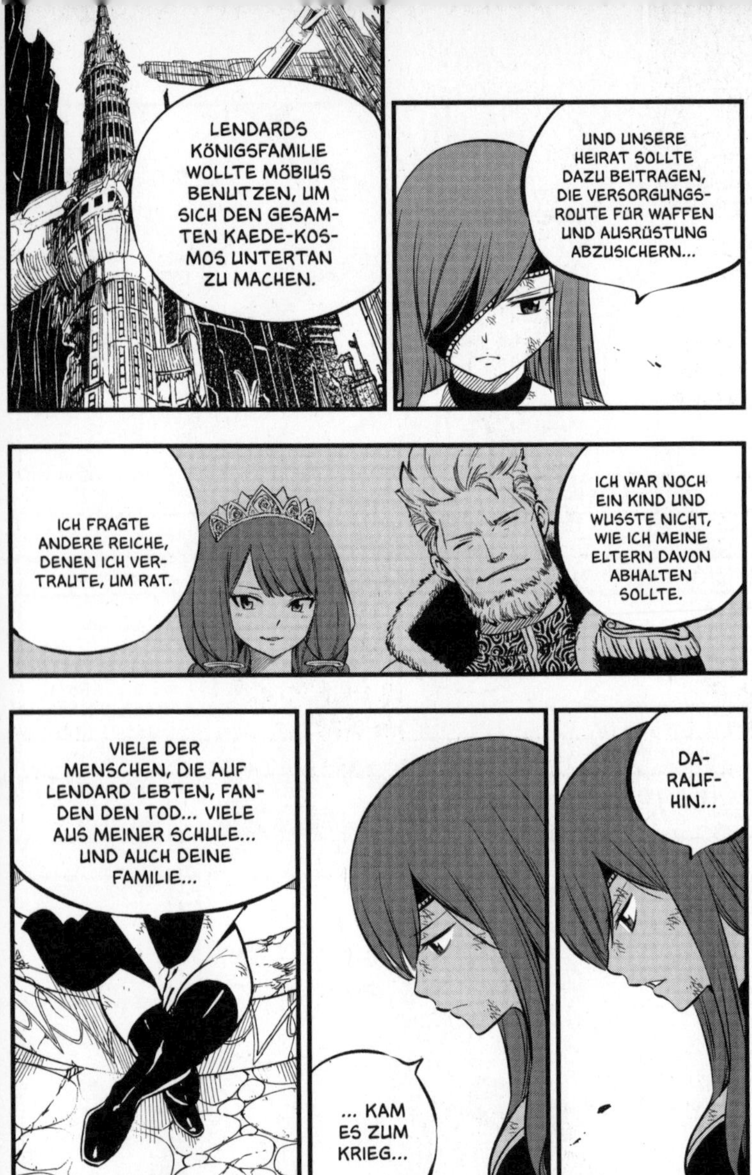
LENDARDS KÖNIGSFAMILIE WOLLTE MÖBIUS BENUTZEN, UM SICH DEN GESAMTEN KAEDE-KOSMOS UNTERTAN ZU MACHEN.
UND UNSERE HEIRAT SOLLTE DAZU BEITRAGEN, DIE VERSORGUNGSROUTE FÜR WAFFEN UND AUSRÜSTUNG ABZUSICHERN...
ICH FRAGTE ANDERE REICHE, DENEN ICH VERTRAUTE, UM RAT.
ICH WAR NOCH EIN KIND UND WUSSTE NICHT, WIE ICH MEINE ELTERN DAVON ABHALTEN SOLLTE.
VIELE DER MENSCHEN, DIE AUF LENDARD LEBTEN, FANDEN DEN TOD... VIELE AUS MEINER SCHULE... UND AUCH DEINE FAMILIE...
DARAUFHIN...
... KAM ES ZUM KRIEG...

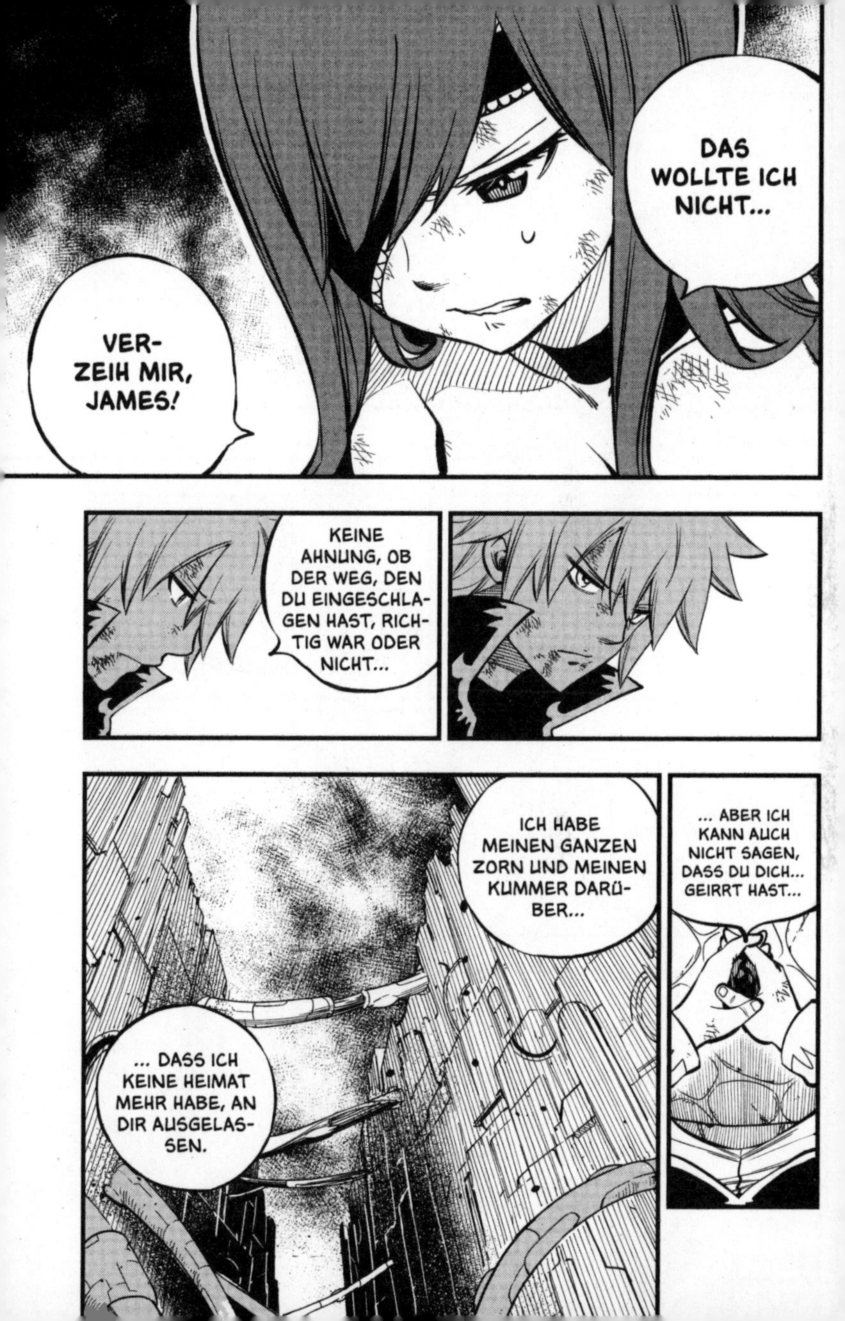
DAS WOLLTE ICH NICHT...
VER-ZEIH MIR, JAMES!
KEINE AHNUNG, OB DER WEG, DEN DU EINGESCHLA-GEN HAST, RICH-TIG WAR ODER NICHT...
... ABER ICH KANN AUCH NICHT SAGEN, DASS DU DICH... GEIRRT HAST...
ICH HABE MEINEN GANZEN ZORN UND MEINEN KUMMER DARÜ-BER...
... DASS ICH KEINE HEIMAT MEHR HABE, AN DIR AUSGELAS-SEN.

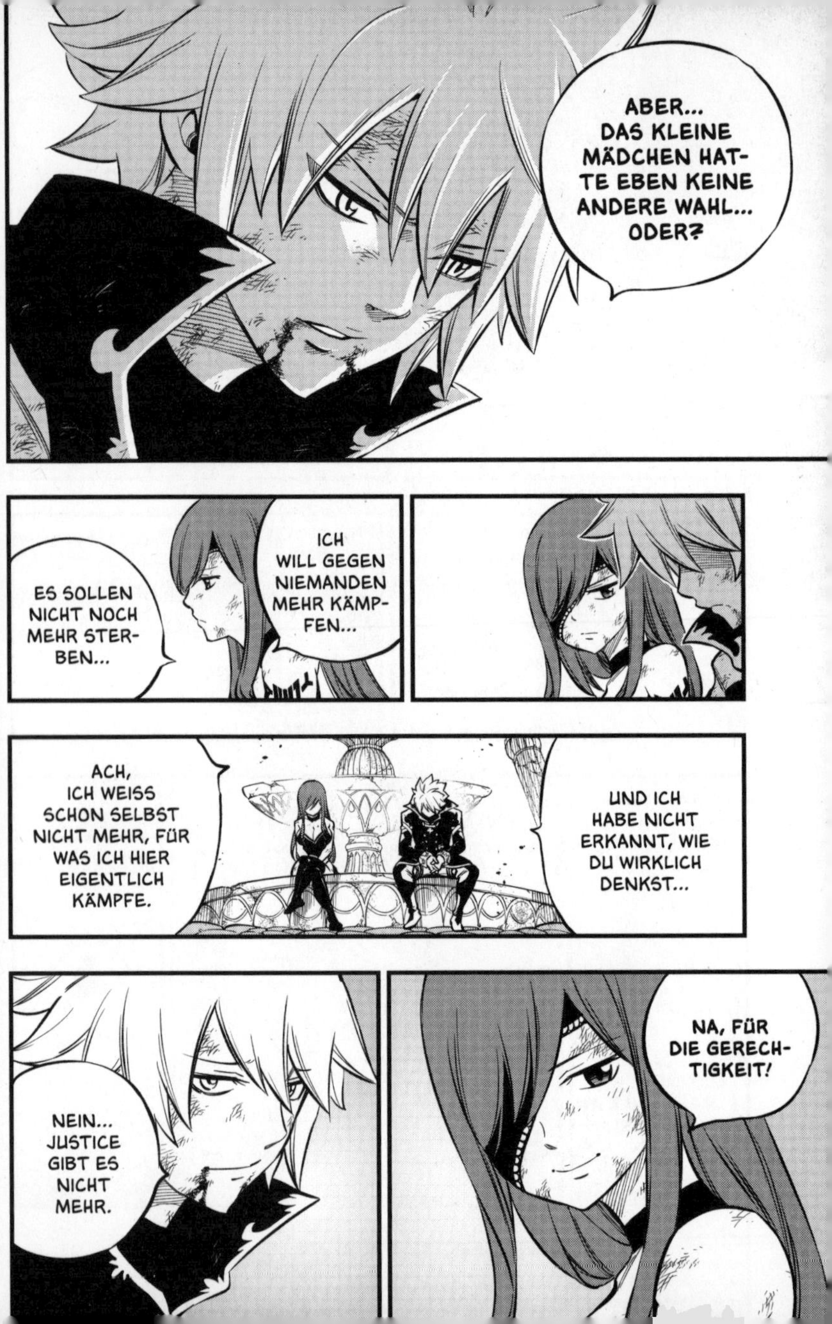
ABER...
DAS KLEINE
MÄDCHEN HAT-
TE EBEN KEINE
ANDERE WAHL...
ODER?
ICH
WILL GEGEN
NIEMANDEN
MEHR KÄMP-
FEN...
ES SOLLEN
NICHT NOCH
MEHR STER-
BEN...
UND ICH
HABE NICHT
ERKANNT, WIE
DU WIRKLICH
DENKST...
ACH,
ICH WEISS
SCHON SELBST
NICHT MEHR, FÜR
WAS ICH HIER
EIGENTLICH
KÄMPFE.
NA, FÜR
DIE GERECH-
TIGKEIT!
NEIN...
JUSTICE
GIBT ES
NICHT
MEHR.

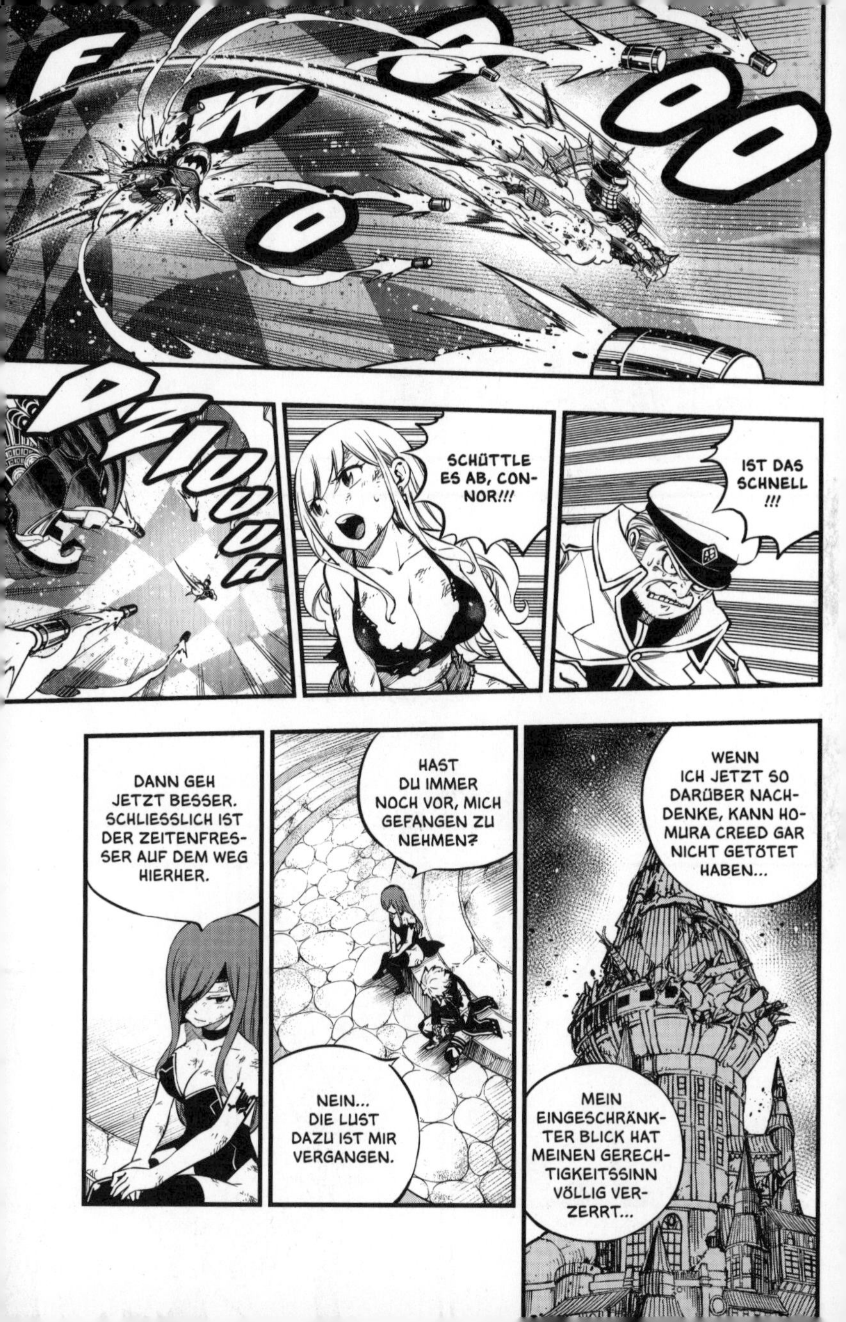
IST DAS SCHNELL !!!
SCHÜTTLE ES AB, CONNOR!!!
WENN ICH JETZT SO DARÜBER NACHDENKE, KANN HOMURA CREED GAR NICHT GETÖTET HABEN...
MEIN EINGESCHRÄNKTER BLICK HAT MEINEN GERECHTIGKEITSSINN VÖLLIG VERZERRT...
HAST DU IMMER NOCH VOR, MICH GEFANGEN ZU NEHMEN?
NEIN... DIE LUST DAZU IST MIR VERGANGEN.
DANN GEH JETZT BESSER. SCHLIESSLICH IST DER ZEITENFRESSER AUF DEM WEG HIERHER.

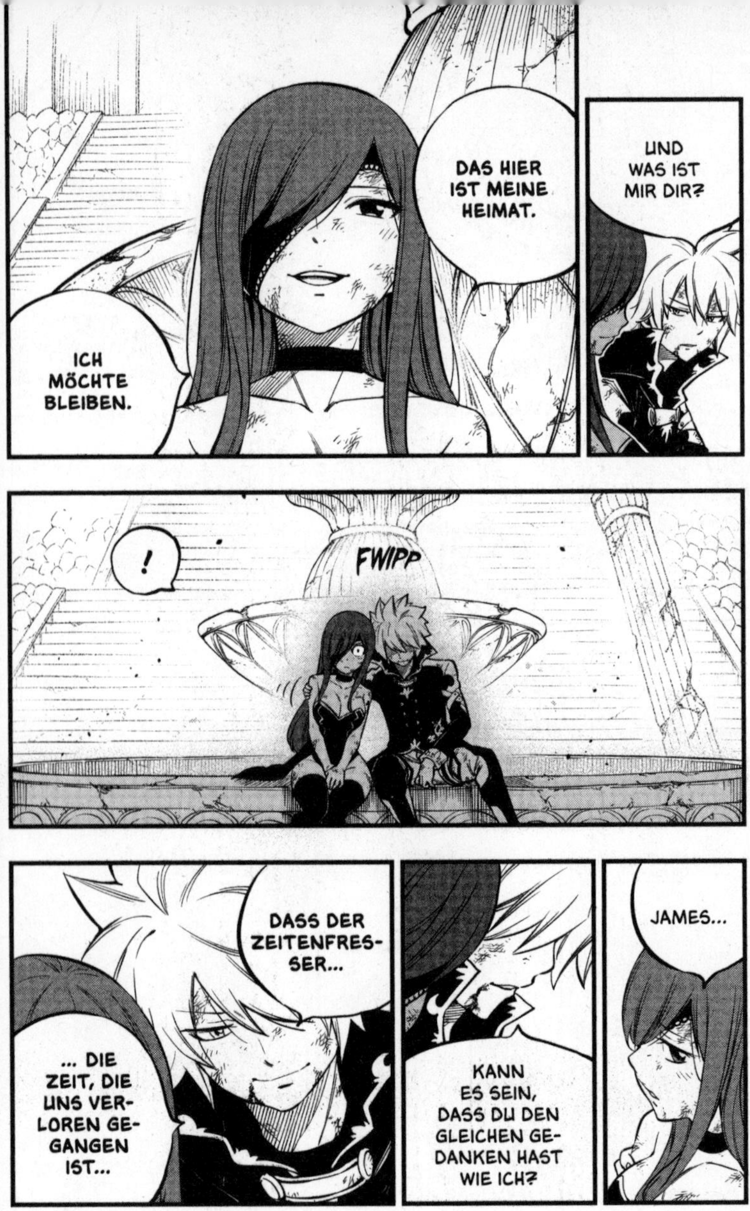
DAS HIER IST MEINE HEIMAT.
ICH MÖCHTE BLEIBEN.
UND WAS IST MIR DIR?
!
FWIPP
DASS DER ZEITENFRES-SER...
... DIE ZEIT, DIE UNS VER-LOREN GE-GANGEN IST...
KANN ES SEIN, DASS DU DEN GLEICHEN GE-DANKEN HAST WIE ICH?
JAMES...

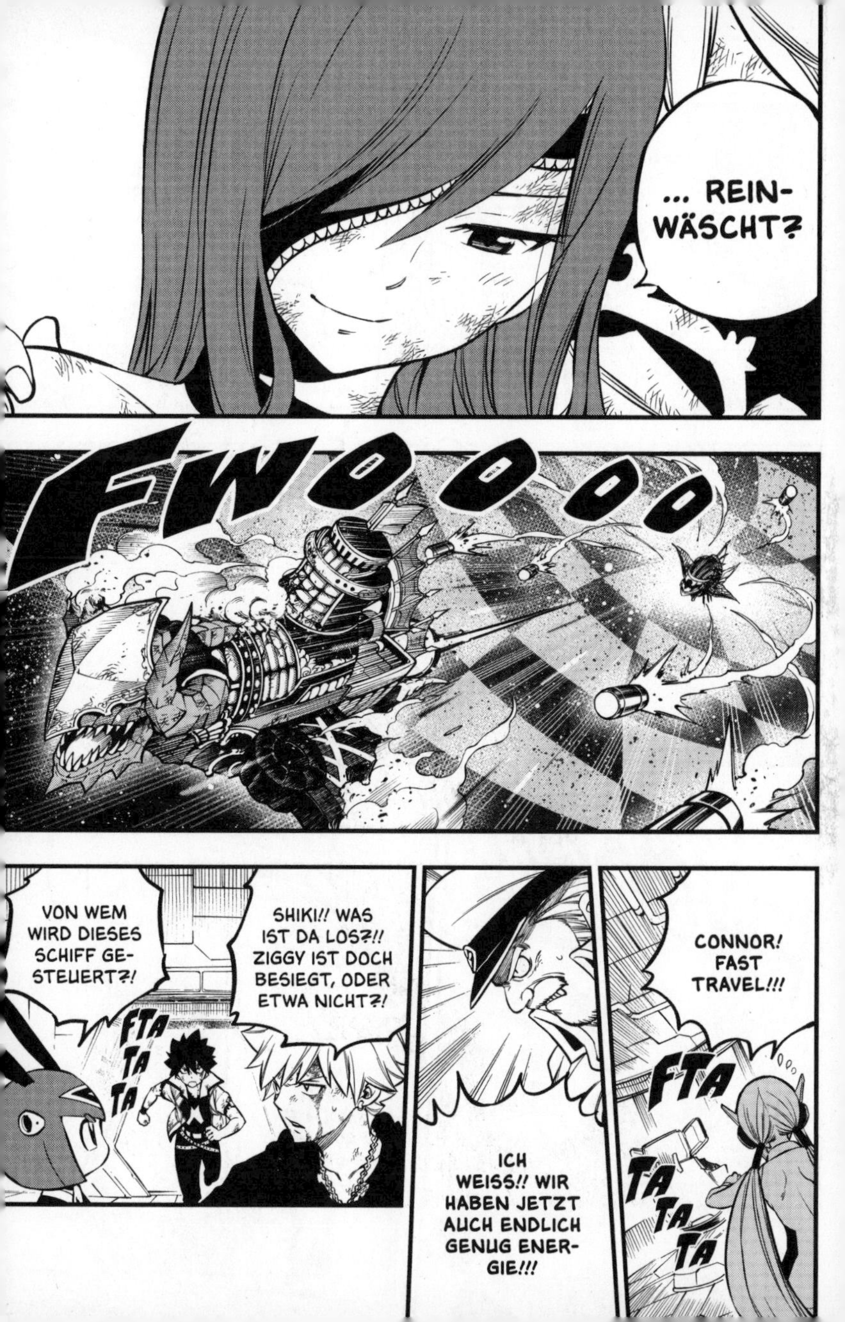
... REIN-
WÄSCHT?
FWOOOO
VON WEM WIRD DIESES SCHIFF GESTEUERT?!
SHIKI!! WAS IST DA LOS?!! ZIGGY IST DOCH BESIEGT, ODER ETWA NICHT?!
FTA TA TA TA
ICH WEISS!! WIR HABEN JETZT AUCH ENDLICH GENUG ENERGIE!!!
CONNOR! FAST TRAVEL!!!
FTA TA TA TA

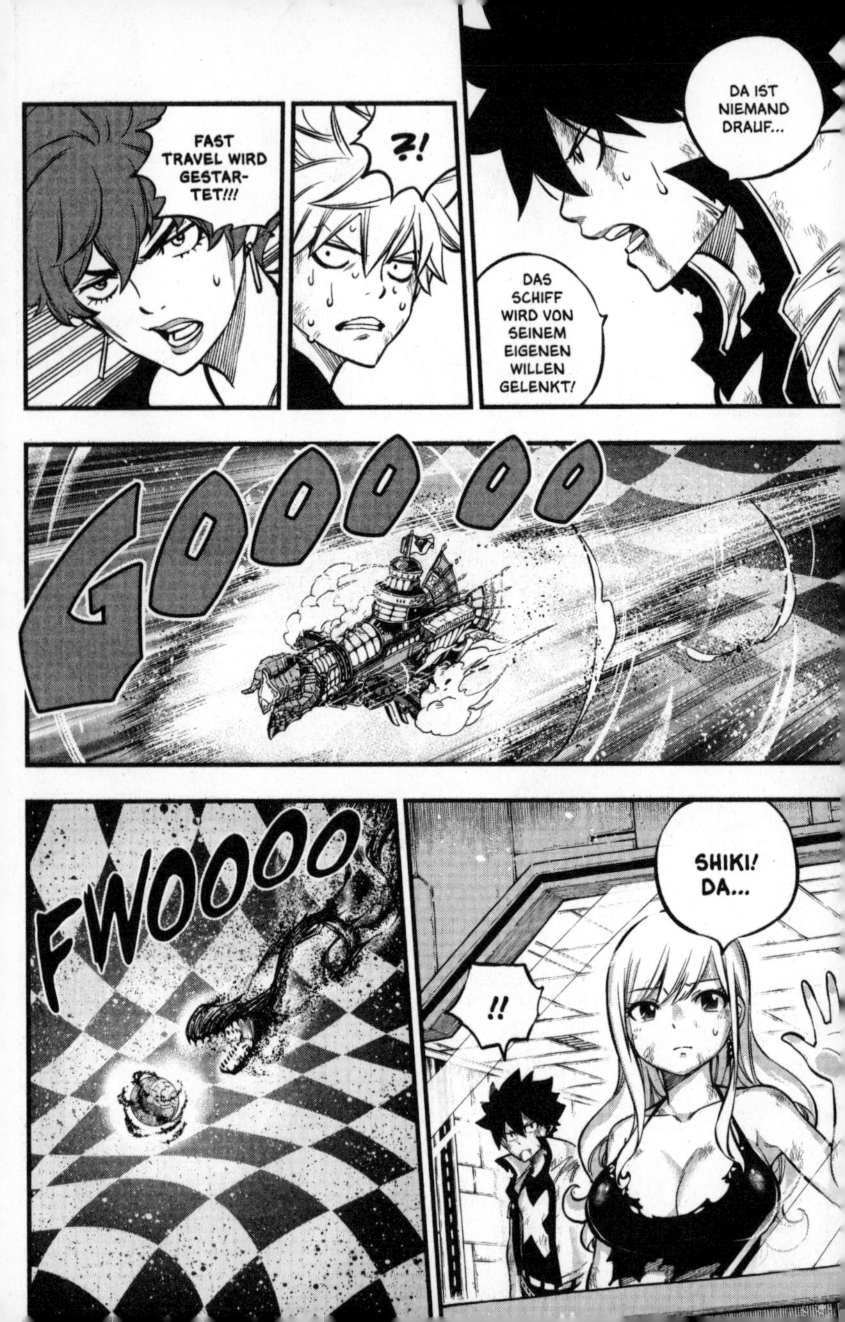
DA IST NIEMAND DRAUF...
DAS SCHIFF WIRD VON SEINEM EIGENEN WILLEN GELENKT!
?!
FAST TRAVEL WIRD GESTARTET!!!
GOOOOO
SHIKI! DA...
!!
FWOOOO

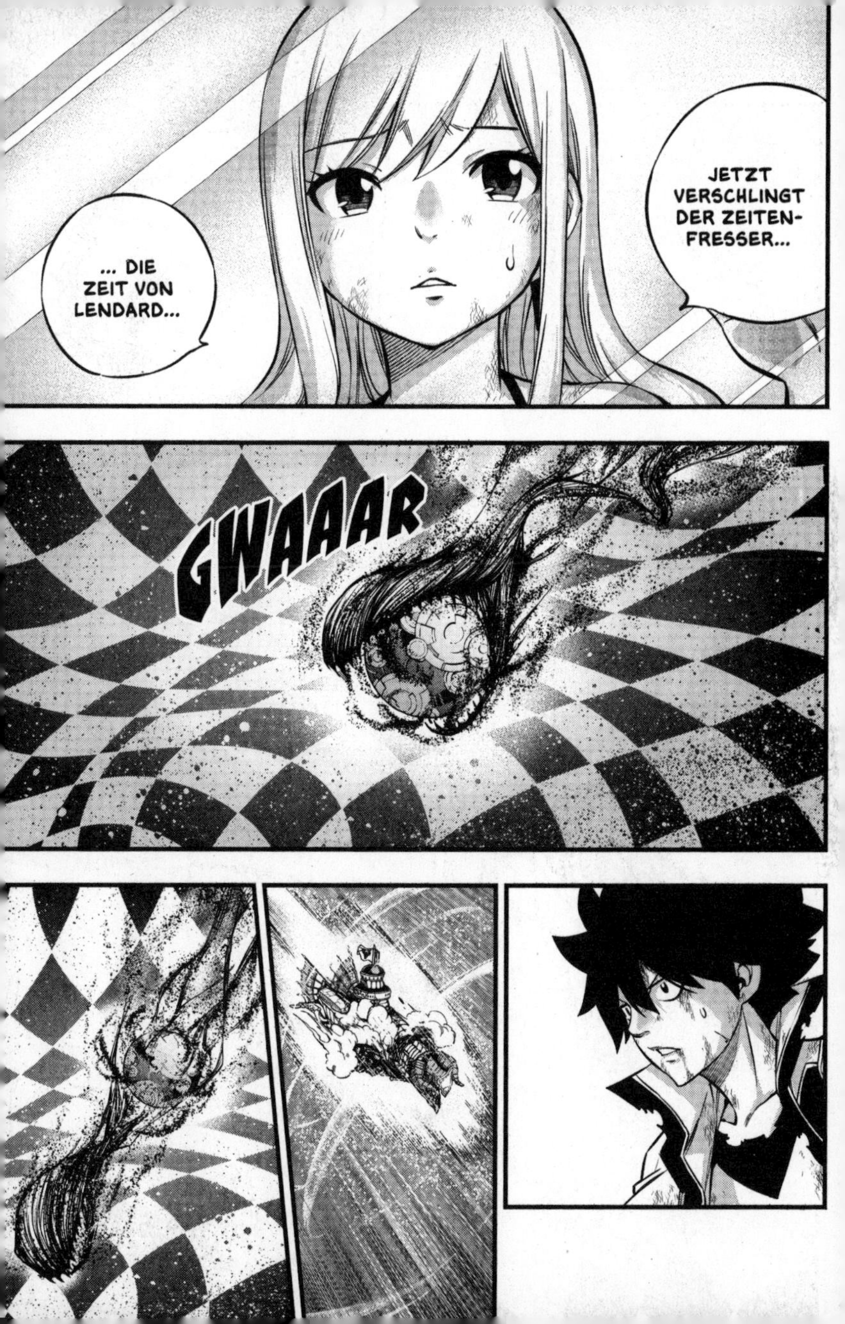
JETZT VERSCHLINGT DER ZEITEN-FRESSER...
... DIE ZEIT VON LENDARD...
GWAAAR

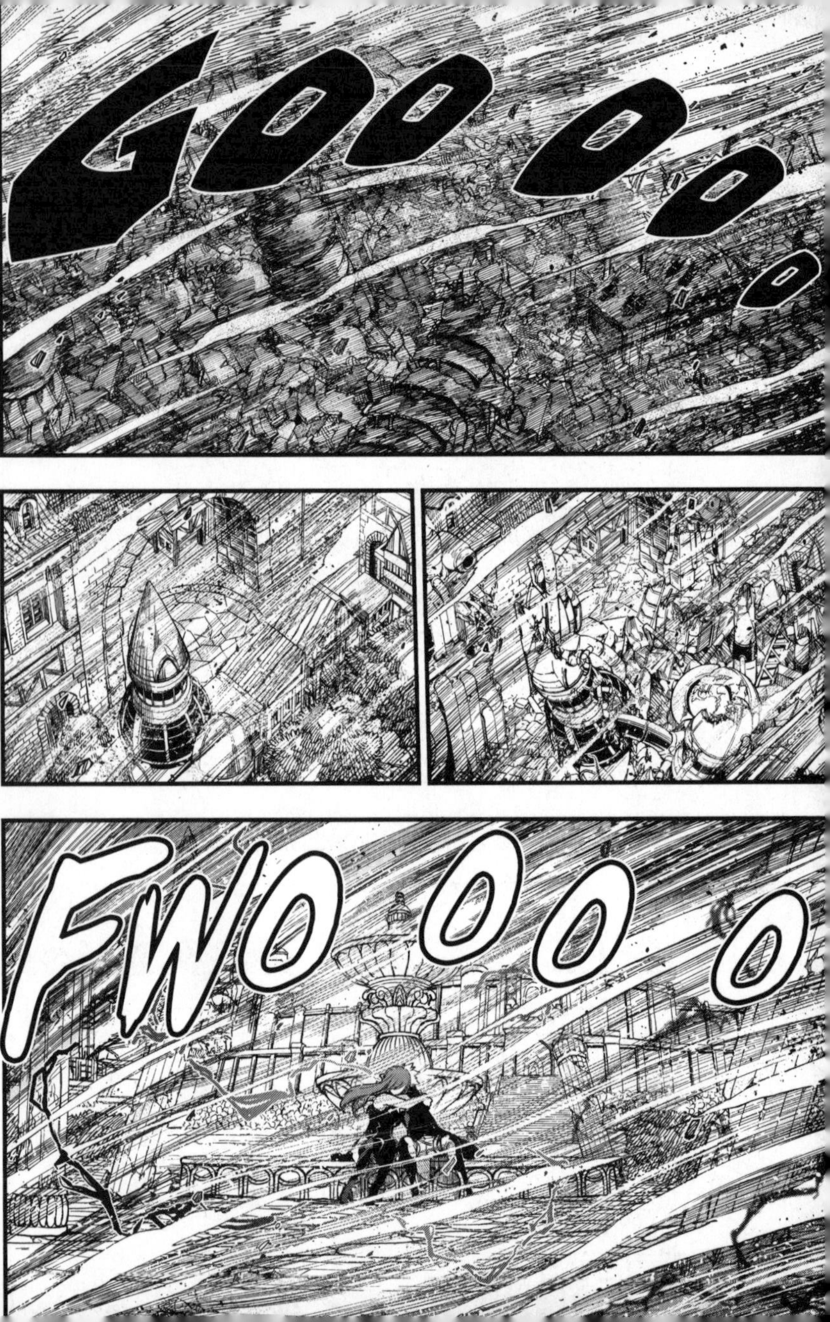
GOOOOO
FWOOOO

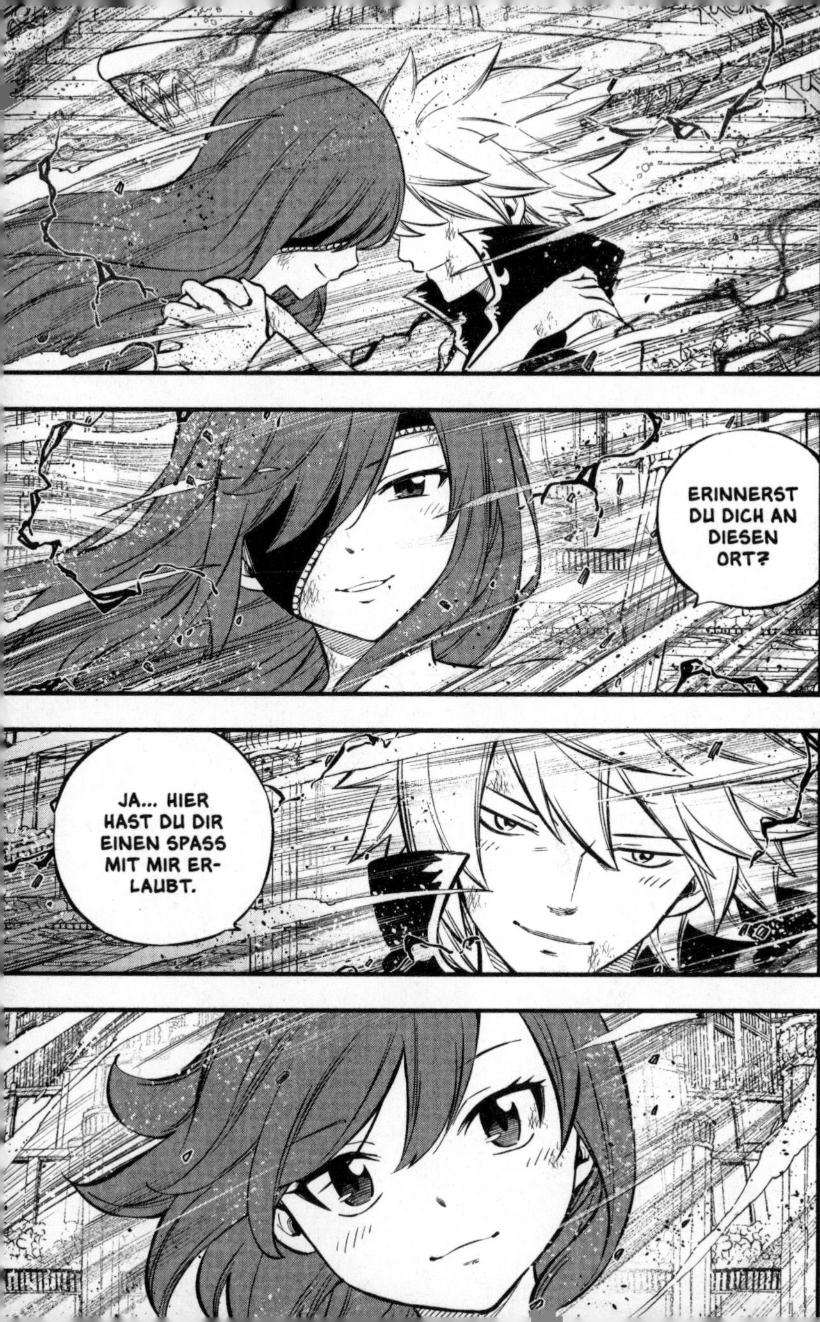
ERINNERST DU DICH AN DIESEN ORT?
JA... HIER HAST DU DIR EINEN SPASS MIT MIR ER-LAUBT.

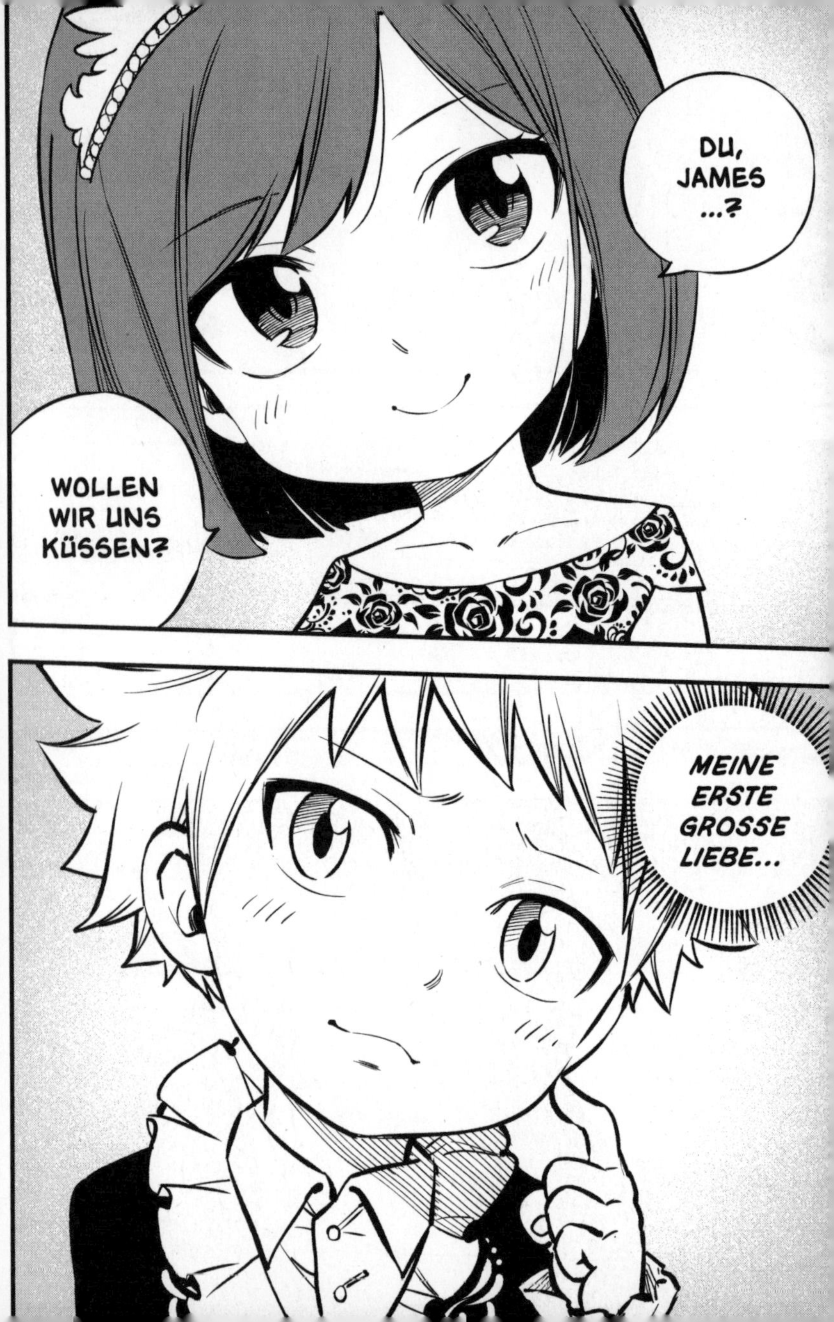
DU, JAMES ...?
WOLLEN WIR UNS KÜSSEN?
MEINE ERSTE GROSSE LIEBE...

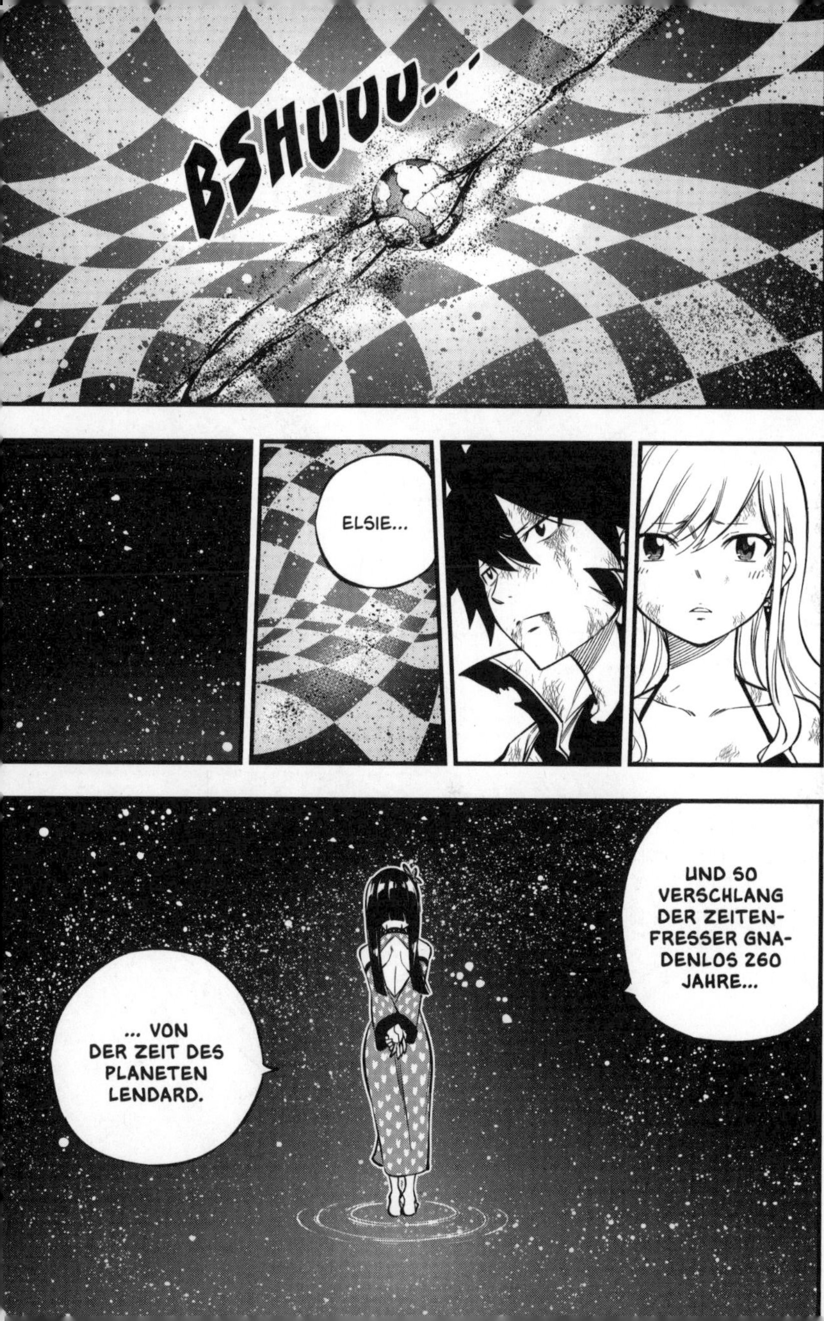
BSHUUU...
ELSIE...
UND SO VERSCHLANG DER ZEITEN-FRESSER GNADENLOS 260 JAHRE...
... VON DER ZEIT DES PLANETEN LENDARD.

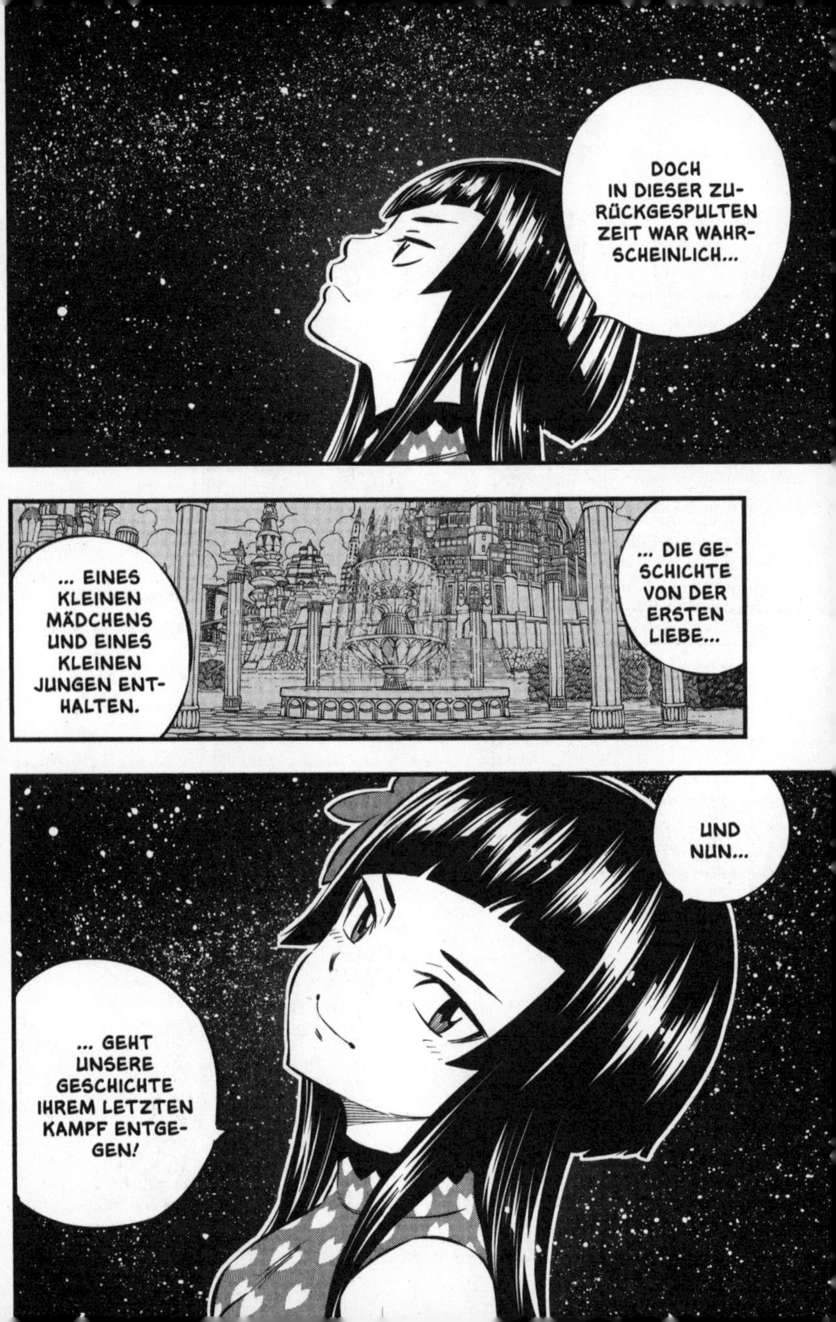

DOCH IN DIESER ZURÜCKGESPULTEN ZEIT WAR WAHRSCHEINLICH...
... DIE GESCHICHTE VON DER ERSTEN LIEBE...
... EINES KLEINEN MÄDCHENS UND EINES KLEINEN JUNGEN ENTHALTEN.
UND NUN...
... GEHT UNSERE GESCHICHTE IHREM LETZTEN KAMPF ENTGEGEN!

EDENS ZERO

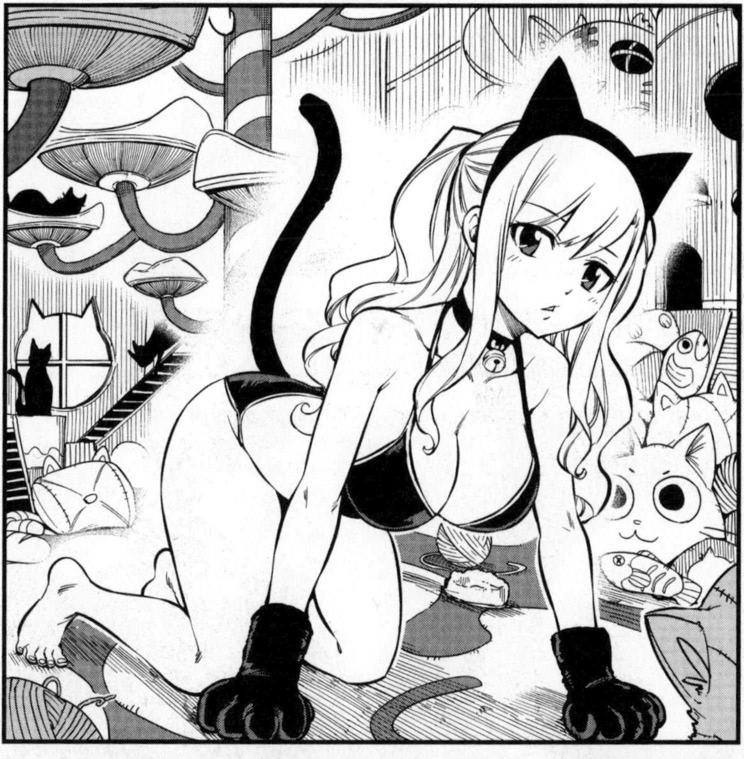

KAPITEL 217: VATER, MUTTER, TOCHTER

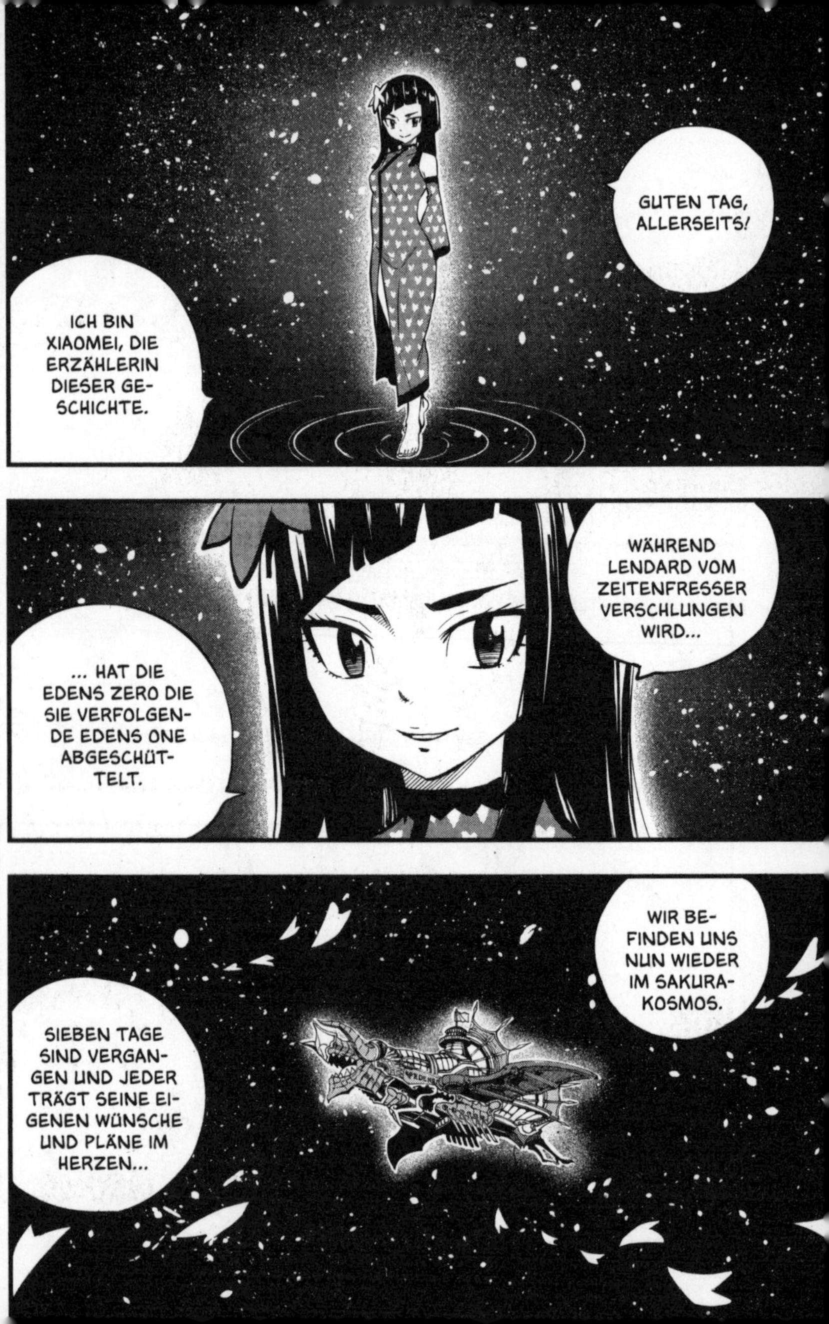
GUTEN TAG, ALLERSEITS!
ICH BIN XIAOMEI, DIE ERZÄHLERIN DIESER GESCHICHTE.
WÄHREND LENDARD VOM ZEITENFRESSER VERSCHLUNGEN WIRD...
... HAT DIE EDENS ZERO DIE SIE VERFOLGENDE EDENS ONE ABGESCHÜTTELT.
WIR BEFINDEN UNS NUN WIEDER IM SAKURA-KOSMOS.
SIEBEN TAGE SIND VERGANGEN UND JEDER TRÄGT SEINE EIGENEN WÜNSCHE UND PLÄNE IM HERZEN...

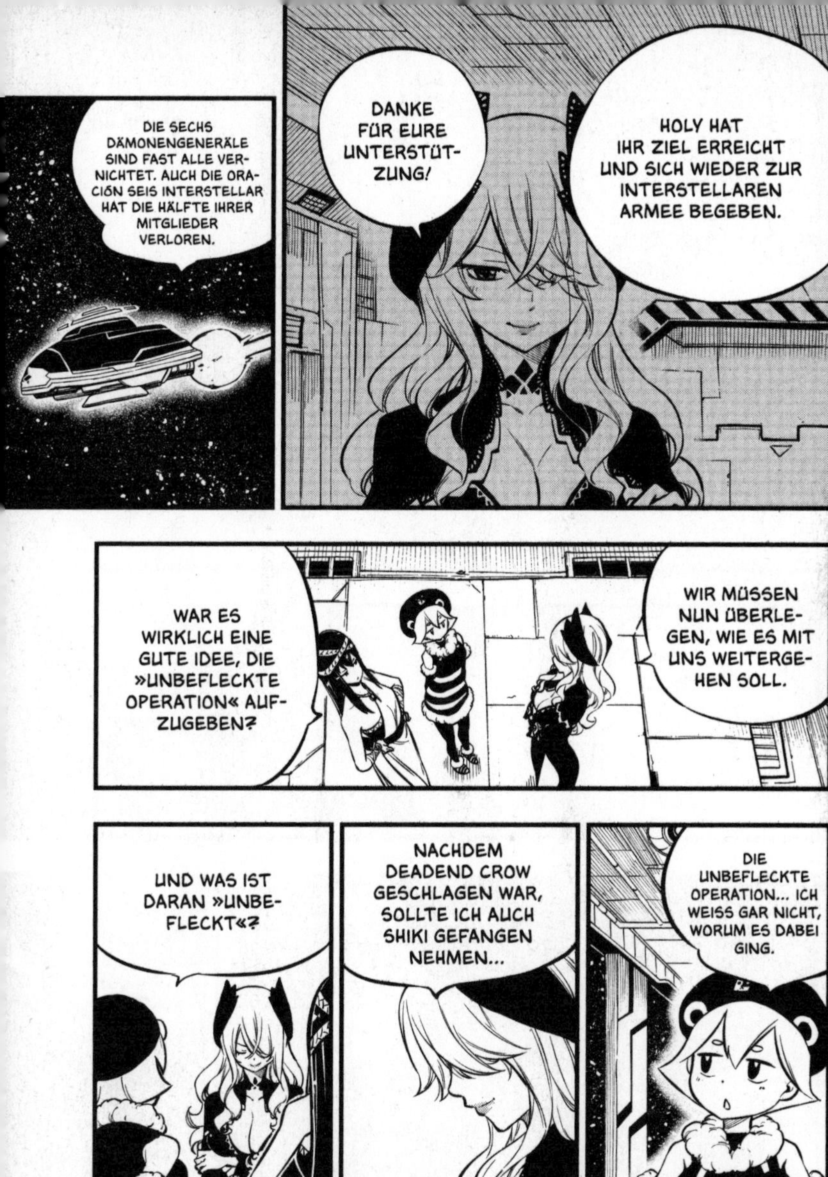
HOLY HAT IHR ZIEL ERREICHT UND SICH WIEDER ZUR INTERSTELLAREN ARMEE BEGEBEN.
DANKE FÜR EURE UNTERSTÜTZUNG!
DIE SECHS DÄMONENGENERÄLE SIND FAST ALLE VERNICHTET. AUCH DIE ORACIÓN SEIS INTERSTELLAR HAT DIE HÄLFTE IHRER MITGLIEDER VERLOREN.
WIR MÜSSEN NUN ÜBERLEGEN, WIE ES MIT UNS WEITERGEHEN SOLL.
WAR ES WIRKLICH EINE GUTE IDEE, DIE »UNBEFLECKTE OPERATION« AUFZUGEBEN?
DIE UNBEFLECKTE OPERATION... ICH WEISS GAR NICHT, WORUM ES DABEI GING.
NACHDEM DEADEND CROW GESCHLAGEN WAR, SOLLTE ICH AUCH SHIKI GEFANGEN NEHMEN...
UND WAS IST DARAN »UNBEFLECKT«?

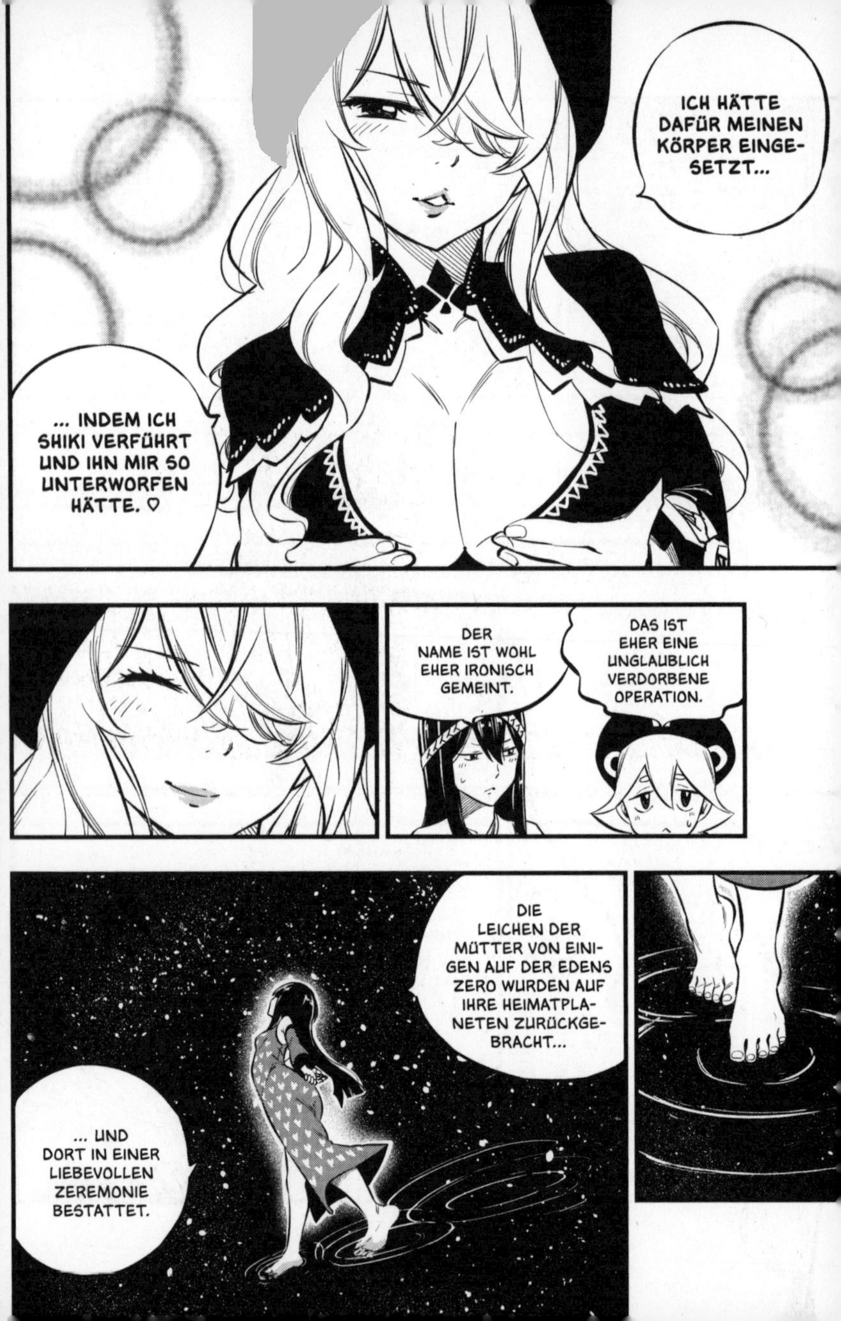

ICH HÄTTE DAFÜR MEINEN KÖRPER EINGE-SETZT...
... INDEM ICH SHIKI VERFÜHRT UND IHN MIR SO UNTERWORFEN HÄTTE. ♡
DAS IST EHER EINE UNGLAUBLICH VERDORBENE OPERATION.
DER NAME IST WOHL EHER IRONISCH GEMEINT.
DIE LEICHEN DER MÜTTER VON EINI-GEN AUF DER EDENS ZERO WURDEN AUF IHRE HEIMATPLA-NETEN ZURÜCKGE-BRACHT...
... UND DORT IN EINER LIEBEVOLLEN ZEREMONIE BESTATTET.

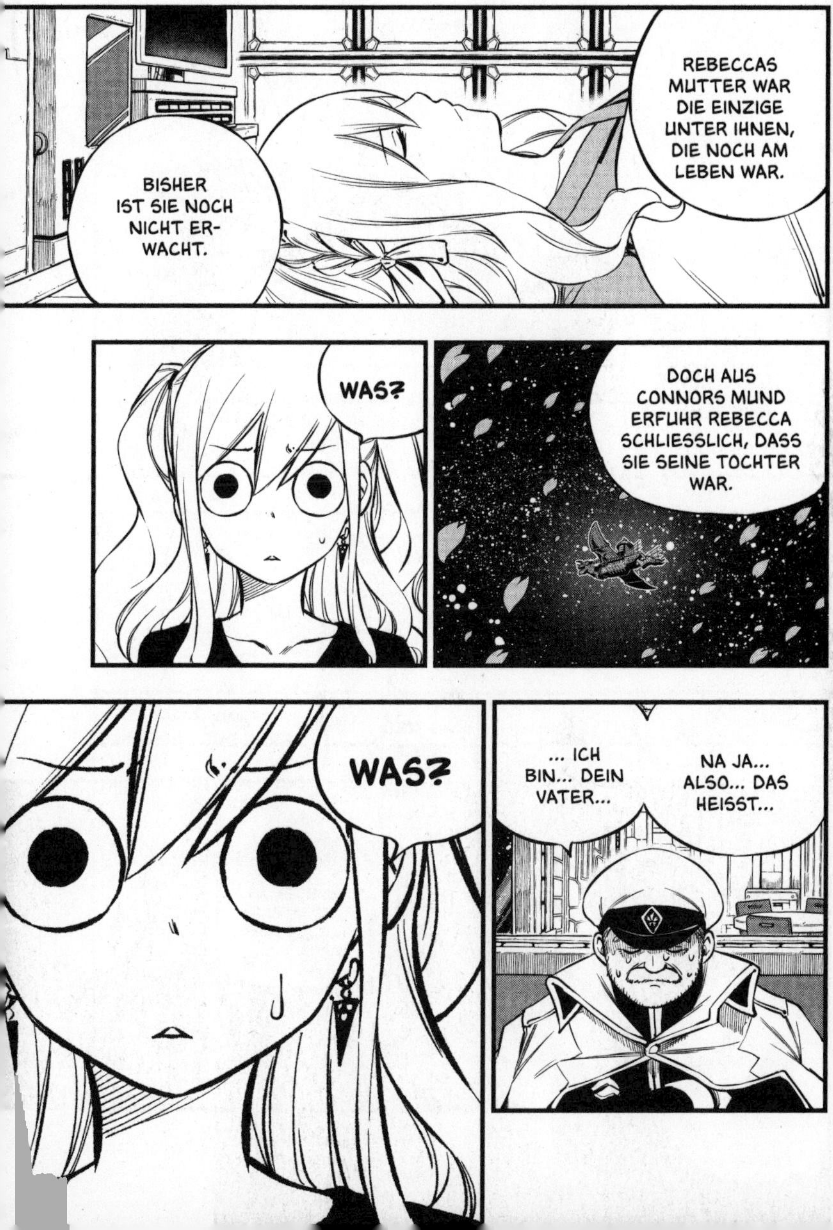
REBECCAS MUTTER WAR DIE EINZIGE UNTER IHNEN, DIE NOCH AM LEBEN WAR.
BISHER IST SIE NOCH NICHT ER-WACHT.
DOCH AUS CONNORS MUND ERFUHR REBECCA SCHLIESSLICH, DASS SIE SEINE TOCHTER WAR.
WAS?
NA JA... ALSO... DAS HEISST...
... ICH BIN... DEIN VATER...
WAS?

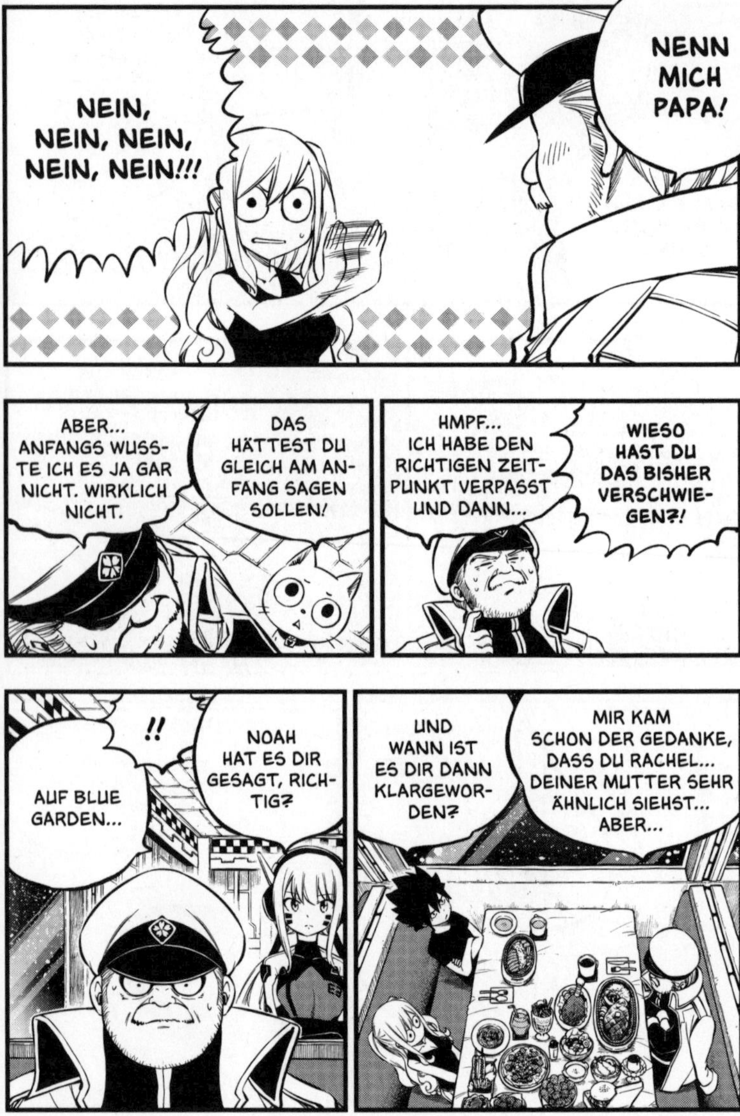
NENN MICH PAPA!
NEIN, NEIN, NEIN, NEIN, NEIN!!!
WIESO HAST DU DAS BISHER VERSCHWIEGEN?!
HMPF... ICH HABE DEN RICHTIGEN ZEITPUNKT VERPASST UND DANN...
DAS HÄTTEST DU GLEICH AM ANFANG SAGEN SOLLEN!
ABER... ANFANGS WUSSTE ICH ES JA GAR NICHT. WIRKLICH NICHT.
MIR KAM SCHON DER GEDANKE, DASS DU RACHEL... DEINER MUTTER SEHR ÄHNLICH SIEHST... ABER...
UND WANN IST ES DIR DANN KLARGEWORDEN?
AUF BLUE GARDEN...
!!
NOAH HAT ES DIR GESAGT, RICHTIG?

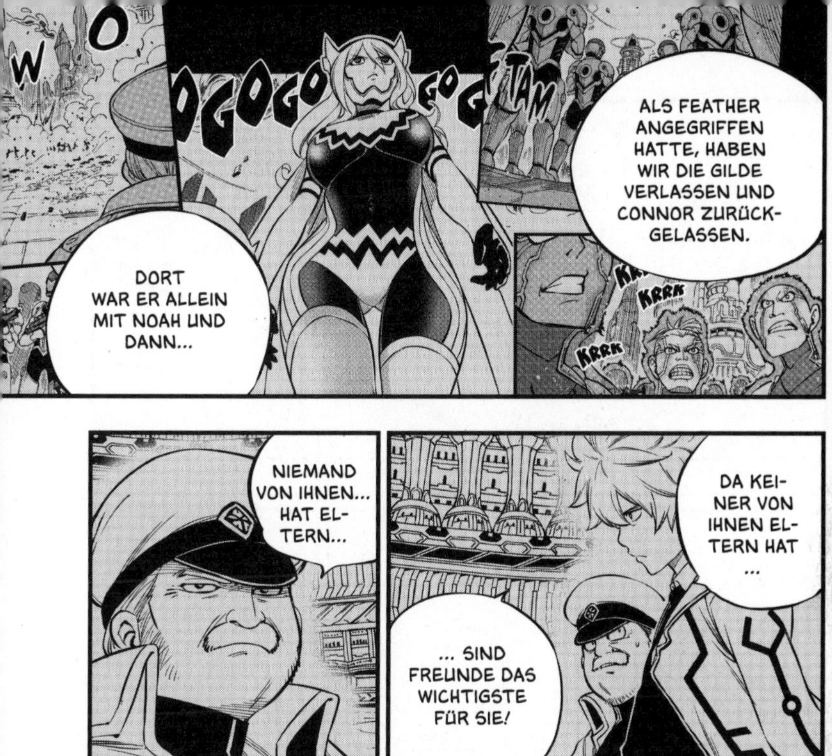
WO
GOGOGO
GOGO
TAM
ALS FEATHER ANGEGRIFFEN HATTE, HABEN WIR DIE GILDE VERLASSEN UND CONNOR ZURÜCK-GELASSEN.
KRRK
KRRK
DORT WAR ER ALLEIN MIT NOAH UND DANN...
DA KEI-NER VON IHNEN EL-TERN HAT ...
... SIND FREUNDE DAS WICHTIGSTE FÜR SIE!
NIEMAND VON IHNEN... HAT EL-TERN...
OBWOHL... REBECCAS VATER STEHT DIREKT VOR MIR.
WAS?
SIE HATTE MICH DIE GANZE ZEIT GEBETEN, IHN ZU SUCHEN. UND JETZT HABE ICH IHN ENDLICH GEFUNDEN.

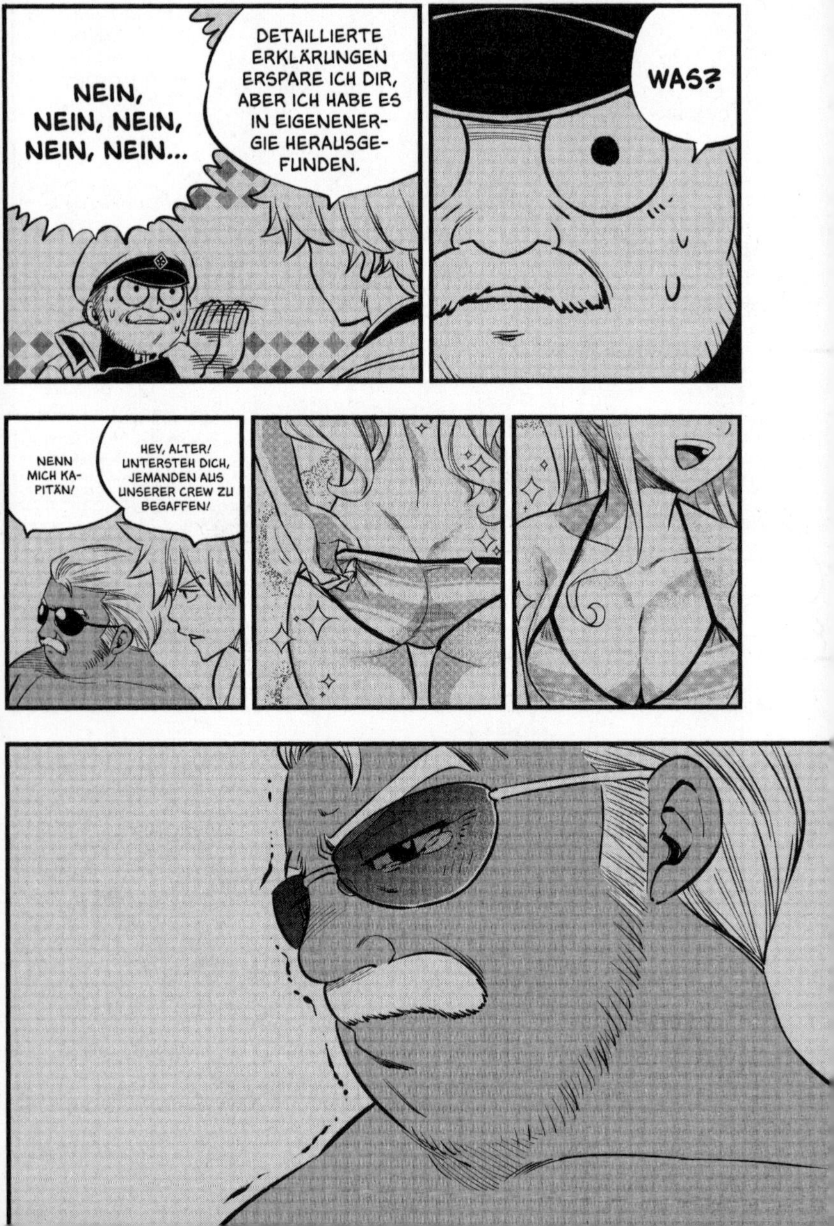

DETAILLIERTE ERKLÄRUNGEN ERSPARE ICH DIR, ABER ICH HABE ES IN EIGENENERGIE HERAUSGEFUNDEN.
NEIN, NEIN, NEIN, NEIN, NEIN...
WAS?
HEY, ALTER! UNTERSTEH DICH, JEMANDEN AUS UNSERER CREW ZU BEGAFFEN!
NENN MICH KAPITÄN!

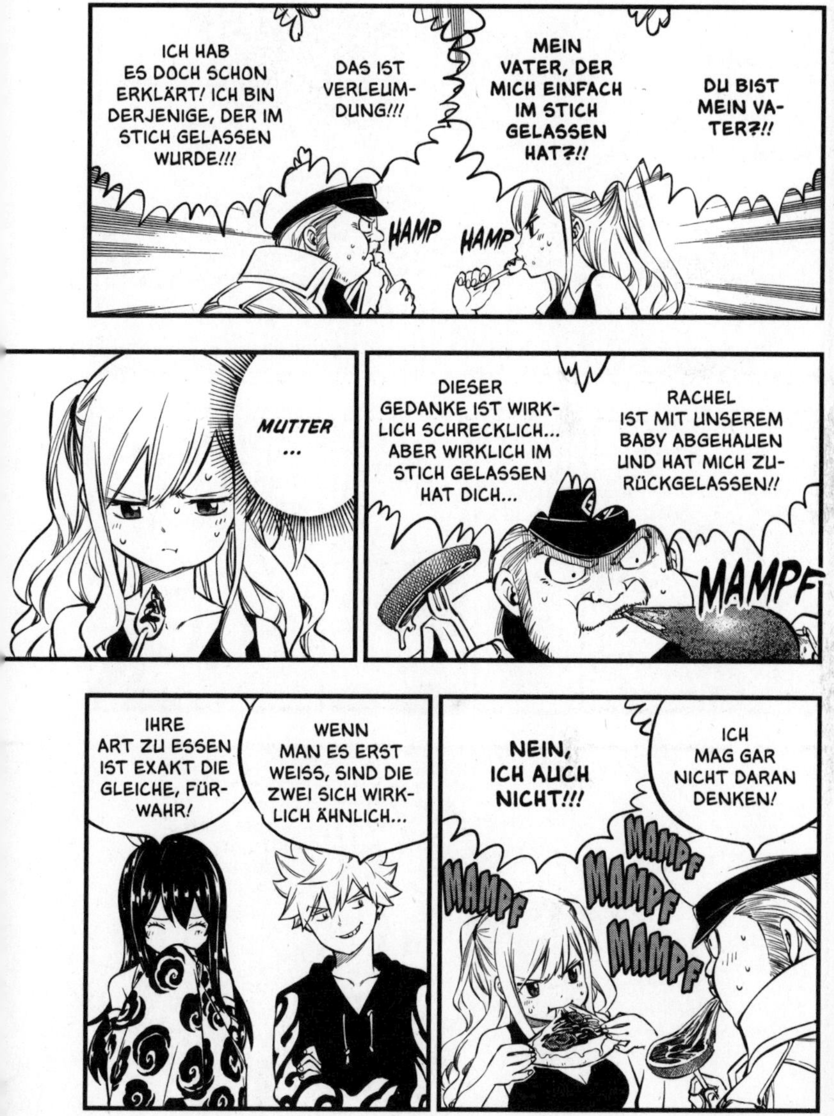
DU BIST MEIN VATER?!!
MEIN VATER, DER MICH EINFACH IM STICH GELASSEN HAT?!!
HAMP
HAMP
DAS IST VERLEUMDUNG!!!
ICH HAB ES DOCH SCHON ERKLÄRT! ICH BIN DERJENIGE, DER IM STICH GELASSEN WURDE!!!
RACHEL IST MIT UNSEREM BABY ABGEHAUEN UND HAT MICH ZURÜCKGELASSEN!!
DIESER GEDANKE IST WIRKLICH SCHRECKLICH... ABER WIRKLICH IM STICH GELASSEN HAT DICH...
MAMPF
MUTTER ...
ICH MAG GAR NICHT DARAN DENKEN!
NEIN, ICH AUCH NICHT!!!
MAMPF
MAMPF
MAMPF
MAMPF
WENN MAN ES ERST WEISS, SIND DIE ZWEI SICH WIRKLICH ÄHNLICH...
IHRE ART ZU ESSEN IST EXAKT DIE GLEICHE, FÜRWAHR!

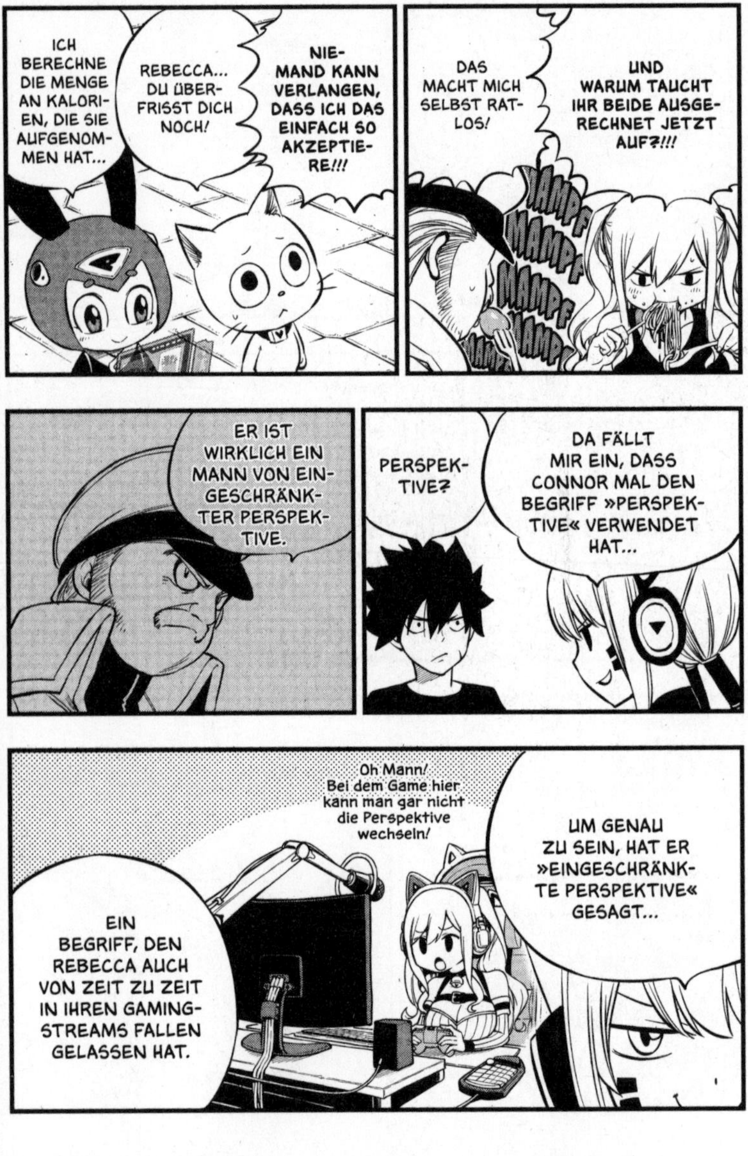
UND WARUM TAUCHT IHR BEIDE AUSGE-RECHNET JETZT AUF?!!!
DAS MACHT MICH SELBST RAT-LOS!
MAMPF MAMPF MAMPF MAMPF
NIE-MAND KANN VERLANGEN, DASS ICH DAS EINFACH SO AKZEPTIE-RE!!!
REBECCA... DU ÜBER-FRISST DICH NOCH!
ICH BERECHNE DIE MENGE AN KALORI-EN, DIE SIE AUFGENOM-MEN HAT...
DA FÄLLT MIR EIN, DASS CONNOR MAL DEN BEGRIFF »PERSPEK-TIVE« VERWENDET HAT...
PERSPEK-TIVE?
ER IST WIRKLICH EIN MANN VON EIN-GESCHRÄNK-TER PERSPEK-TIVE.
UM GENAU ZU SEIN, HAT ER »EINGESCHRÄNK-TE PERSPEKTIVE« GESAGT...
Oh Mann! Bei dem Game hier kann man gar nicht die Perspektive wechseln!
EIN BEGRIFF, DEN REBECCA AUCH VON ZEIT ZU ZEIT IN IHREN GAMING-STREAMS FALLEN GELASSEN HAT.

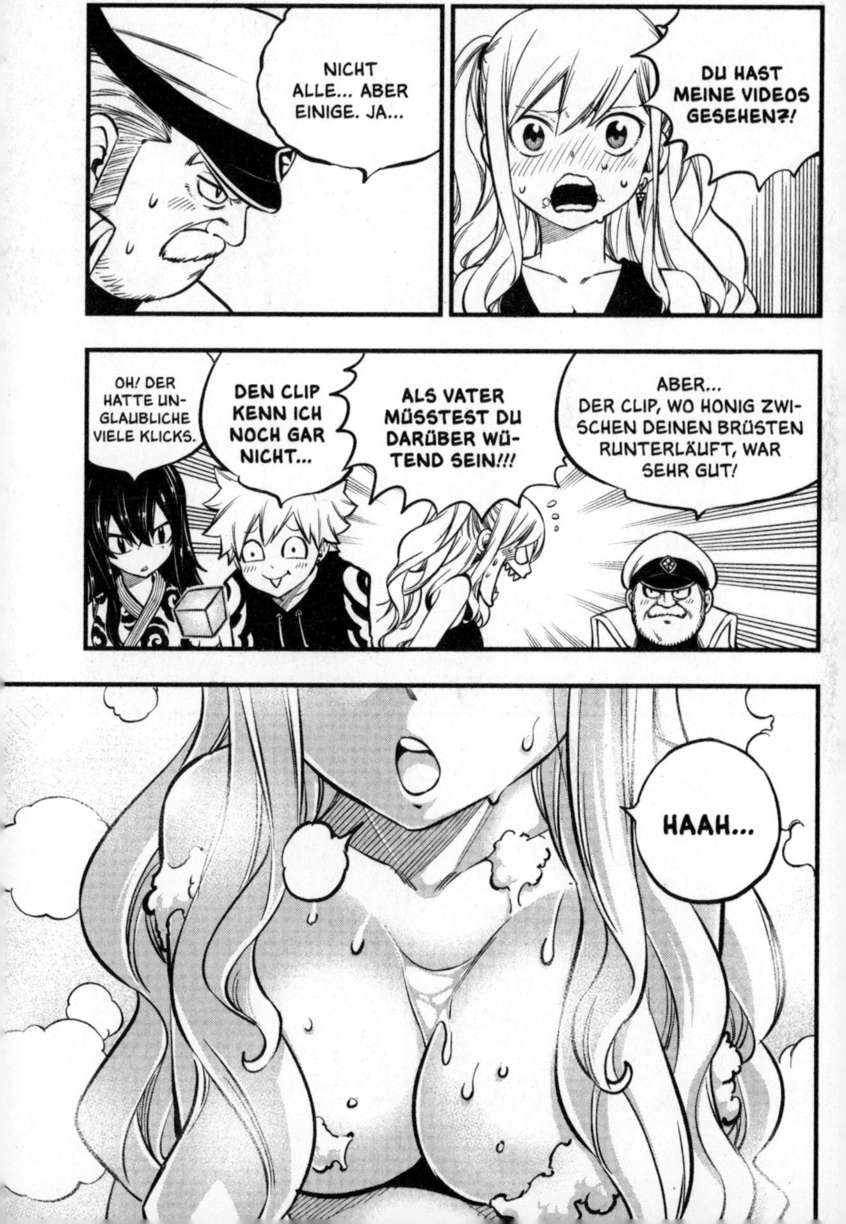
DU HAST MEINE VIDEOS GESEHEN?!
NICHT ALLE... ABER EINIGE. JA...
ABER... DER CLIP, WO HONIG ZWI-SCHEN DEINEN BRÜSTEN RUNTERLÄUFT, WAR SEHR GUT!
ALS VATER MÜSSTEST DU DARÜBER WÜ-TEND SEIN!!!
DEN CLIP KENN ICH NOCH GAR NICHT...
OH! DER HATTE UN-GLAUBLICHE VIELE KLICKS.
HAAH...

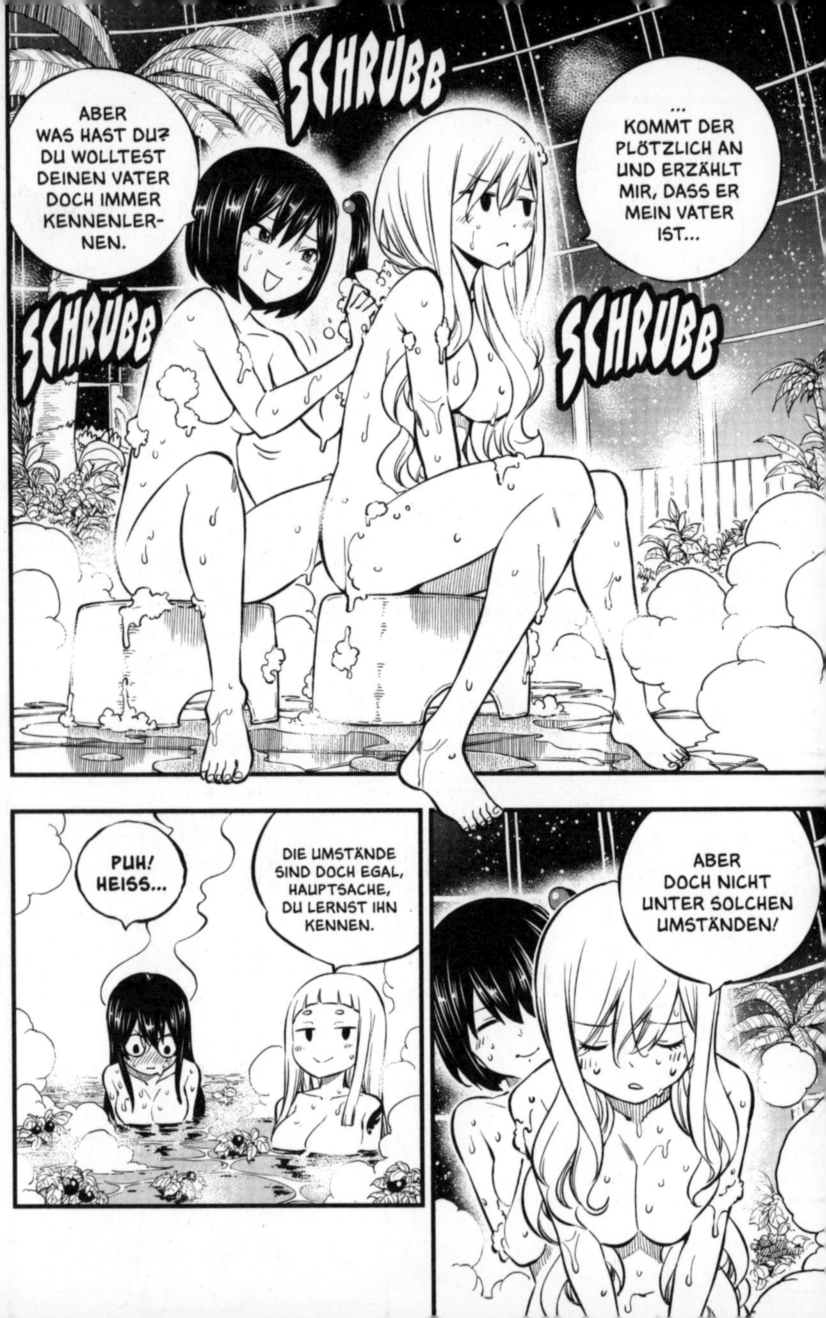
SCHRUBB
ABER WAS HAST DU? DU WOLLTEST DEINEN VATER DOCH IMMER KENNENLER-NEN.
... KOMMT DER PLÖTZLICH AN UND ERZÄHLT MIR, DASS ER MEIN VATER IST...
SCHRUBB
SCHRUBB
ABER DOCH NICHT UNTER SOLCHEN UMSTÄNDEN!
DIE UMSTÄNDE SIND DOCH EGAL, HAUPTSACHE, DU LERNST IHN KENNEN.
PUH! HEISS...

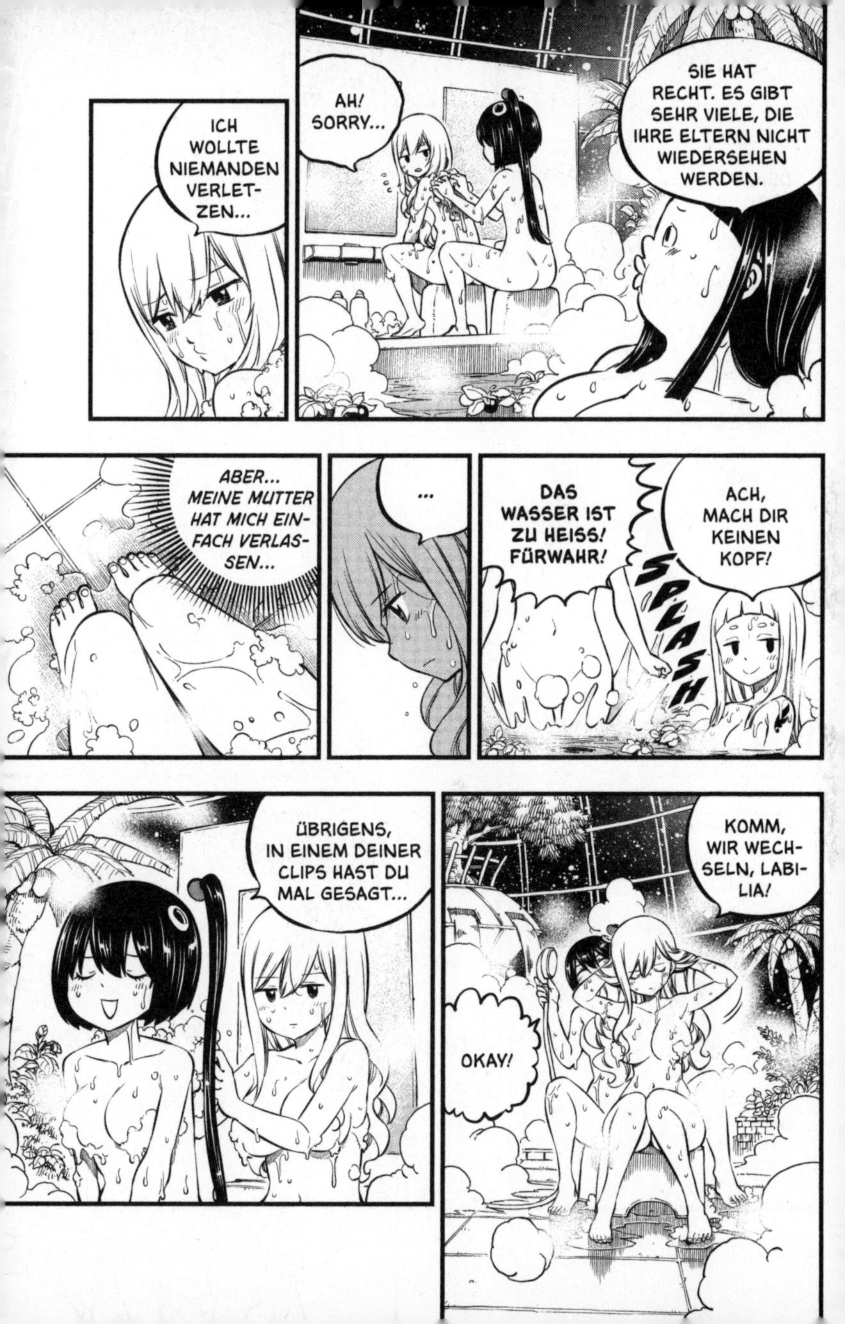
SIE HAT RECHT. ES GIBT SEHR VIELE, DIE IHRE ELTERN NICHT WIEDERSEHEN WERDEN.
AH! SORRY...
ICH WOLLTE NIEMANDEN VERLETZEN...
ACH, MACH DIR KEINEN KOPF!
SPLASH
DAS WASSER IST ZU HEISS! FÜRWAHR!
...
ABER... MEINE MUTTER HAT MICH EINFACH VERLASSEN...
KOMM, WIR WECHSELN, LABILIA!
OKAY!
ÜBRIGENS, IN EINEM DEINER CLIPS HAST DU MAL GESAGT...

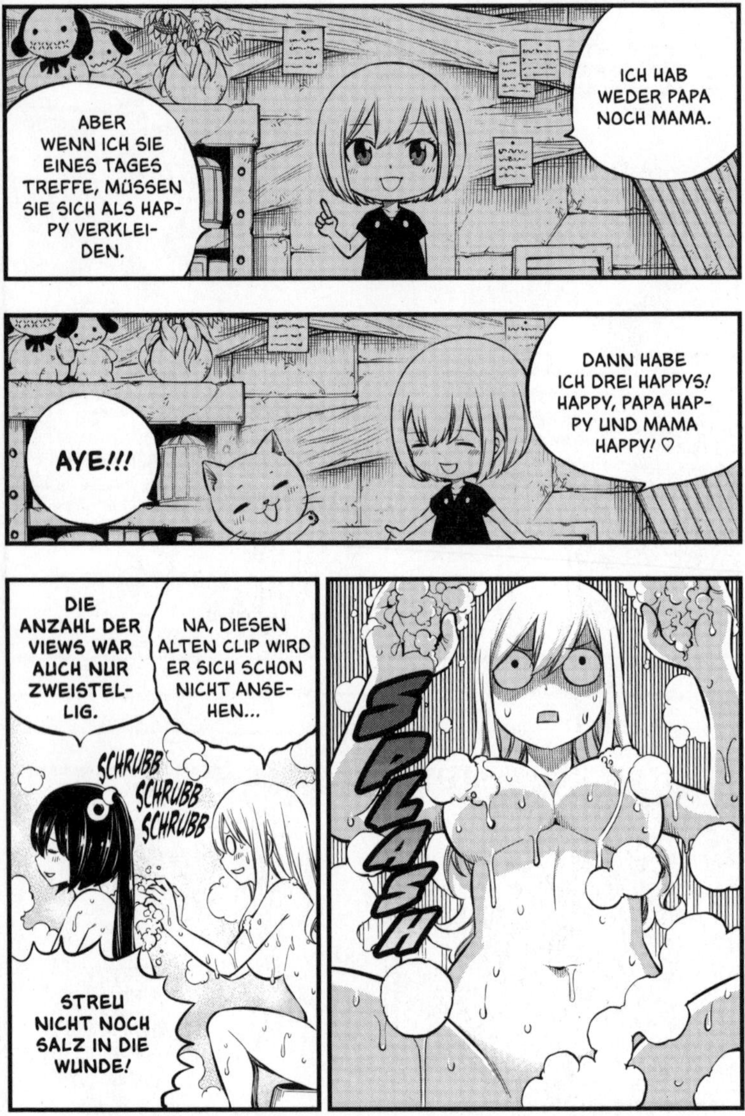
ICH HAB WEDER PAPA NOCH MAMA.
ABER WENN ICH SIE EINES TAGES TREFFE, MÜSSEN SIE SICH ALS HAP-PY VERKLEI-DEN.
DANN HABE ICH DREI HAPPYS! HAPPY, PAPA HAP-PY UND MAMA HAPPY! ♡
AYE!!!
SPLASH
NA, DIESEN ALTEN CLIP WIRD ER SICH SCHON NICHT ANSE-HEN...
DIE ANZAHL DER VIEWS WAR AUCH NUR ZWEISTEL-LIG.
SCHRUBB SCHRUBB SCHRUBB
STREU NICHT NOCH SALZ IN DIE WUNDE!

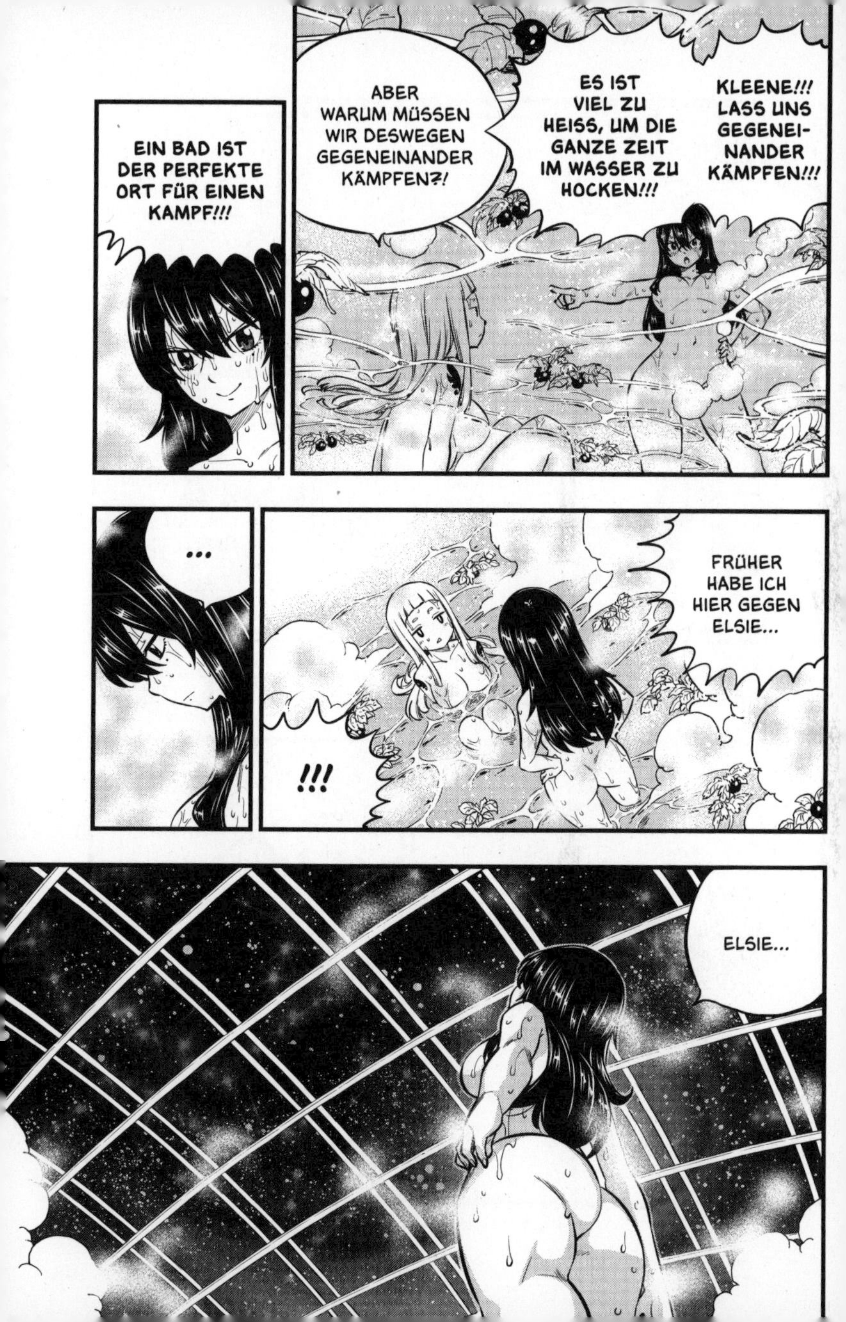
KLEENE!!! LASS UNS GEGENEI-NANDER KÄMPFEN!!!
ES IST VIEL ZU HEISS, UM DIE GANZE ZEIT IM WASSER ZU HOCKEN!!!
ABER WARUM MÜSSEN WIR DESWEGEN GEGENEINANDER KÄMPFEN?!
EIN BAD IST DER PERFEKTE ORT FÜR EINEN KAMPF!!!
FRÜHER HABE ICH HIER GEGEN ELSIE...
!!!
...
ELSIE...

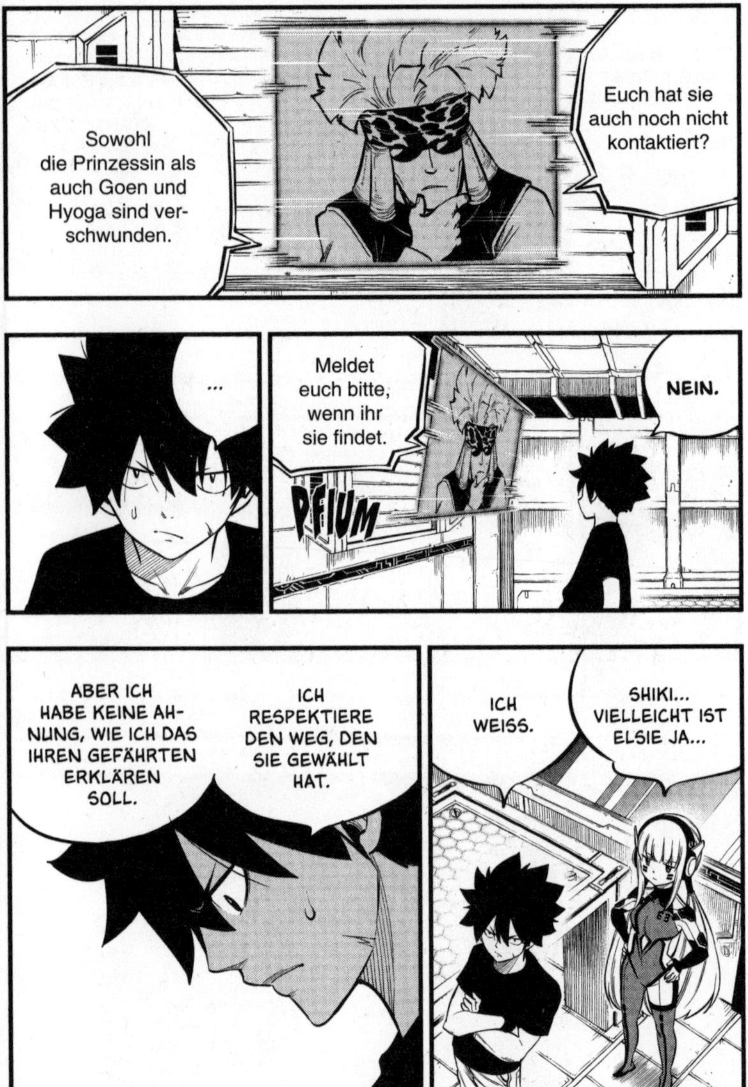
Euch hat sie auch noch nicht kontaktiert?
Sowohl die Prinzessin als auch Goen und Hyoga sind verschwunden.
NEIN.
Meldet euch bitte, wenn ihr sie findet.
PFIUM
...
SHIKI... VIELLEICHT IST ELSIE JA...
ICH WEISS.
ICH RESPEKTIERE DEN WEG, DEN SIE GEWÄHLT HAT.
ABER ICH HABE KEINE AHNUNG, WIE ICH DAS IHREN GEFÄHRTEN ERKLÄREN SOLL.

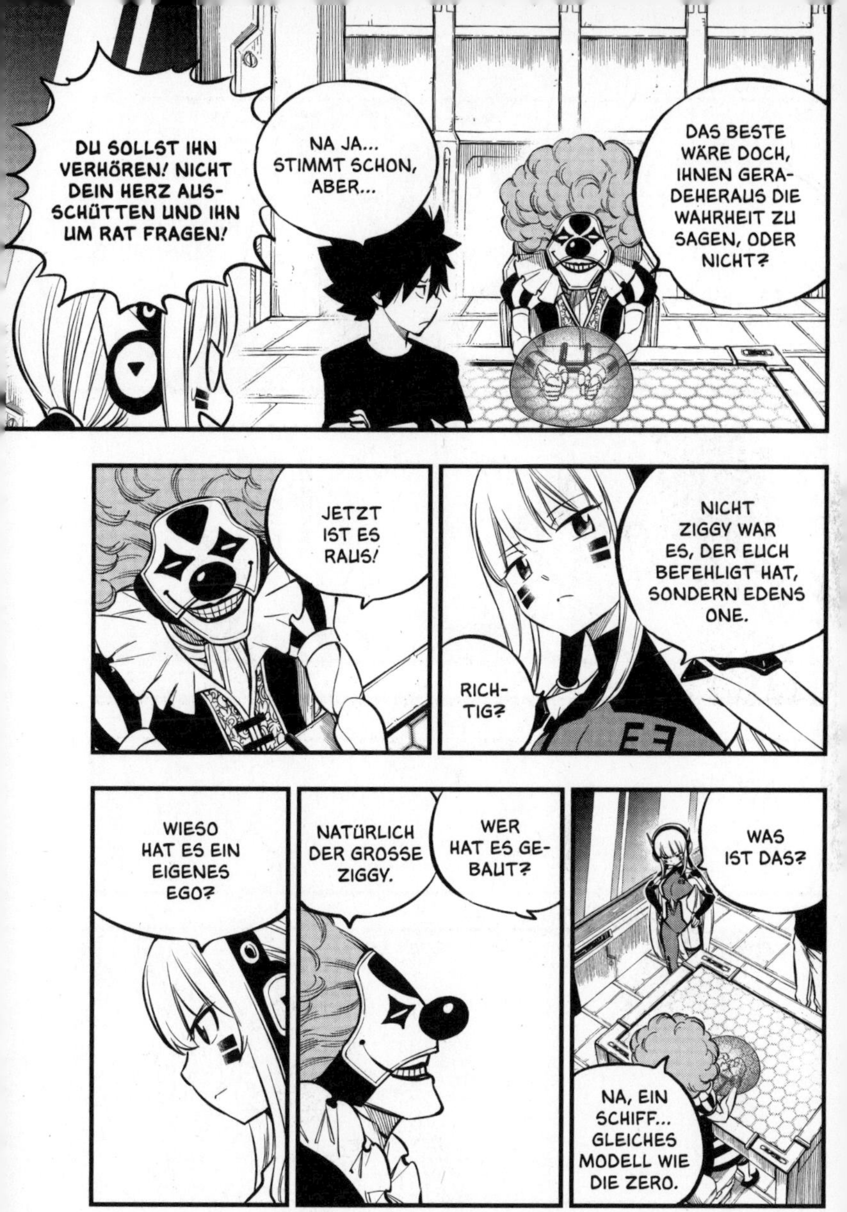
DAS BESTE WÄRE DOCH, IHNEN GERADEHERAUS DIE WAHRHEIT ZU SAGEN, ODER NICHT?
NA JA... STIMMT SCHON, ABER...
DU SOLLST IHN VERHÖREN! NICHT DEIN HERZ AUSSCHÜTTEN UND IHN UM RAT FRAGEN!
NICHT ZIGGY WAR ES, DER EUCH BEFEHLIGT HAT, SONDERN EDENS ONE.
RICHTIG?
JETZT IST ES RAUS!
WAS IST DAS?
NA, EIN SCHIFF... GLEICHES MODELL WIE DIE ZERO.
WER HAT ES GEBAUT?
NATÜRLICH DER GROSSE ZIGGY.
WIESO HAT ES EIN EIGENES EGO?

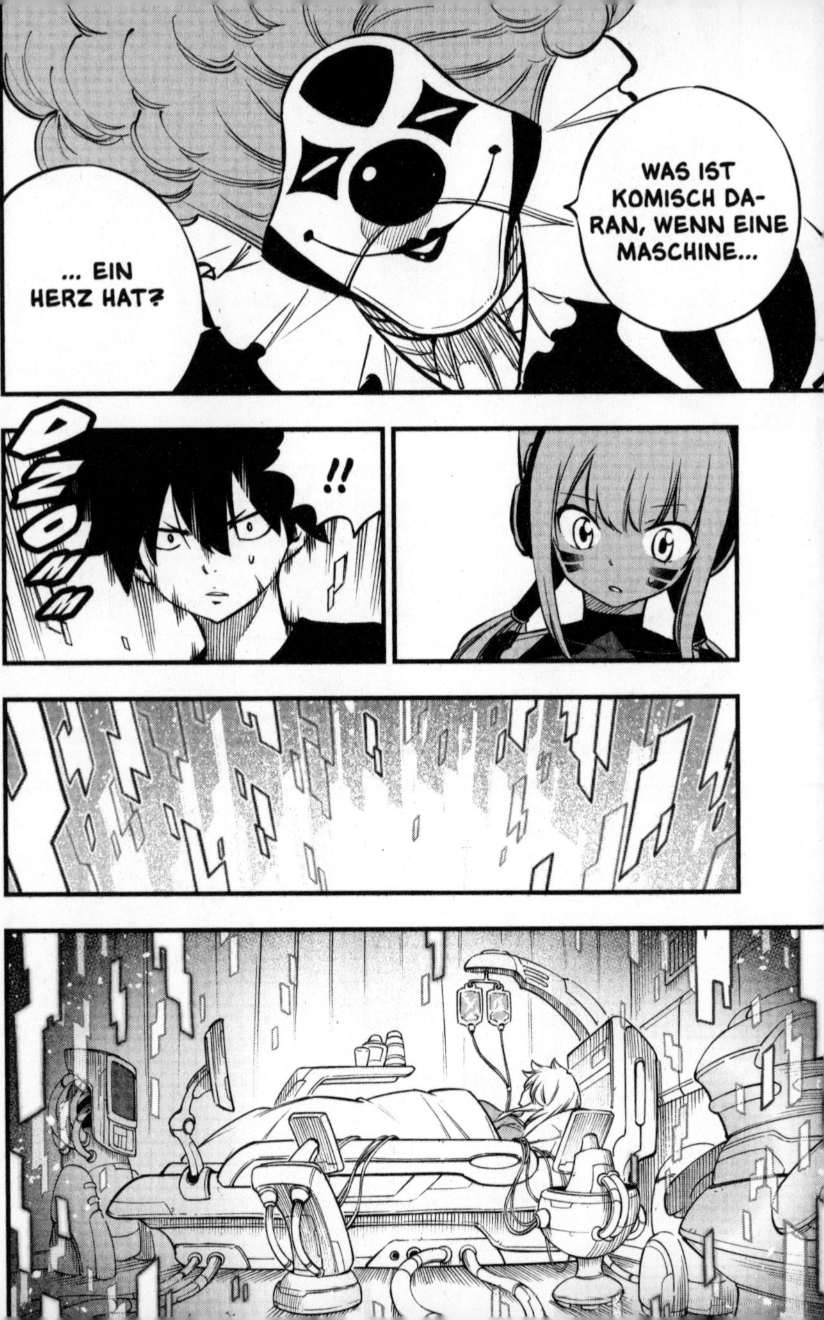
WAS IST KOMISCH DA-RAN, WENN EINE MASCHINE...
... EIN HERZ HAT?
!!

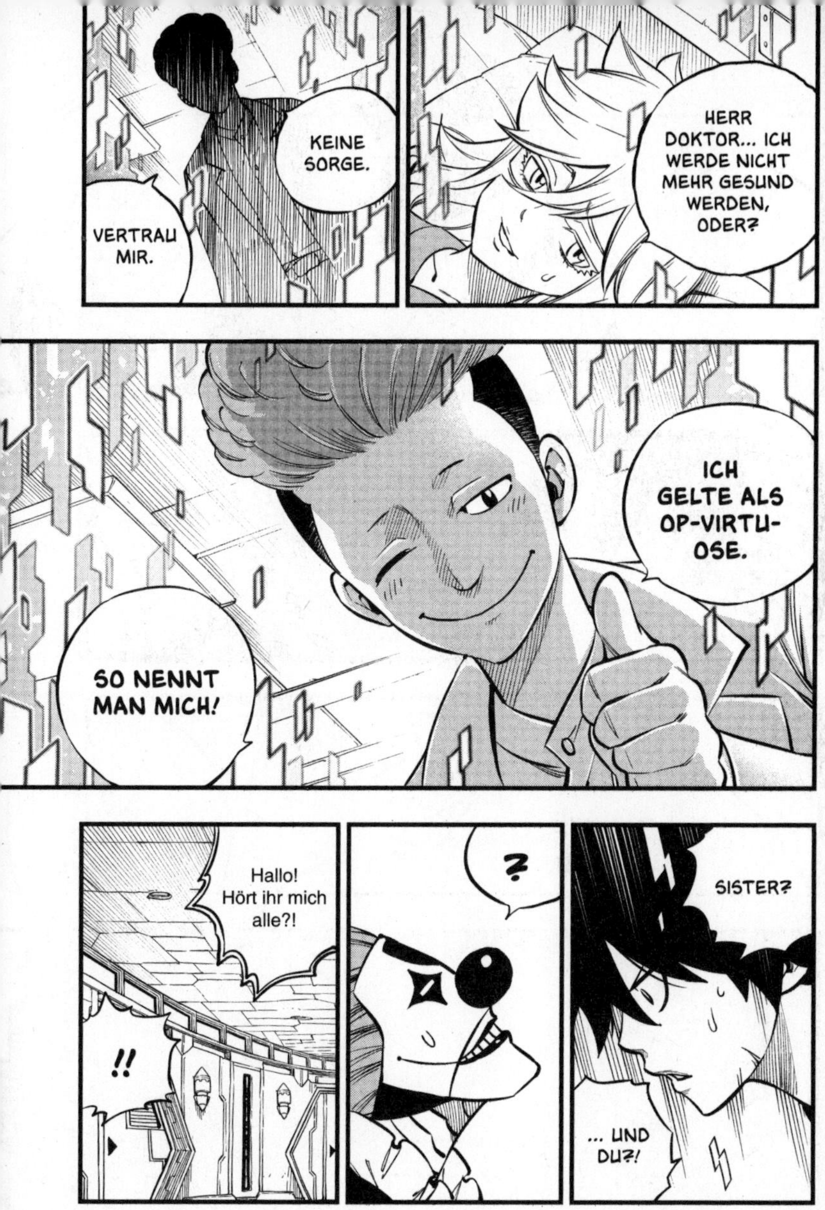
HERR DOKTOR... ICH WERDE NICHT MEHR GESUND WERDEN, ODER?
KEINE SORGE.
VERTRAU MIR.
ICH GELTE ALS OP-VIRTU-OSE.
SO NENNT MAN MICH!
SISTER?
... UND DU?!
?
Hallo! Hört ihr mich alle?!
!!

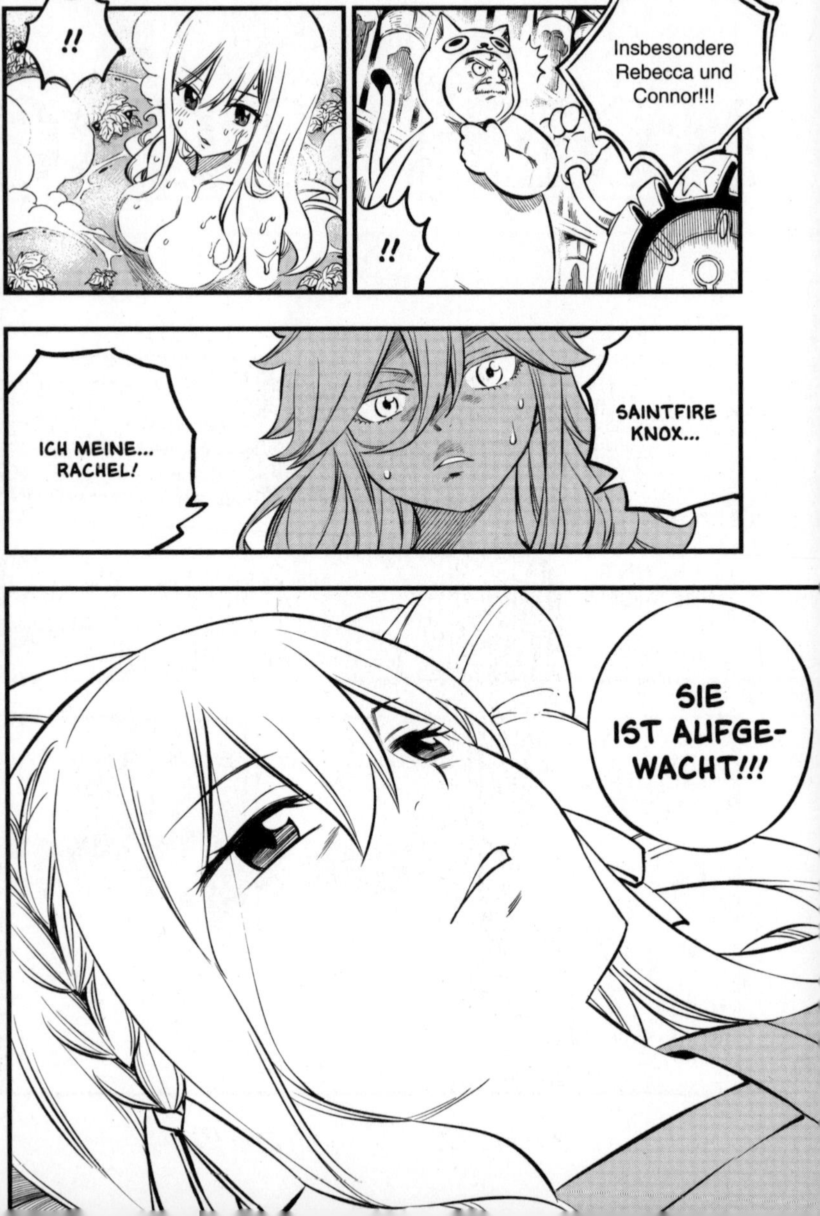
Insbesondere Rebecca und Connor!!!
!!
!!
SAINTFIRE KNOX...
ICH MEINE... RACHEL!
SIE IST AUFGE-WACHT!!!

EDENS ZERO

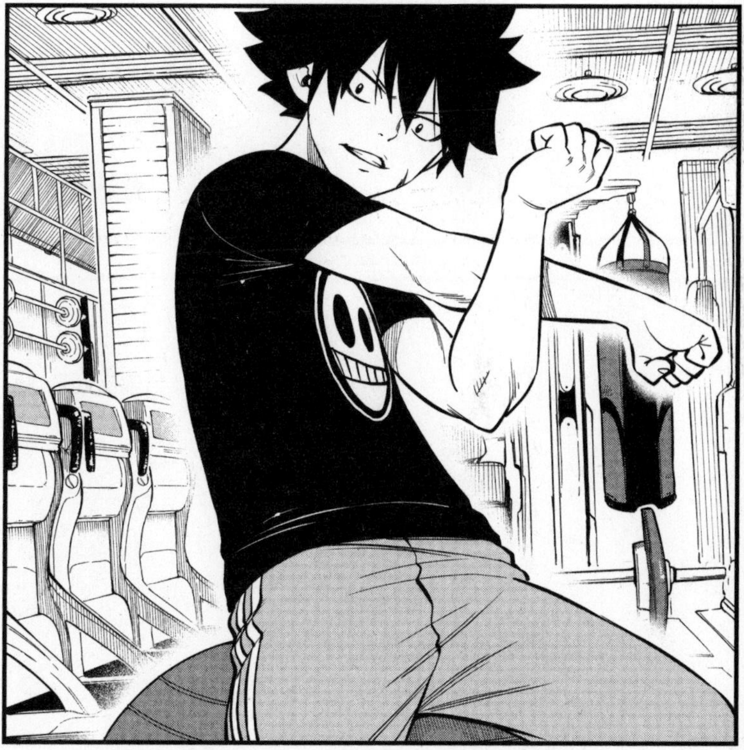

KAPITEL 218: SAINTFIRE

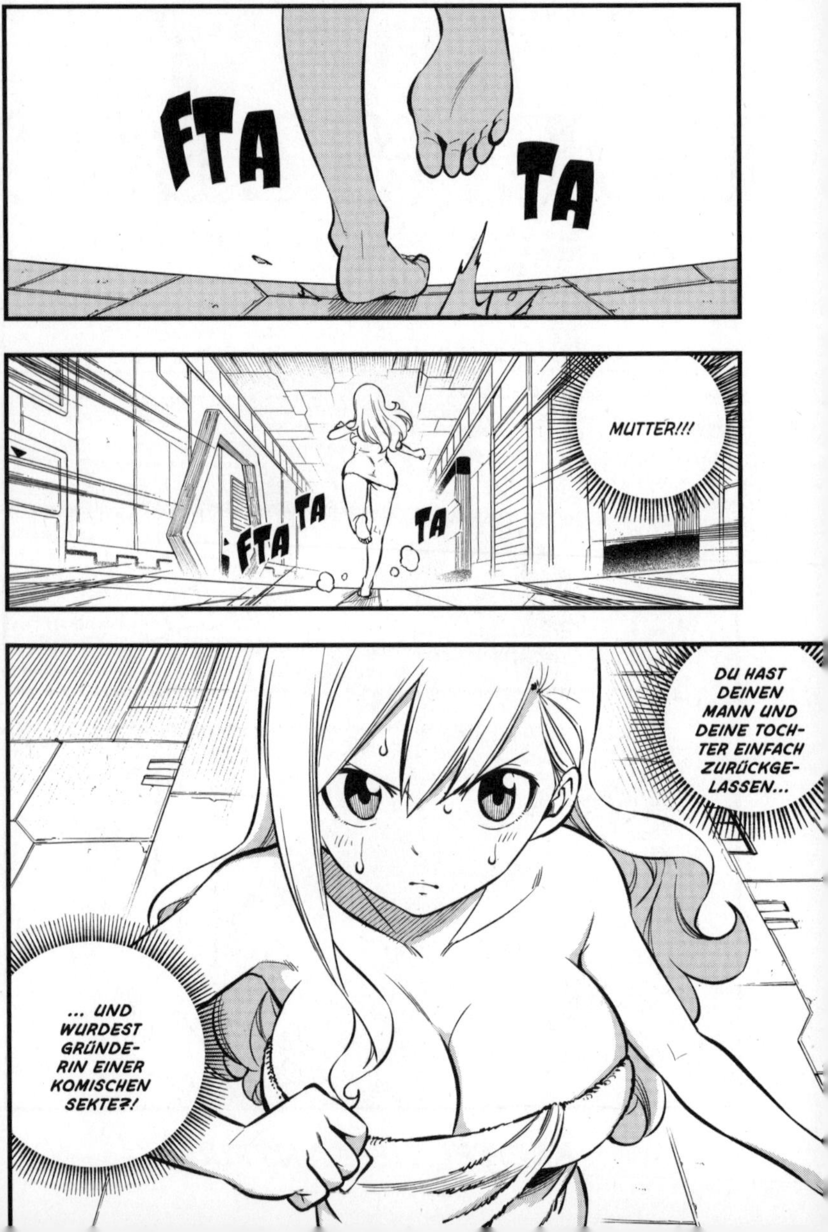
FTA
TA
FTA
TA
TA
MUTTER!!!
DU HAST DEINEN MANN UND DEINE TOCHTER EINFACH ZURÜCKGELASSEN...
... UND WURDEST GRÜNDERIN EINER KOMISCHEN SEKTE?!

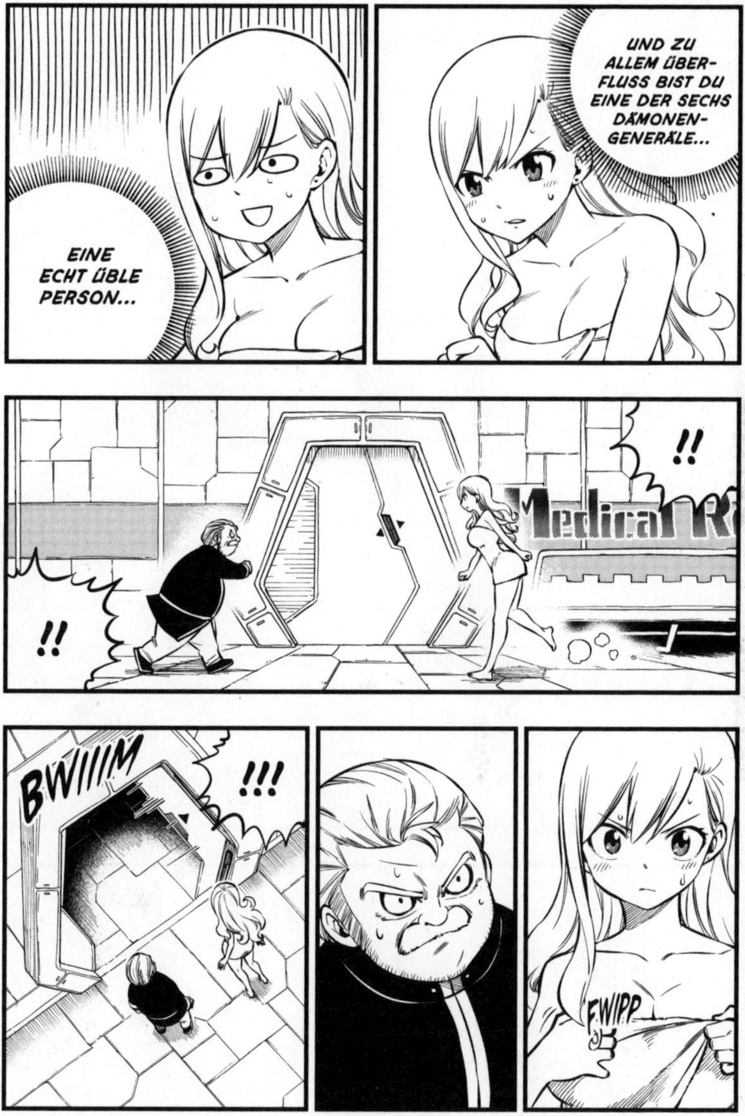
UND ZU ALLEM ÜBER-FLUSS BIST DU EINE DER SECHS DÄMONEN-GENERÄLE...
EINE ECHT ÜBLE PERSON...
!!
Medical Ro
!!
!!!
BWIIIM
FWIPP

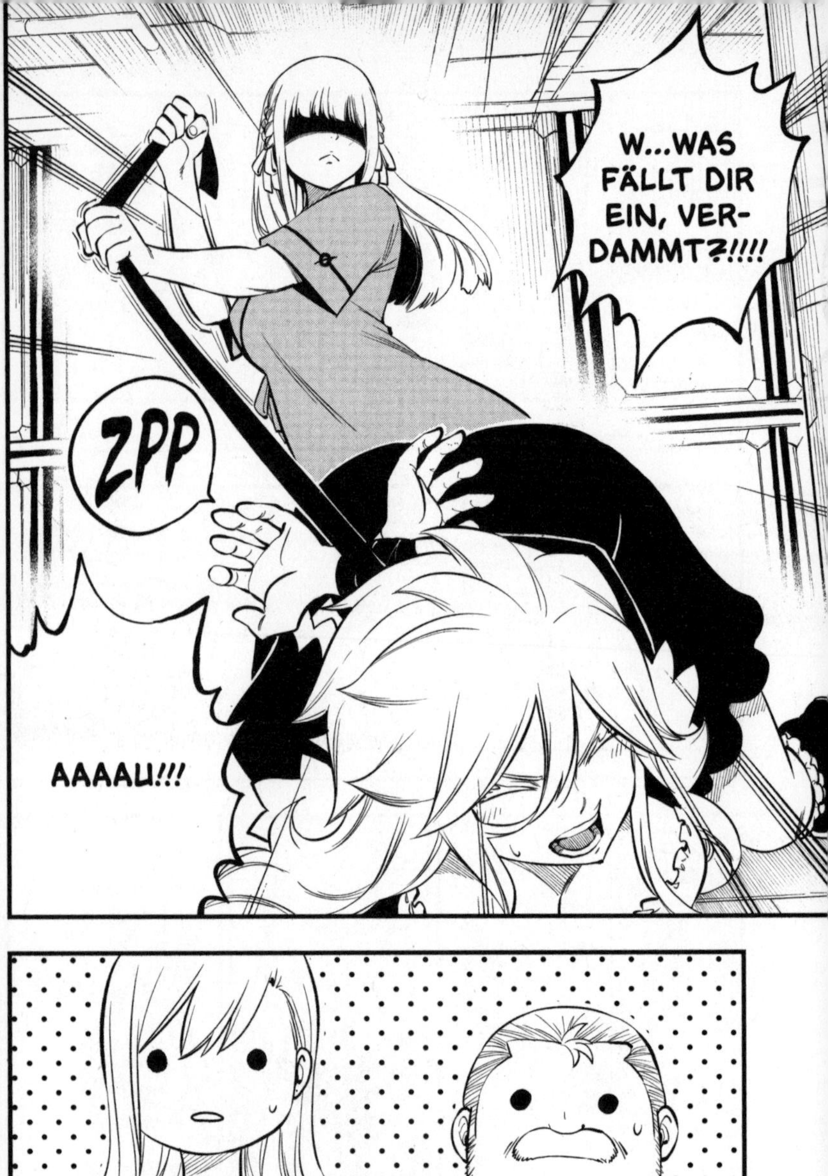
W...WAS FÄLLT DIR EIN, VER-DAMMT?!!!!
ZPP
AAAAU!!!

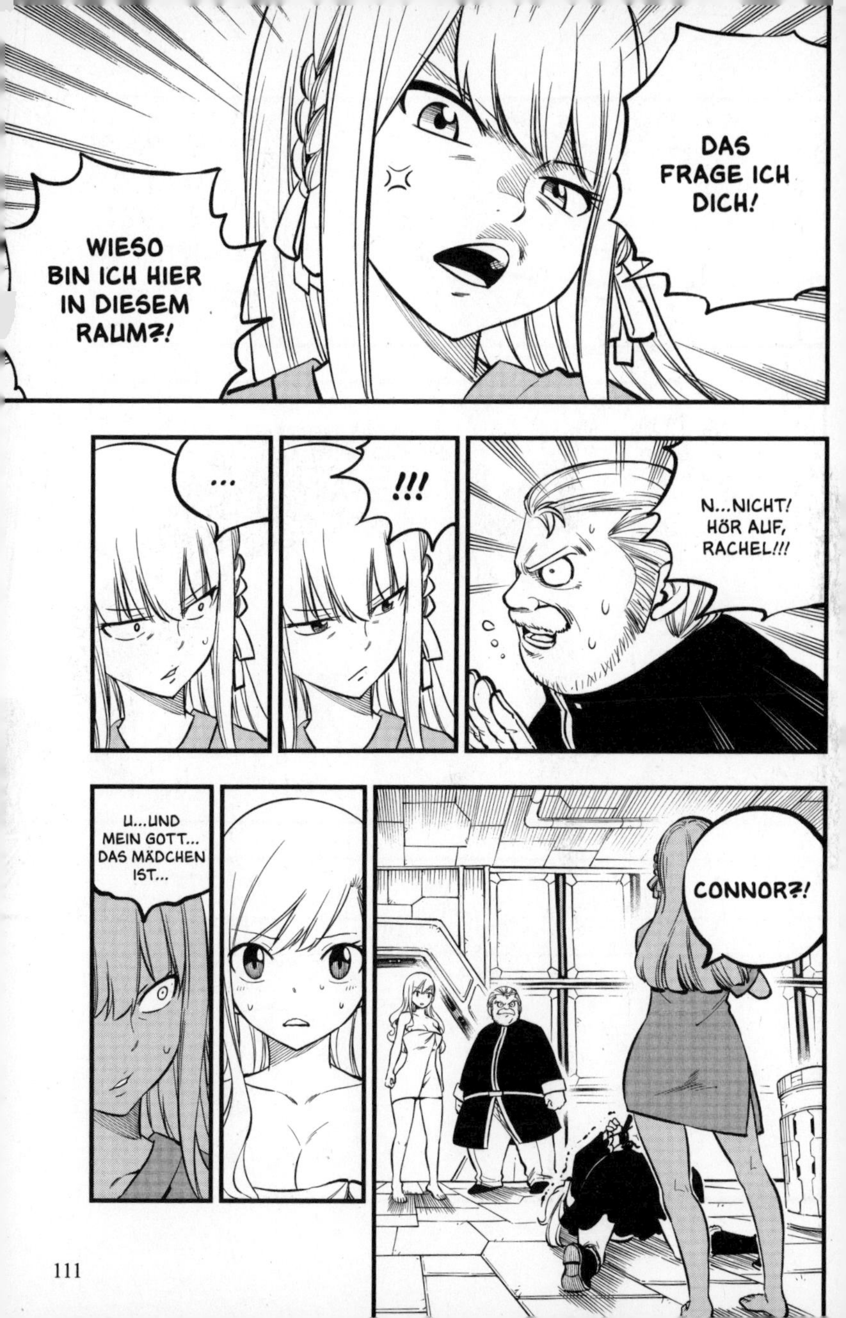
DAS FRAGE ICH DICH!
WIESO BIN ICH HIER IN DIESEM RAUM?!
N...NICHT! HÖR AUF, RACHEL!!!
!!!
...
CONNOR?!
U...UND MEIN GOTT... DAS MÄDCHEN IST...

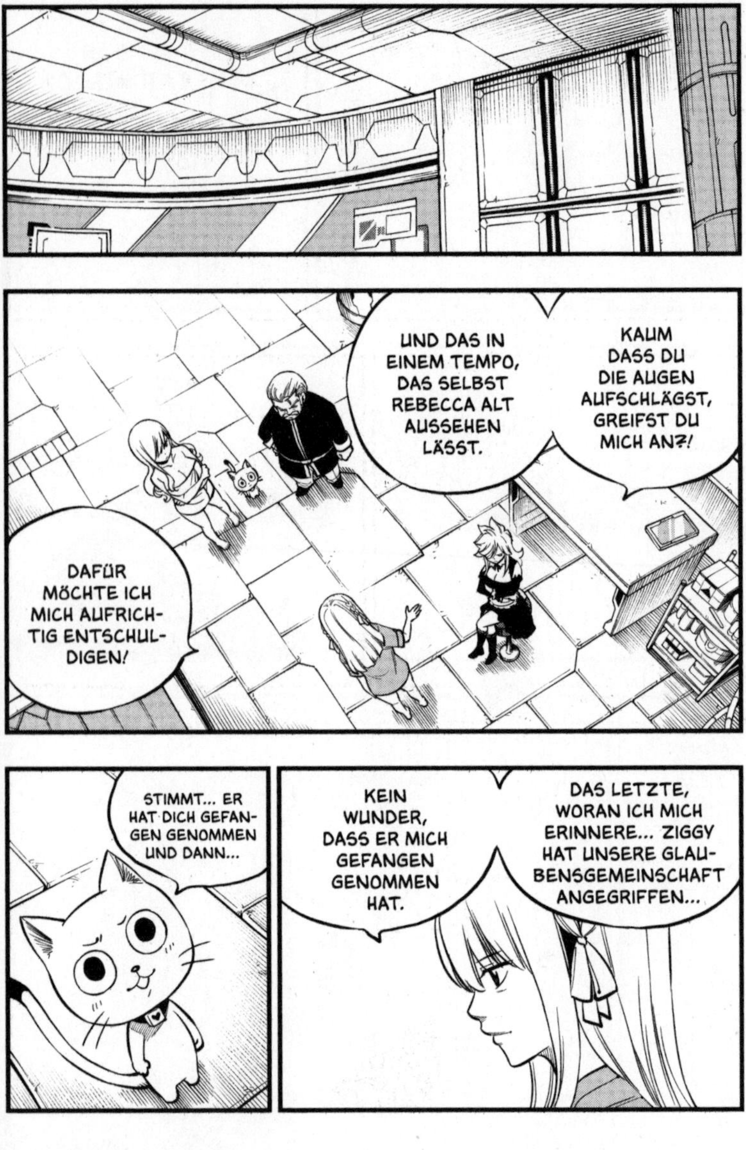
KAUM DASS DU DIE AUGEN AUFSCHLÄGST, GREIFST DU MICH AN?!
UND DAS IN EINEM TEMPO, DAS SELBST REBECCA ALT AUSSEHEN LÄSST.
DAFÜR MÖCHTE ICH MICH AUFRICH-TIG ENTSCHUL-DIGEN!
DAS LETZTE, WORAN ICH MICH ERINNERE... ZIGGY HAT UNSERE GLAU-BENSGEMEINSCHAFT ANGEGRIFFEN...
KEIN WUNDER, DASS ER MICH GEFANGEN GENOMMEN HAT.
STIMMT... ER HAT DICH GEFAN-GEN GENOMMEN UND DANN...

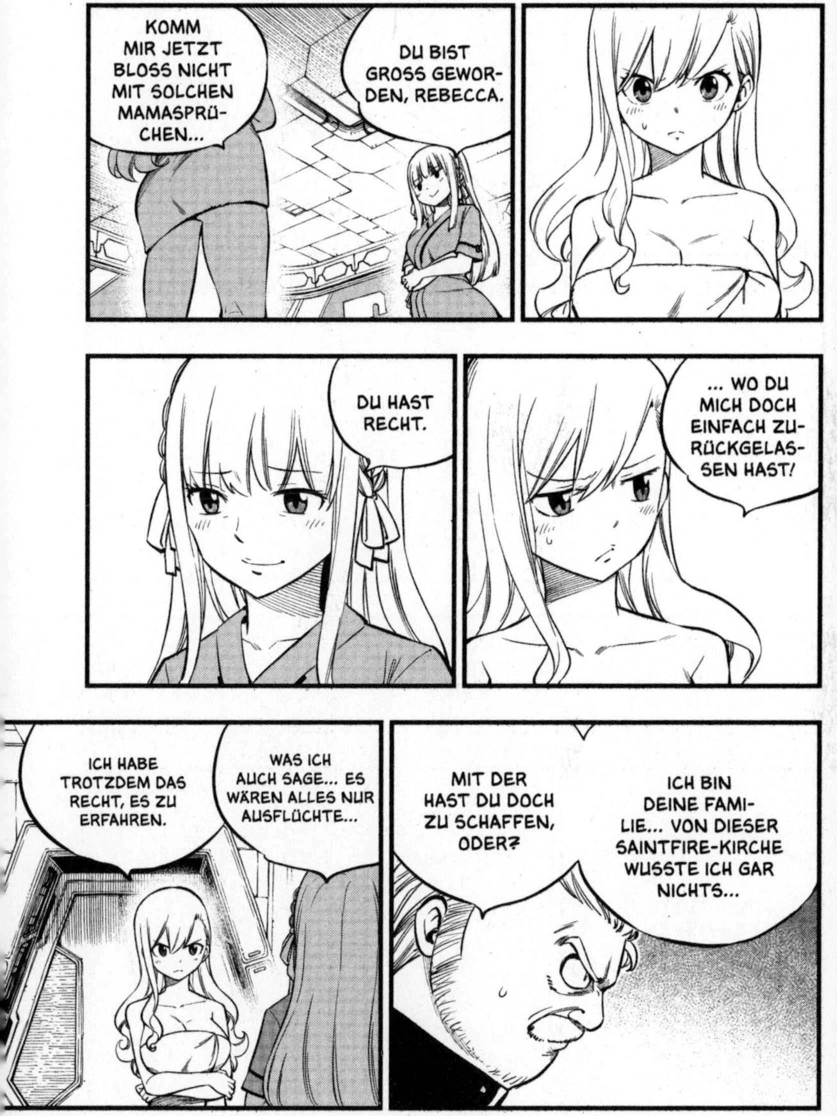
DU BIST GROSS GEWORDEN, REBECCA.
KOMM MIR JETZT BLOSS NICHT MIT SOLCHEN MAMASPRÜCHEN...
... WO DU MICH DOCH EINFACH ZURÜCKGELASSEN HAST!
DU HAST RECHT.
ICH BIN DEINE FAMILIE... VON DIESER SAINTFIRE-KIRCHE WUSSTE ICH GAR NICHTS...
MIT DER HAST DU DOCH ZU SCHAFFEN, ODER?
WAS ICH AUCH SAGE... ES WÄREN ALLES NUR AUSFLÜCHTE...
ICH HABE TROTZDEM DAS RECHT, ES ZU ERFAHREN.

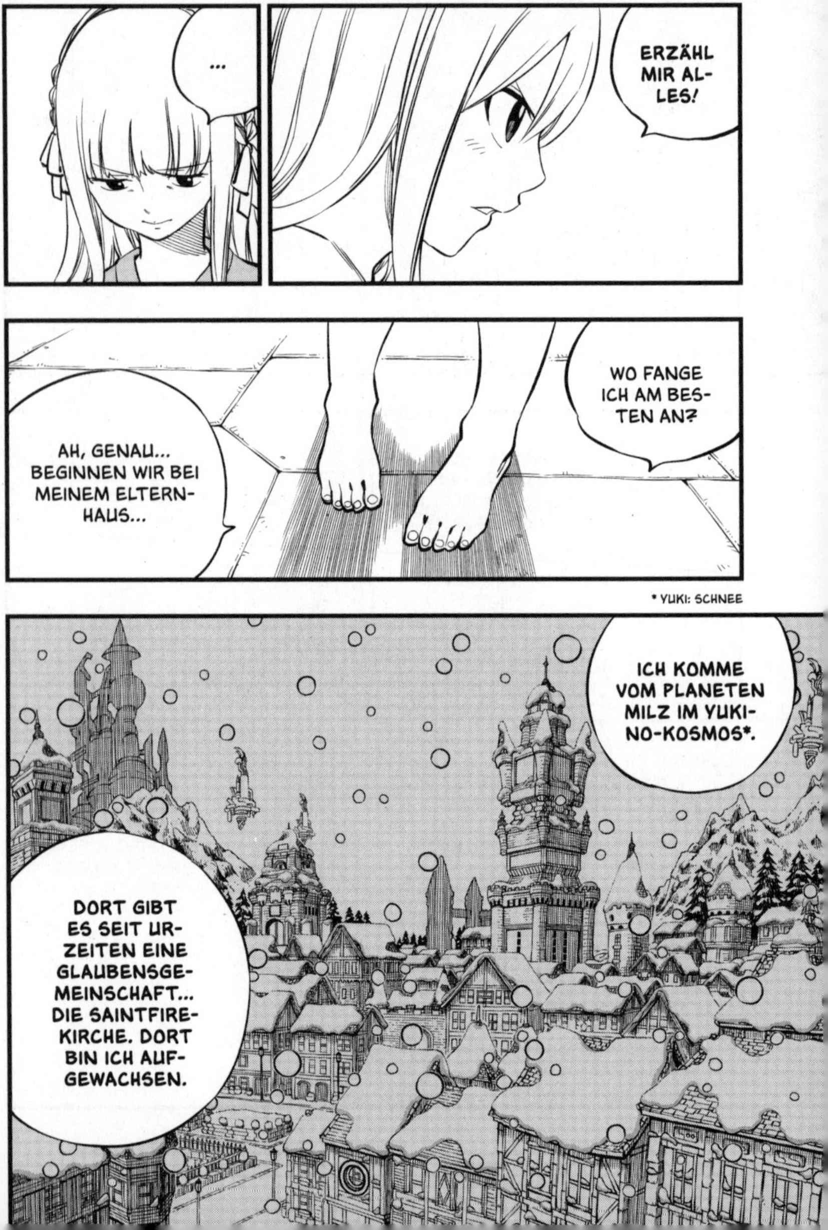
ERZÄHL MIR AL-LES!
...
WO FANGE ICH AM BES-TEN AN?
AH, GENAU... BEGINNEN WIR BEI MEINEM ELTERN-HAUS...
* YUKI: SCHNEE
ICH KOMME VOM PLANETEN MILZ IM YUKI-NO-KOSMOS*.
DORT GIBT ES SEIT UR-ZEITEN EINE GLAUBENSGE-MEINSCHAFT... DIE SAINTFIRE-KIRCHE. DORT BIN ICH AUF-GEWACHSEN.

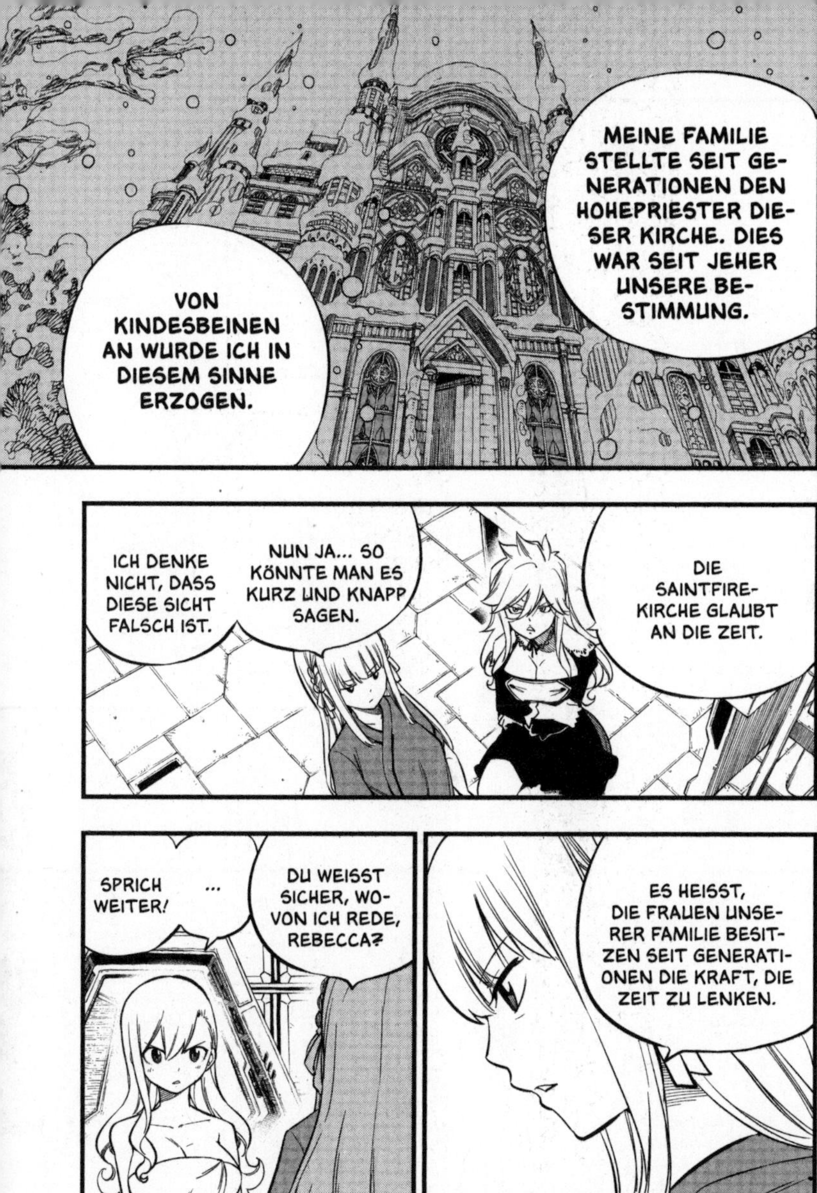
MEINE FAMILIE STELLTE SEIT GENERATIONEN DEN HOHEPRIESTER DIESER KIRCHE. DIES WAR SEIT JEHER UNSERE BESTIMMUNG.
VON KINDESBEINEN AN WURDE ICH IN DIESEM SINNE ERZOGEN.
DIE SAINTFIRE-KIRCHE GLAUBT AN DIE ZEIT.
NUN JA... SO KÖNNTE MAN ES KURZ UND KNAPP SAGEN.
ICH DENKE NICHT, DASS DIESE SICHT FALSCH IST.
ES HEISST, DIE FRAUEN UNSERER FAMILIE BESITZEN SEIT GENERATIONEN DIE KRAFT, DIE ZEIT ZU LENKEN.
DU WEISST SICHER, WOVON ICH REDE, REBECCA?
...
SPRICH WEITER!

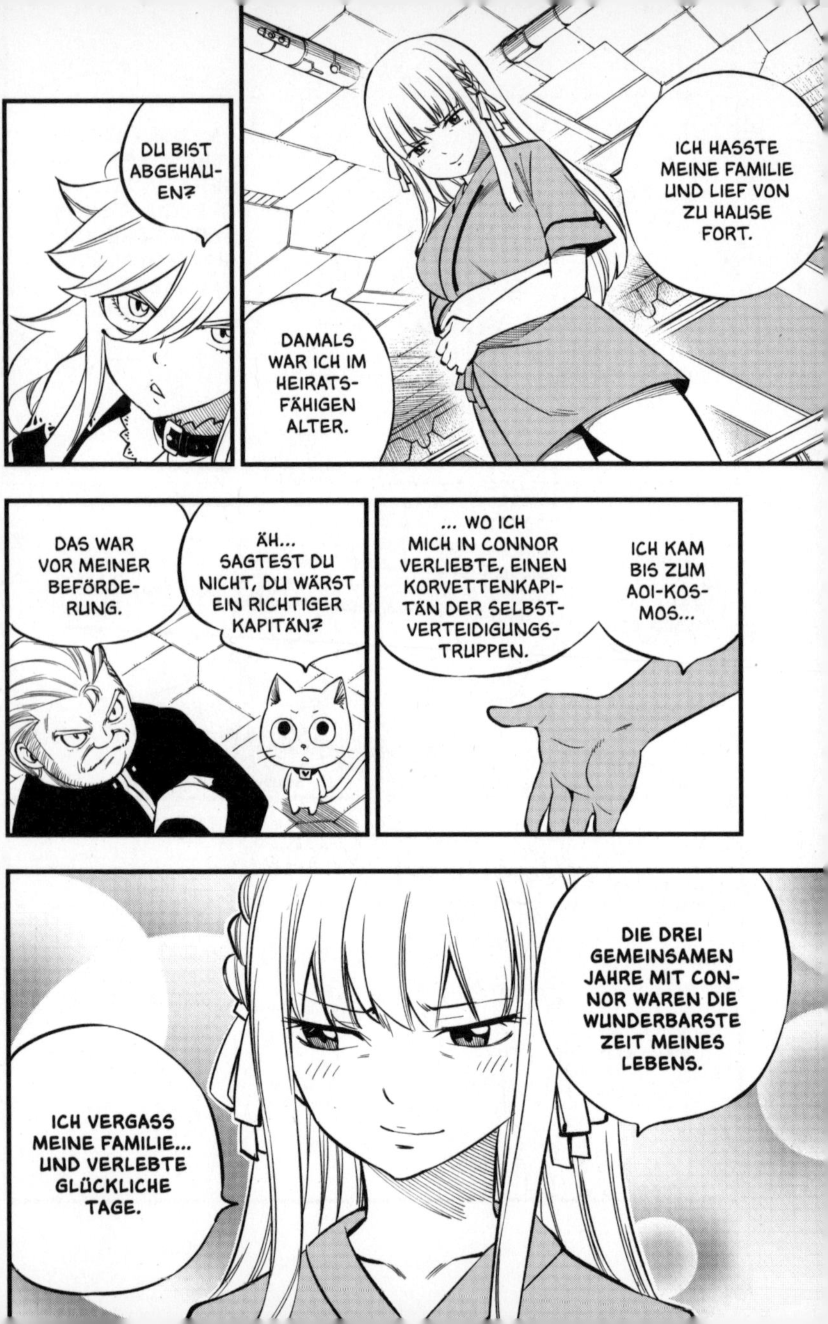
ICH HASSTE MEINE FAMILIE UND LIEF VON ZU HAUSE FORT.
DAMALS WAR ICH IM HEIRATSFÄHIGEN ALTER.
DU BIST ABGEHAUEN?
ICH KAM BIS ZUM AOI-KOSMOS...
... WO ICH MICH IN CONNOR VERLIEBTE, EINEN KORVETTENKAPITÄN DER SELBSTVERTEIDIGUNGSTRUPPEN.
ÄH... SAGTEST DU NICHT, DU WÄRST EIN RICHTIGER KAPITÄN?
DAS WAR VOR MEINER BEFÖRDERUNG.
DIE DREI GEMEINSAMEN JAHRE MIT CONNOR WAREN DIE WUNDERBARSTE ZEIT MEINES LEBENS.
ICH VERGASS MEINE FAMILIE... UND VERLEBTE GLÜCKLICHE TAGE.

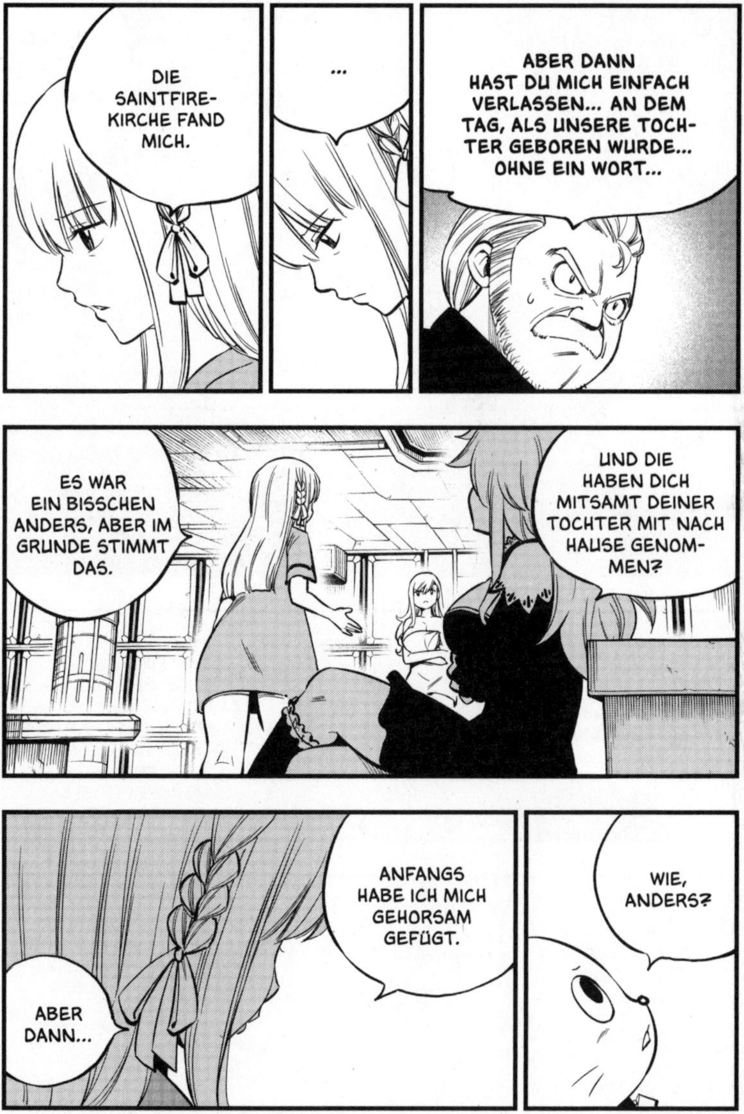
ABER DANN HAST DU MICH EINFACH VERLASSEN... AN DEM TAG, ALS UNSERE TOCHTER GEBOREN WURDE... OHNE EIN WORT...
...
DIE SAINTFIRE-KIRCHE FAND MICH.
UND DIE HABEN DICH MITSAMT DEINER TOCHTER MIT NACH HAUSE GENOMMEN?
ES WAR EIN BISSCHEN ANDERS, ABER IM GRUNDE STIMMT DAS.
WIE, ANDERS?
ANFANGS HABE ICH MICH GEHORSAM GEFÜGT.
ABER DANN...

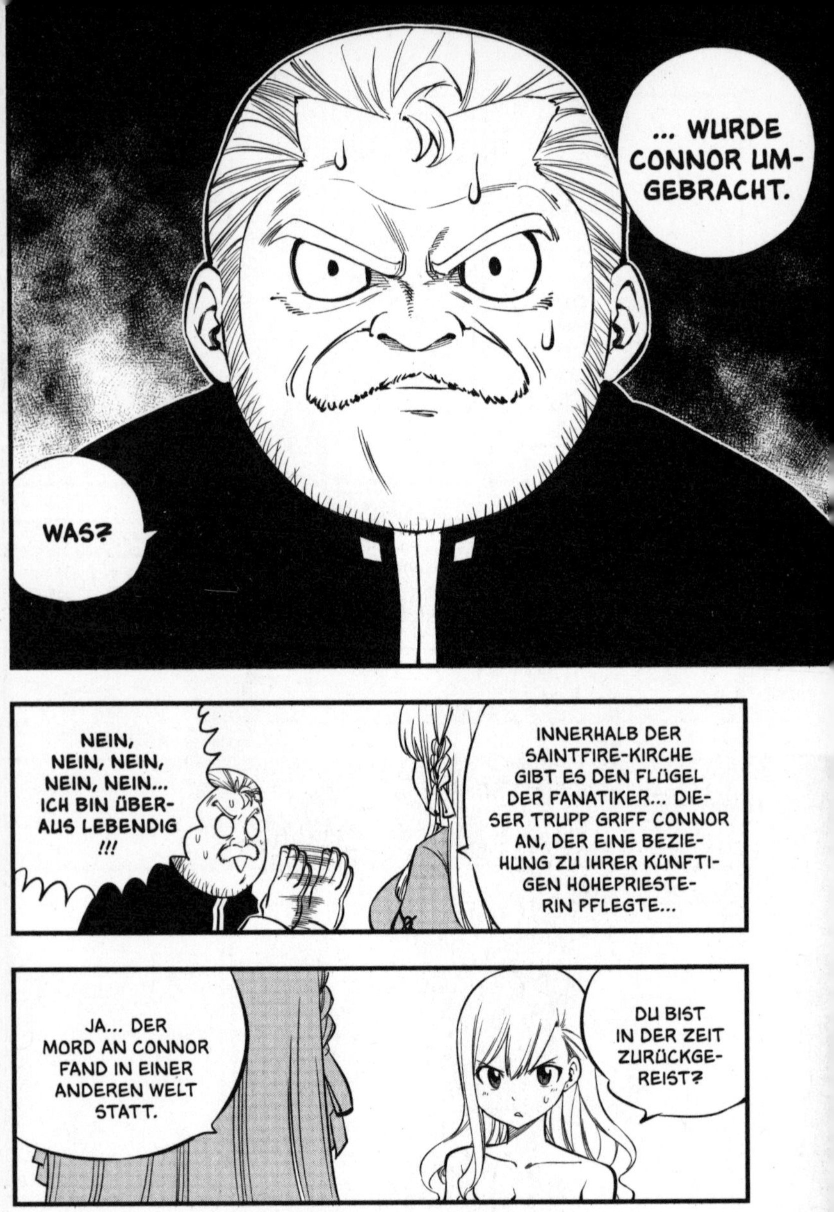
... WURDE CONNOR UMGEBRACHT.
WAS?
INNERHALB DER SAINTFIRE-KIRCHE GIBT ES DEN FLÜGEL DER FANATIKER... DIESER TRUPP GRIFF CONNOR AN, DER EINE BEZIEHUNG ZU IHRER KÜNFTIGEN HOHEPRIESTERIN PFLEGTE...
NEIN, NEIN, NEIN, NEIN, NEIN... ICH BIN ÜBERAUS LEBENDIG !!!
DU BIST IN DER ZEIT ZURÜCKGEREIST?
JA... DER MORD AN CONNOR FAND IN EINER ANDEREN WELT STATT.

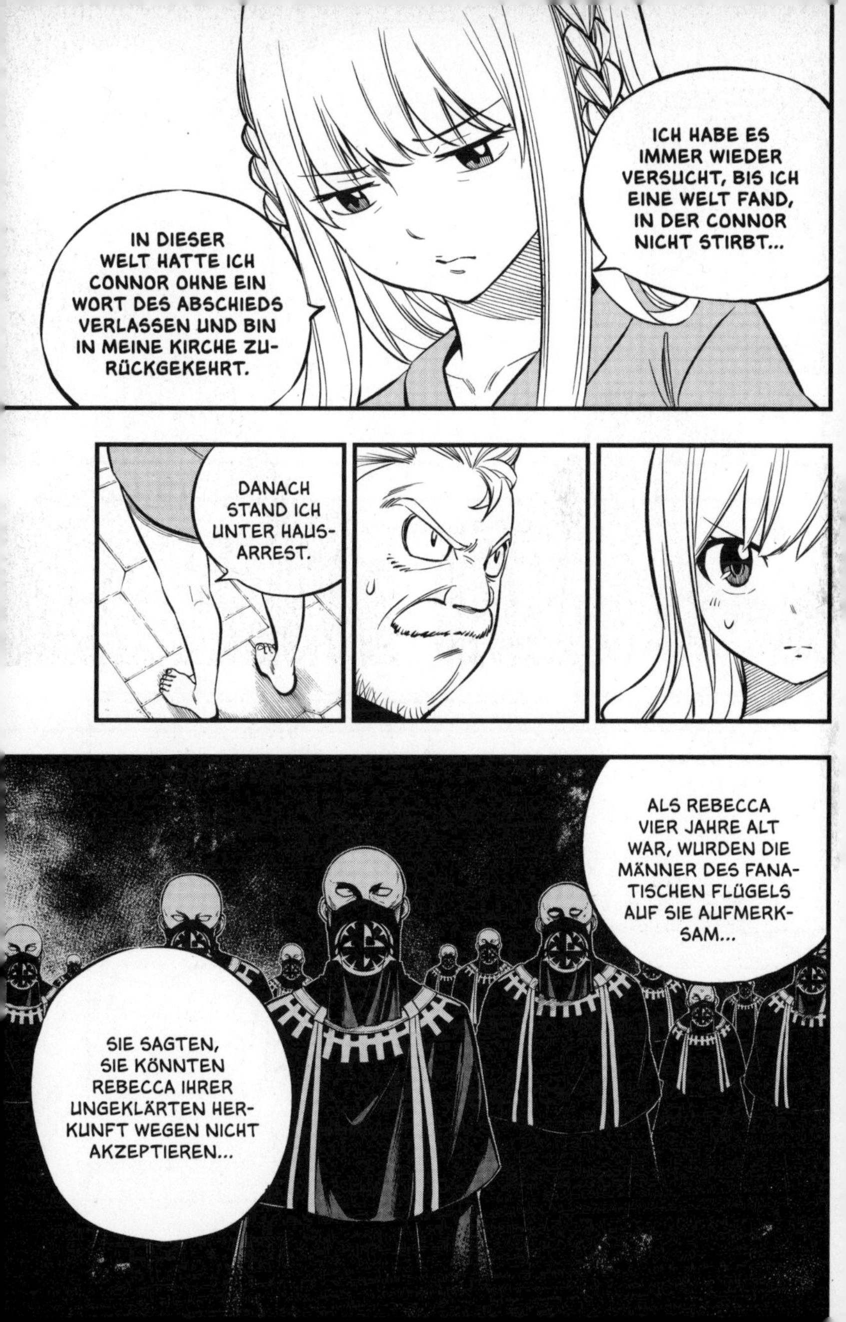
ICH HABE ES IMMER WIEDER VERSUCHT, BIS ICH EINE WELT FAND, IN DER CONNOR NICHT STIRBT...
IN DIESER WELT HATTE ICH CONNOR OHNE EIN WORT DES ABSCHIEDS VERLASSEN UND BIN IN MEINE KIRCHE ZURÜCKGEKEHRT.
DANACH STAND ICH UNTER HAUSARREST.
ALS REBECCA VIER JAHRE ALT WAR, WURDEN DIE MÄNNER DES FANATISCHEN FLÜGELS AUF SIE AUFMERKSAM...
SIE SAGTEN, SIE KÖNNTEN REBECCA IHRER UNGEKLÄRTEN HERKUNFT WEGEN NICHT AKZEPTIEREN...

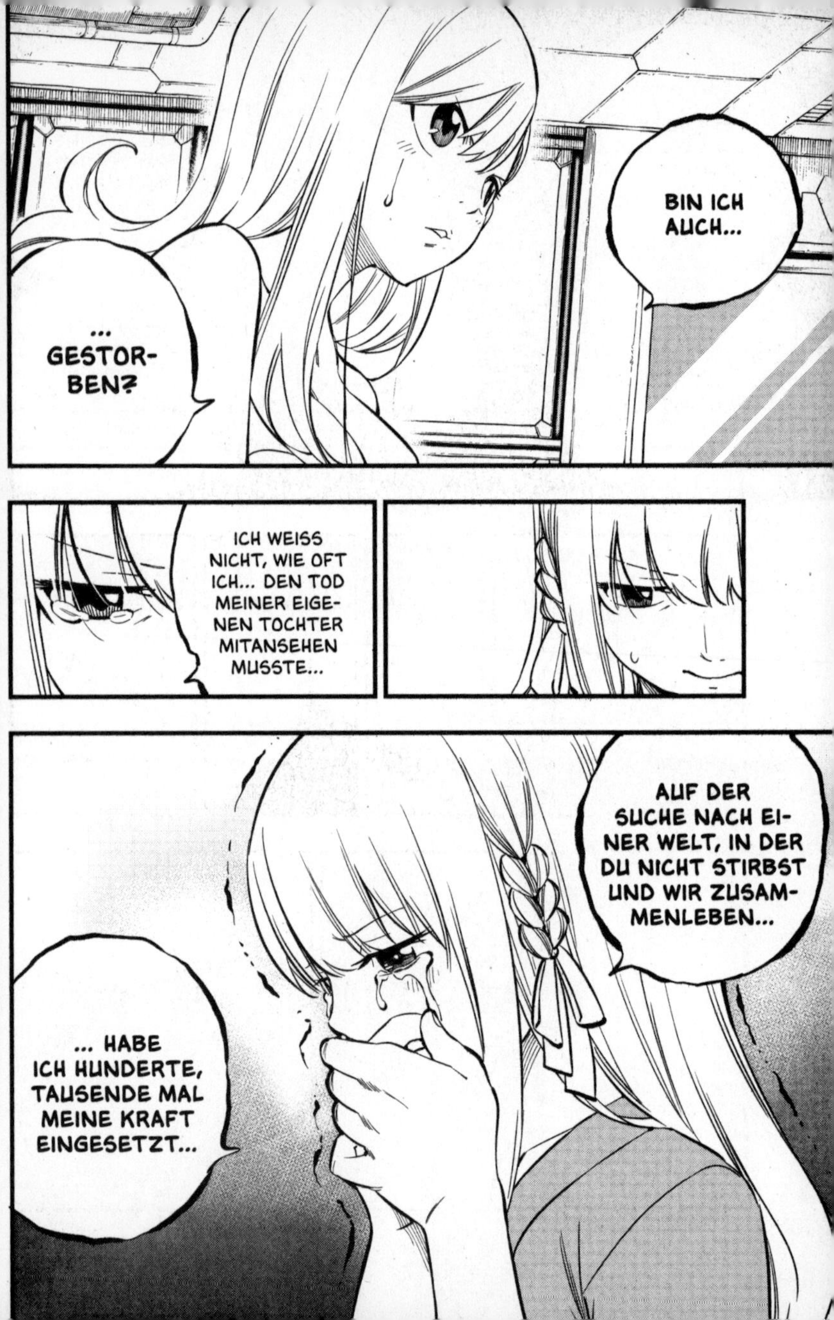
BIN ICH AUCH...
... GESTORBEN?
ICH WEISS NICHT, WIE OFT ICH... DEN TOD MEINER EIGENEN TOCHTER MITANSEHEN MUSSTE...
AUF DER SUCHE NACH EINER WELT, IN DER DU NICHT STIRBST UND WIR ZUSAMMENLEBEN...
... HABE ICH HUNDERTE, TAUSENDE MAL MEINE KRAFT EINGESETZT...

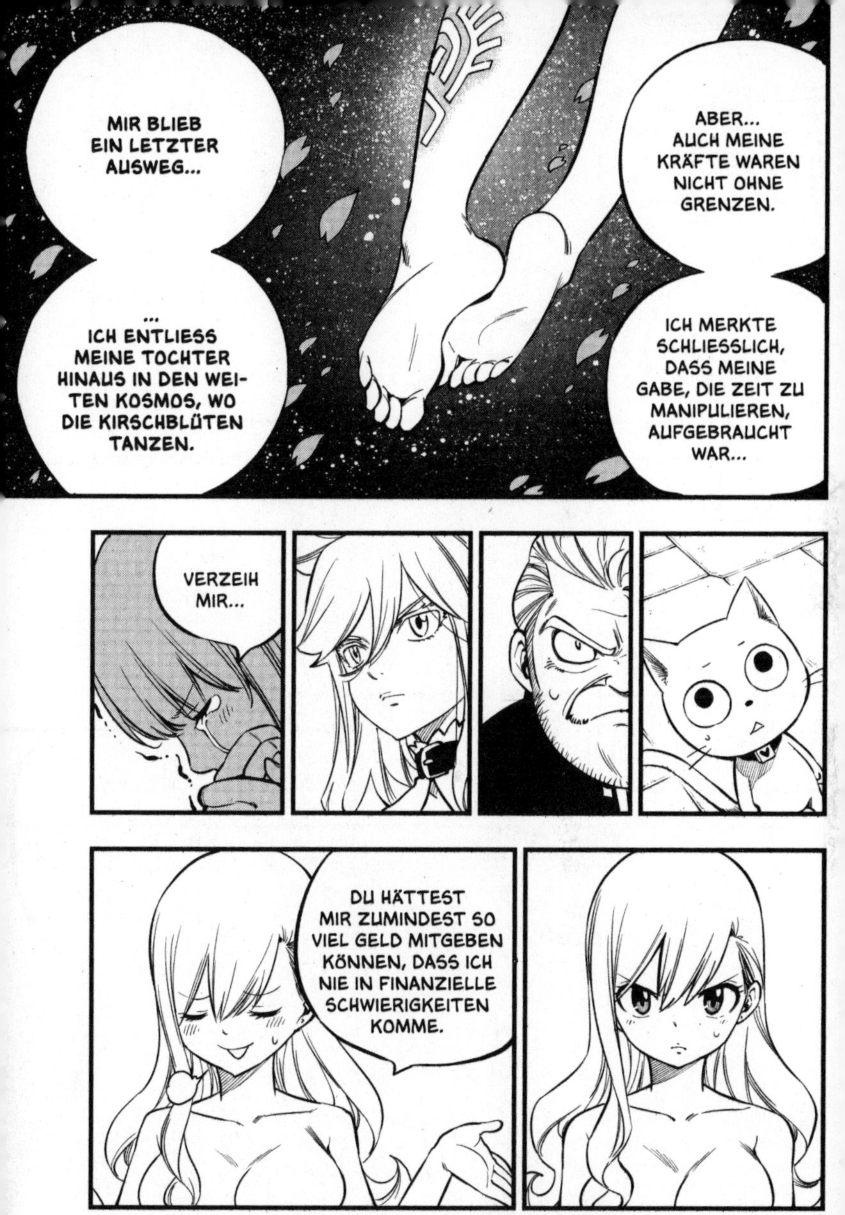
MIR BLIEB EIN LETZTER AUSWEG...
... ICH ENTLIESS MEINE TOCHTER HINAUS IN DEN WEI-TEN KOSMOS, WO DIE KIRSCHBLÜTEN TANZEN.
ABER... AUCH MEINE KRÄFTE WAREN NICHT OHNE GRENZEN.
ICH MERKTE SCHLIESSLICH, DASS MEINE GABE, DIE ZEIT ZU MANIPULIEREN, AUFGEBRAUCHT WAR...
VERZEIH MIR...
DU HÄTTEST MIR ZUMINDEST SO VIEL GELD MITGEBEN KÖNNEN, DASS ICH NIE IN FINANZIELLE SCHWIERIGKEITEN KOMME.

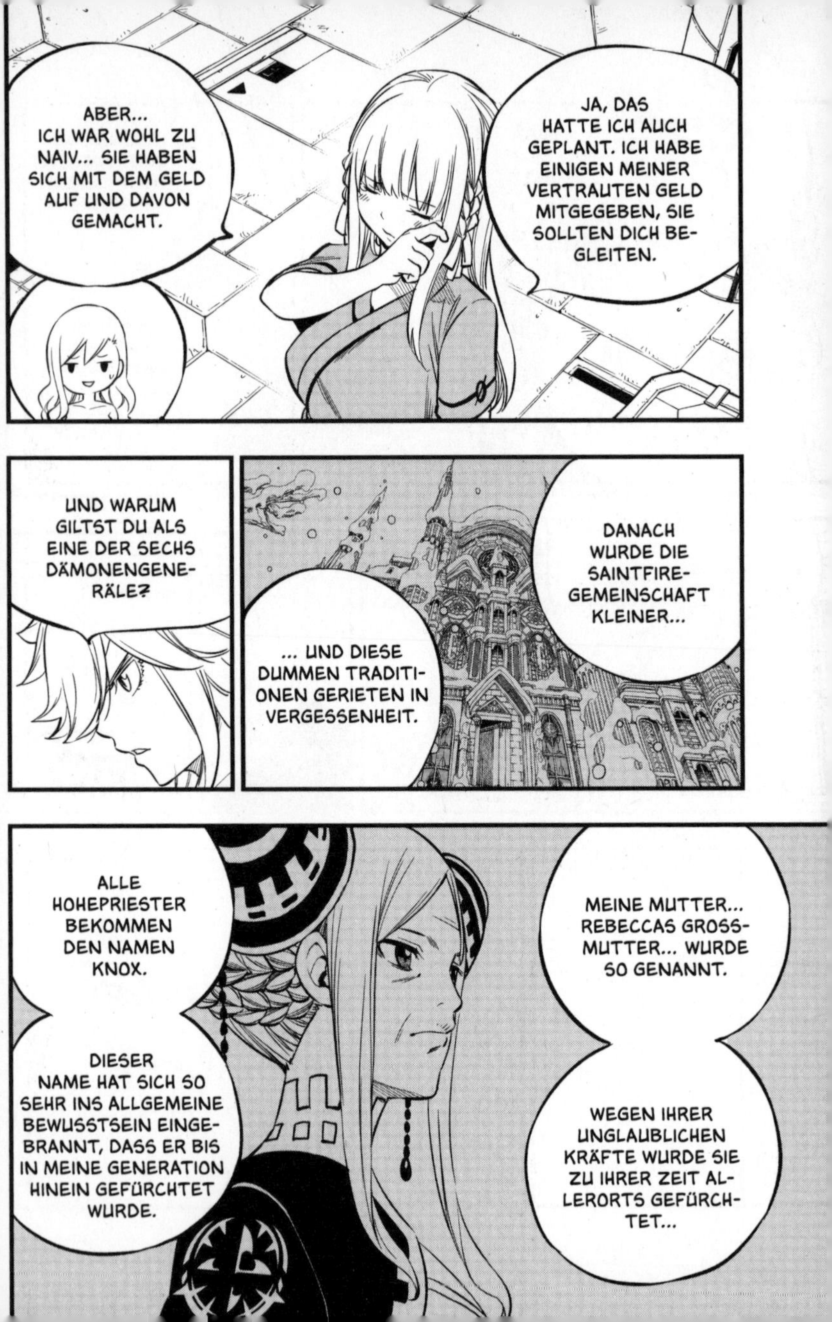
JA, DAS HATTE ICH AUCH GEPLANT. ICH HABE EINIGEN MEINER VERTRAUTEN GELD MITGEGEBEN, SIE SOLLTEN DICH BE-GLEITEN.
ABER... ICH WAR WOHL ZU NAIV... SIE HABEN SICH MIT DEM GELD AUF UND DAVON GEMACHT.
DANACH WURDE DIE SAINTFIRE-GEMEINSCHAFT KLEINER...
... UND DIESE DUMMEN TRADITI-ONEN GERIETEN IN VERGESSENHEIT.
UND WARUM GILTST DU ALS EINE DER SECHS DÄMONENGENE-RÄLE?
MEINE MUTTER... REBECCAS GROSS-MUTTER... WURDE SO GENANNT.
WEGEN IHRER UNGLAUBLICHEN KRÄFTE WURDE SIE ZU IHRER ZEIT AL-LERORTS GEFÜRCH-TET...
ALLE HOHEPRIESTER BEKOMMEN DEN NAMEN KNOX.
DIESER NAME HAT SICH SO SEHR INS ALLGEMEINE BEWUSSTSEIN EINGE-BRANNT, DASS ER BIS IN MEINE GENERATION HINEIN GEFÜRCHTET WURDE.

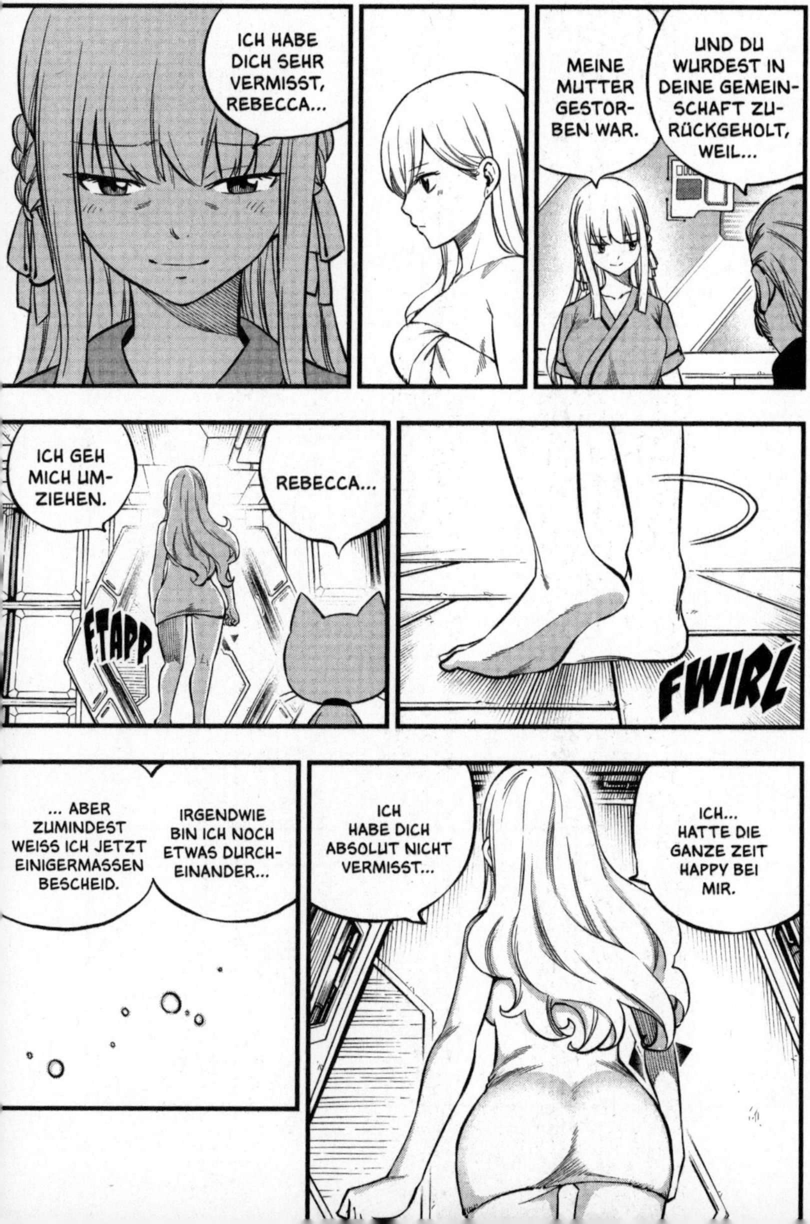
UND DU WURDEST IN DEINE GEMEIN-SCHAFT ZU-RÜCKGEHOLT, WEIL...
MEINE MUTTER GESTOR-BEN WAR.
ICH HABE DICH SEHR VERMISST, REBECCA...
FWIRL
REBECCA...
ICH GEH MICH UM-ZIEHEN.
FTAPP
ICH... HATTE DIE GANZE ZEIT HAPPY BEI MIR.
ICH HABE DICH ABSOLUT NICHT VERMISST...
IRGENDWIE BIN ICH NOCH ETWAS DURCH-EINANDER...
... ABER ZUMINDEST WEISS ICH JETZT EINIGERMASSEN BESCHEID.

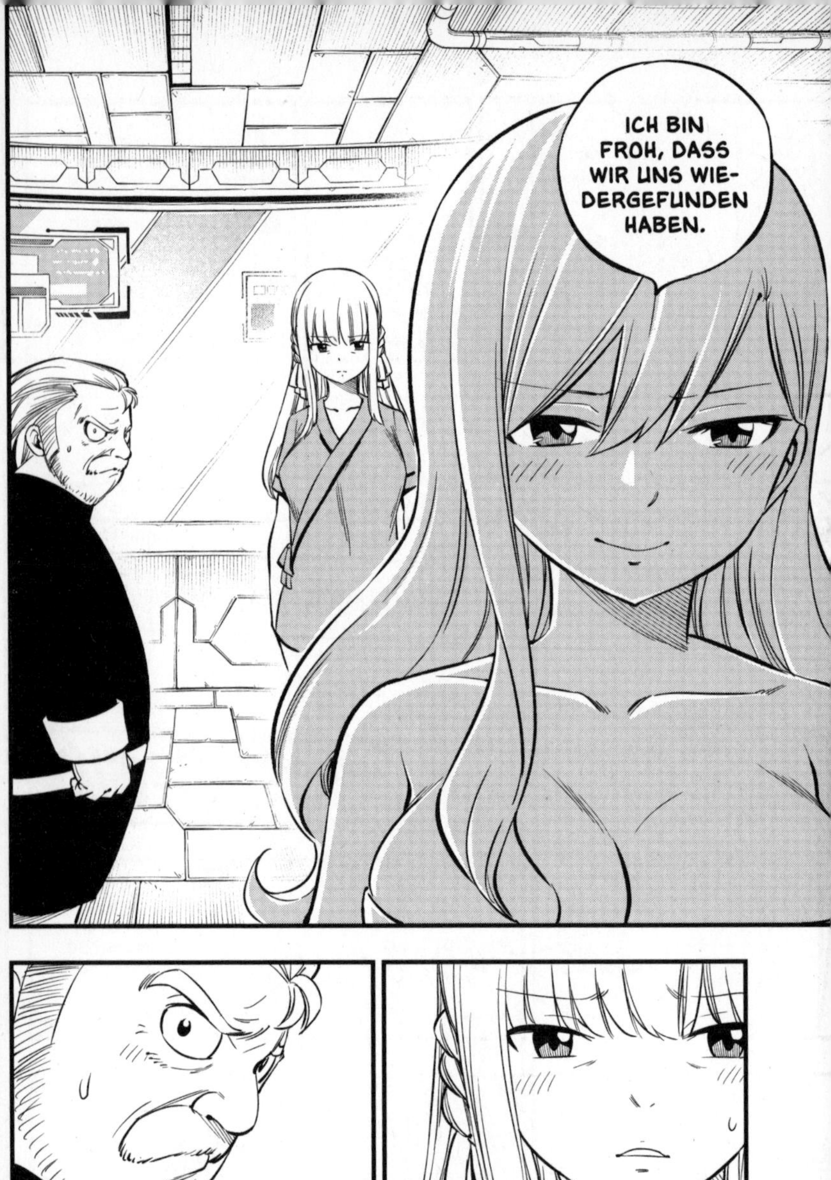
ICH BIN FROH, DASS WIR UNS WIE-DERGEFUNDEN HABEN.

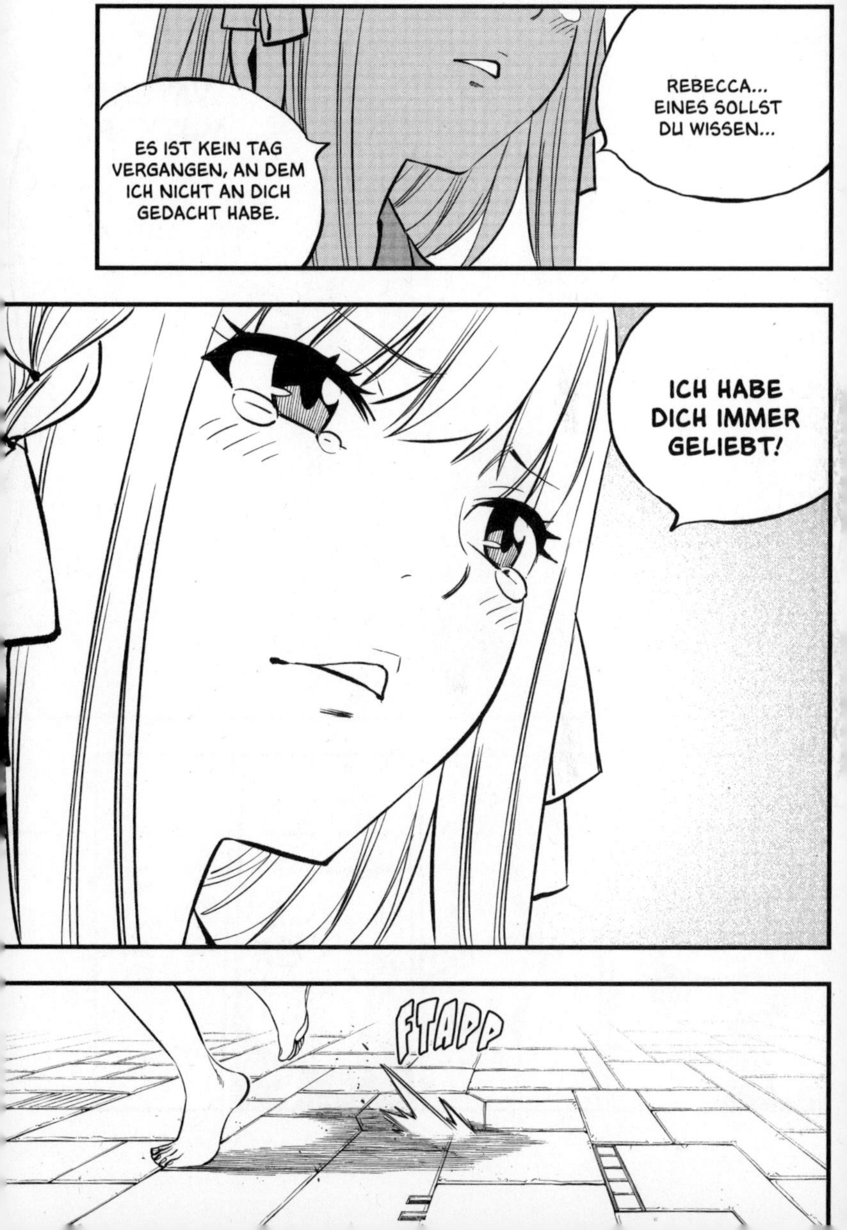
REBECCA... EINES SOLLST DU WISSEN...
ES IST KEIN TAG VERGANGEN, AN DEM ICH NICHT AN DICH GEDACHT HABE.
ICH HABE DICH IMMER GELIEBT!
FTAPP

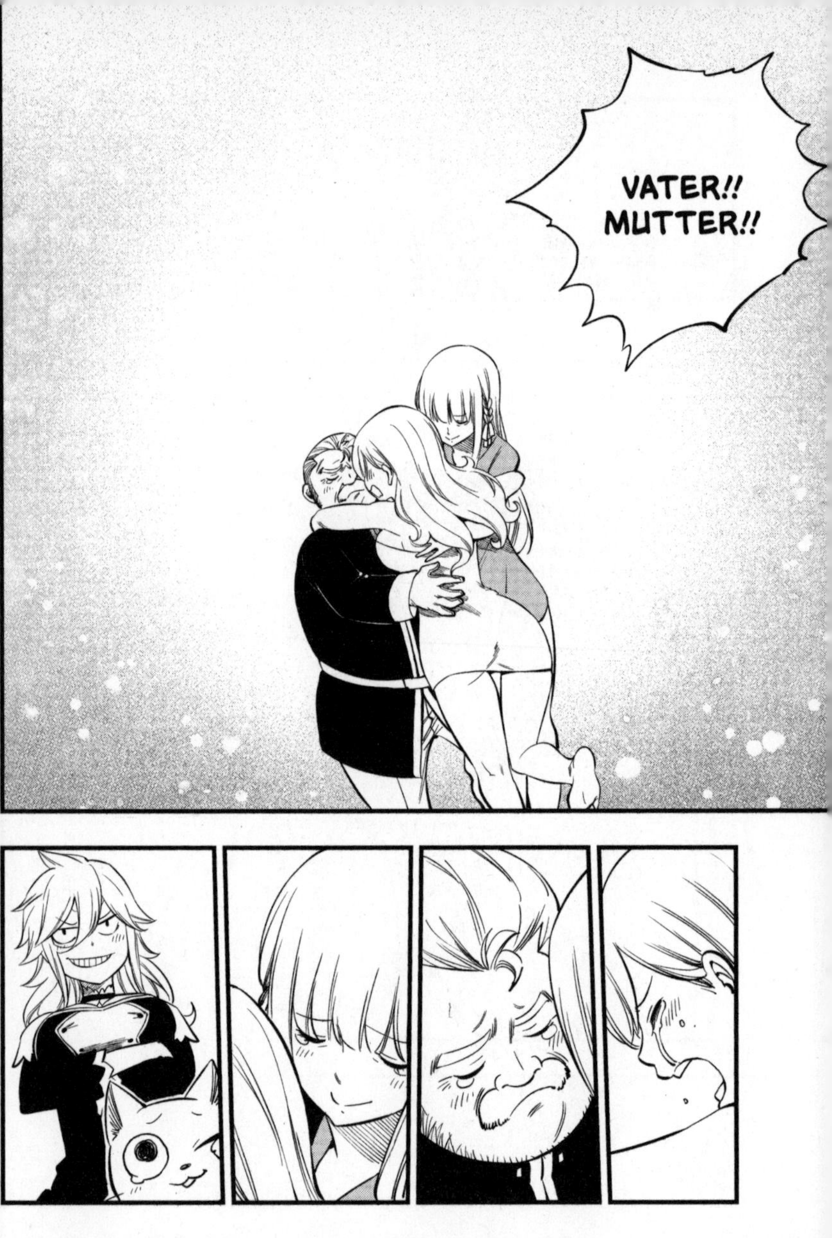
VATER!!
MUTTER!!

EDENS ZERO

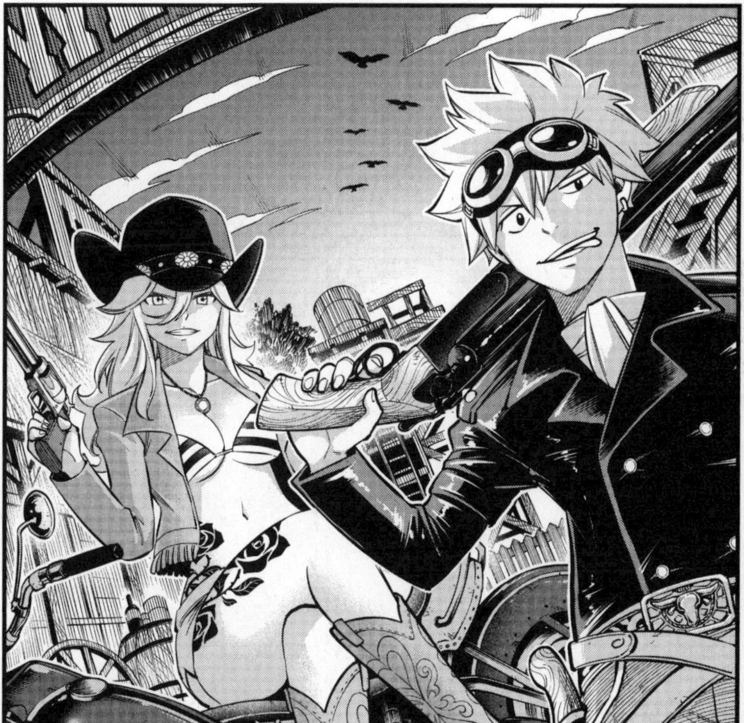

KAPITEL 219: DIE LETZTE WELT

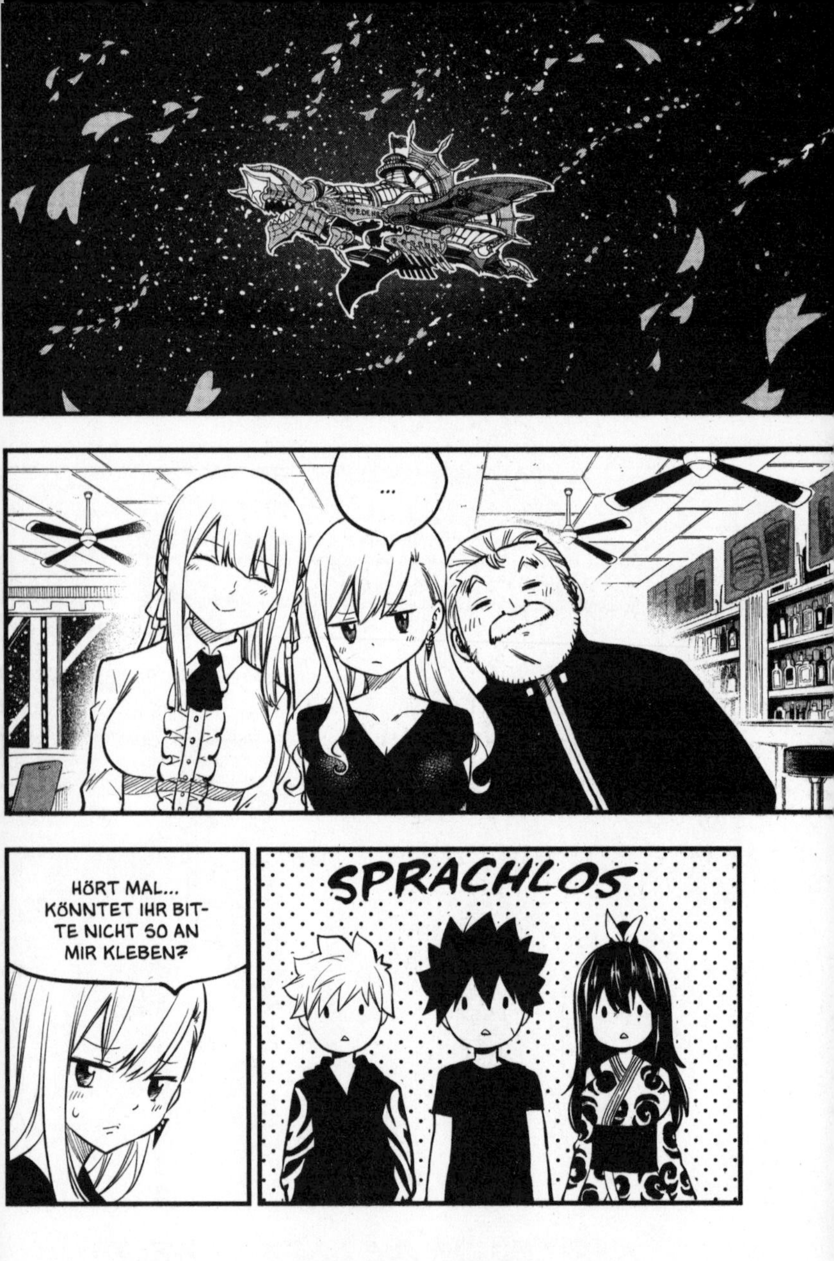
...
HÖRT MAL...
KÖNNTET IHR BIT-
TE NICHT SO AN
MIR KLEBEN?
SPRACHLOS

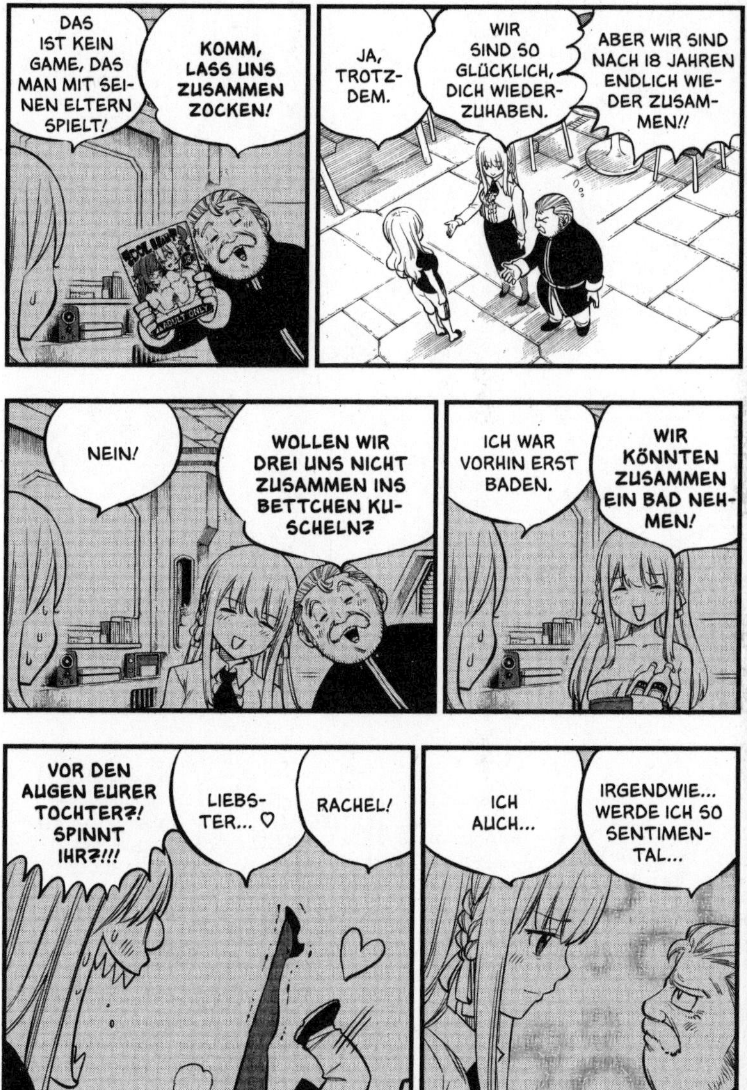
ABER WIR SIND NACH 18 JAHREN ENDLICH WIEDER ZUSAMMEN!!
WIR SIND SO GLÜCKLICH, DICH WIEDERZUHABEN.
JA, TROTZDEM.
KOMM, LASS UNS ZUSAMMEN ZOCKEN!
DAS IST KEIN GAME, DAS MAN MIT SEINEN ELTERN SPIELT!
WIR KÖNNTEN ZUSAMMEN EIN BAD NEHMEN!
ICH WAR VORHIN ERST BADEN.
WOLLEN WIR DREI UNS NICHT ZUSAMMEN INS BETTCHEN KUSCHELN?
NEIN!
IRGENDWIE... WERDE ICH SO SENTIMENTAL...
ICH AUCH...
RACHEL!
LIEBSTER... ♡
VOR DEN AUGEN EURER TOCHTER?! SPINNT IHR?!!!

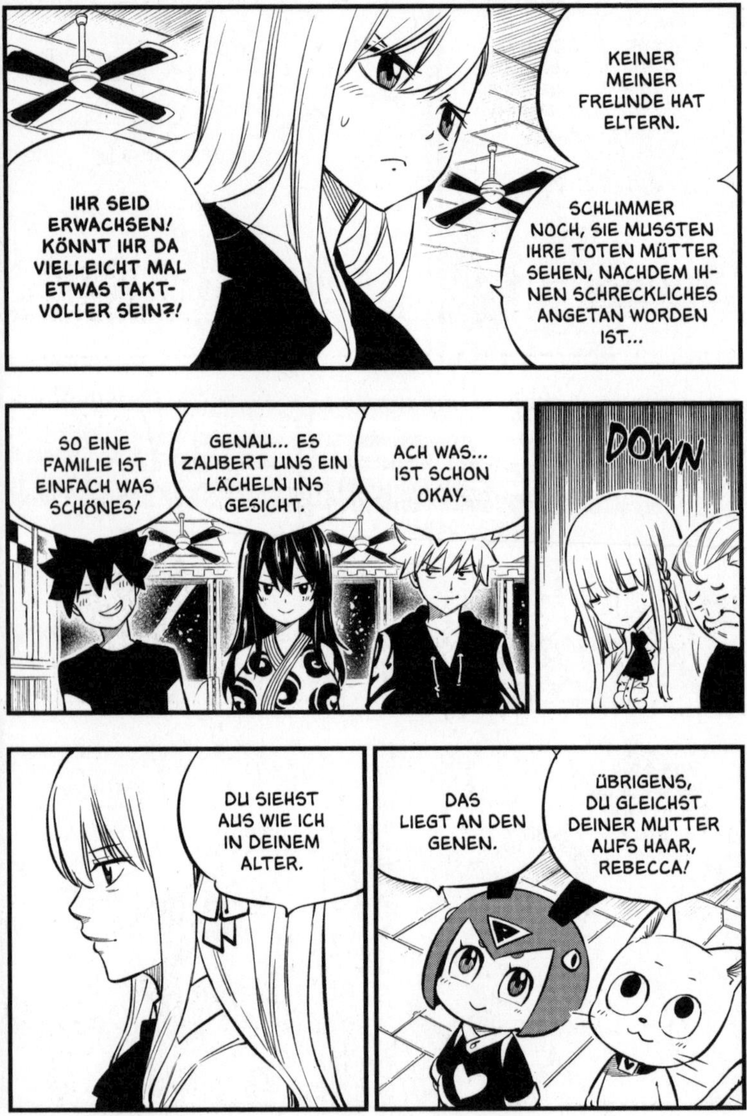
KEINER MEINER FREUNDE HAT ELTERN.
SCHLIMMER NOCH, SIE MUSSTEN IHRE TOTEN MÜTTER SEHEN, NACHDEM IHNEN SCHRECKLICHES ANGETAN WORDEN IST...
IHR SEID ERWACHSEN! KÖNNT IHR DA VIELLEICHT MAL ETWAS TAKTVOLLER SEIN?!
DOWN
ACH WAS... IST SCHON OKAY.
GENAU... ES ZAUBERT UNS EIN LÄCHELN INS GESICHT.
SO EINE FAMILIE IST EINFACH WAS SCHÖNES!
ÜBRIGENS, DU GLEICHST DEINER MUTTER AUFS HAAR, REBECCA!
DAS LIEGT AN DEN GENEN.
DU SIEHST AUS WIE ICH IN DEINEM ALTER.

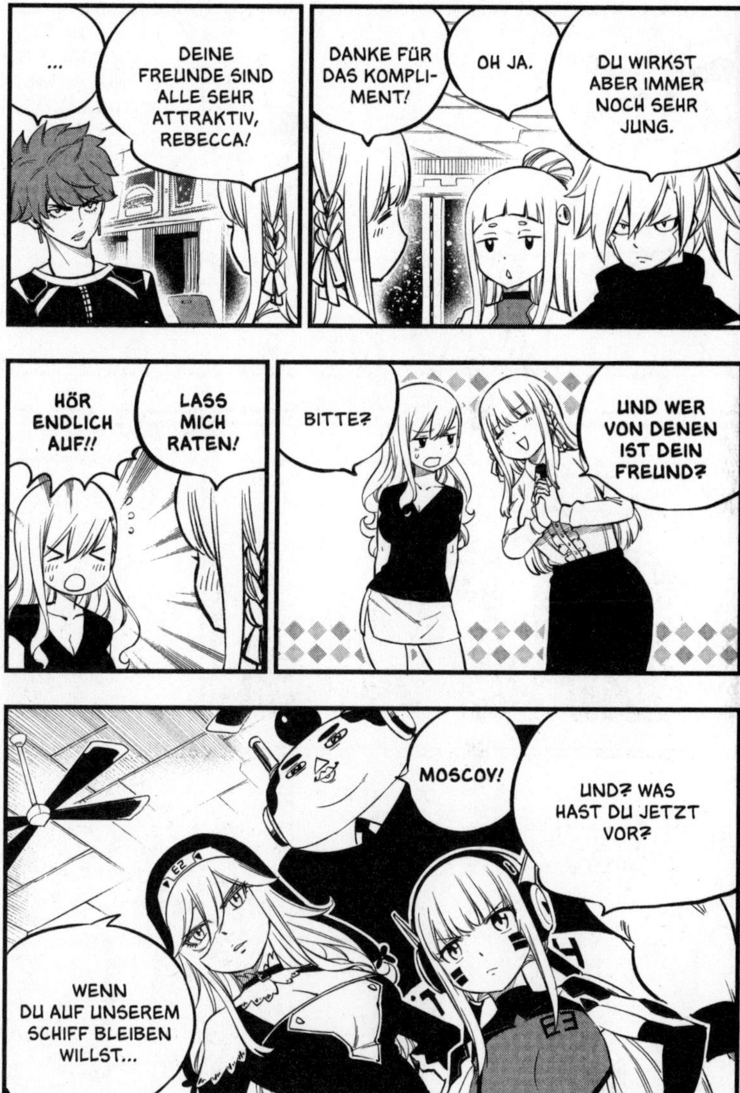
DU WIRKST ABER IMMER NOCH SEHR JUNG.
OH JA.
DANKE FÜR DAS KOMPLIMENT!
DEINE FREUNDE SIND ALLE SEHR ATTRAKTIV, REBECCA!
...
UND WER VON DENEN IST DEIN FREUND?
BITTE?
LASS MICH RATEN!
HÖR ENDLICH AUF!!
UND? WAS HAST DU JETZT VOR?
MOSCOV!
WENN DU AUF UNSEREM SCHIFF BLEIBEN WILLST...

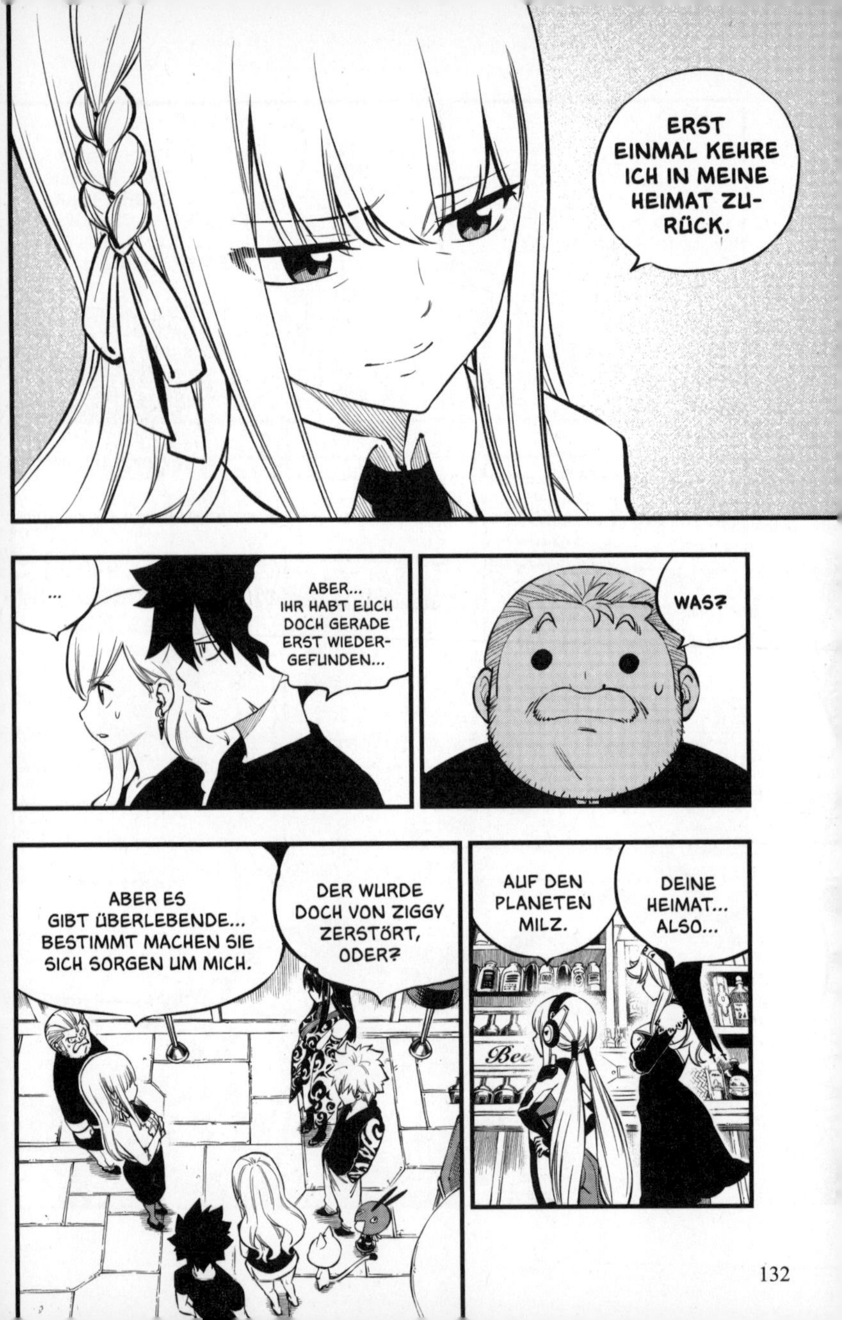
ERST EINMAL KEHRE ICH IN MEINE HEIMAT ZURÜCK.
WAS?
ABER... IHR HABT EUCH DOCH GERADE ERST WIEDERGEFUNDEN...
...
DEINE HEIMAT... ALSO...
AUF DEN PLANETEN MILZ.
DER WURDE DOCH VON ZIGGY ZERSTÖRT, ODER?
ABER ES GIBT ÜBERLEBENDE... BESTIMMT MACHEN SIE SICH SORGEN UM MICH.

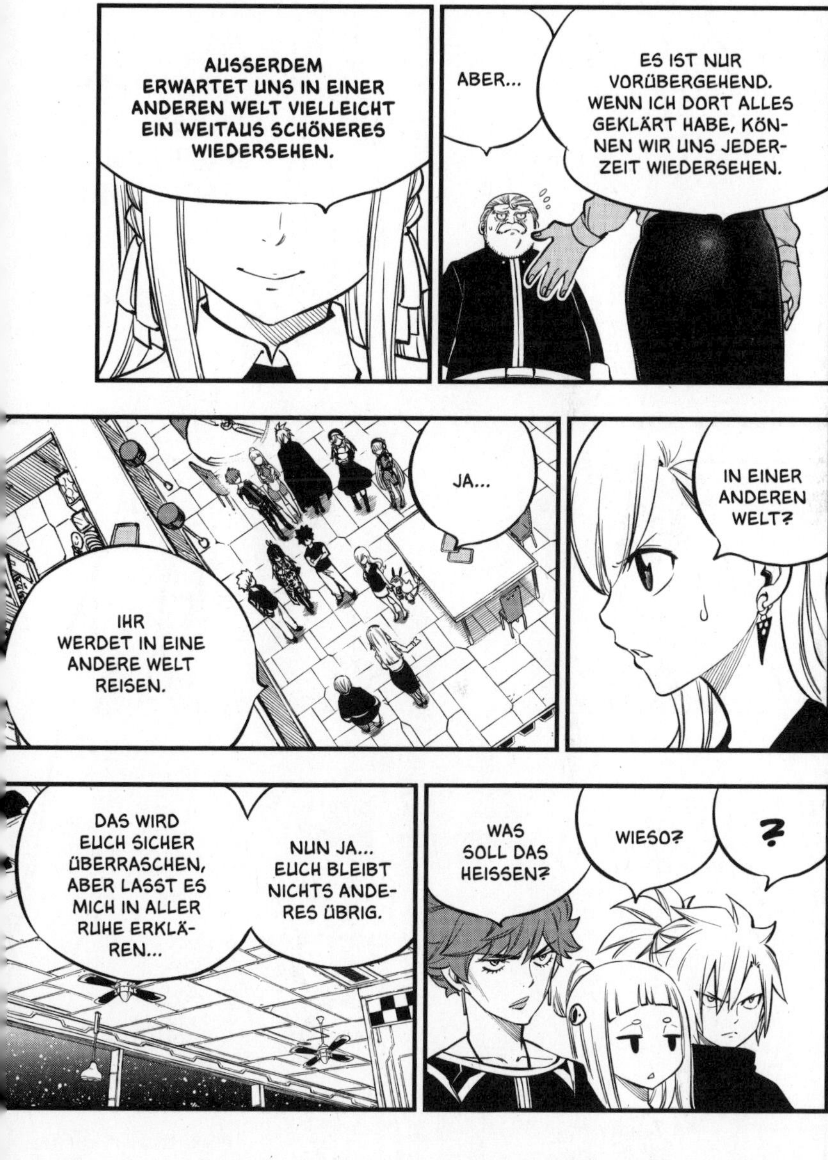
AUSSERDEM ERWARTET UNS IN EINER ANDEREN WELT VIELLEICHT EIN WEITAUS SCHÖNERES WIEDERSEHEN.
ABER...
ES IST NUR VORÜBERGEHEND. WENN ICH DORT ALLES GEKLÄRT HABE, KÖNNEN WIR UNS JEDERZEIT WIEDERSEHEN.
JA...
IHR WERDET IN EINE ANDERE WELT REISEN.
IN EINER ANDEREN WELT?
NUN JA... EUCH BLEIBT NICHTS ANDERES ÜBRIG.
DAS WIRD EUCH SICHER ÜBERRASCHEN, ABER LASST ES MICH IN ALLER RUHE ERKLÄREN...
?
WIESO?
WAS SOLL DAS HEISSEN?

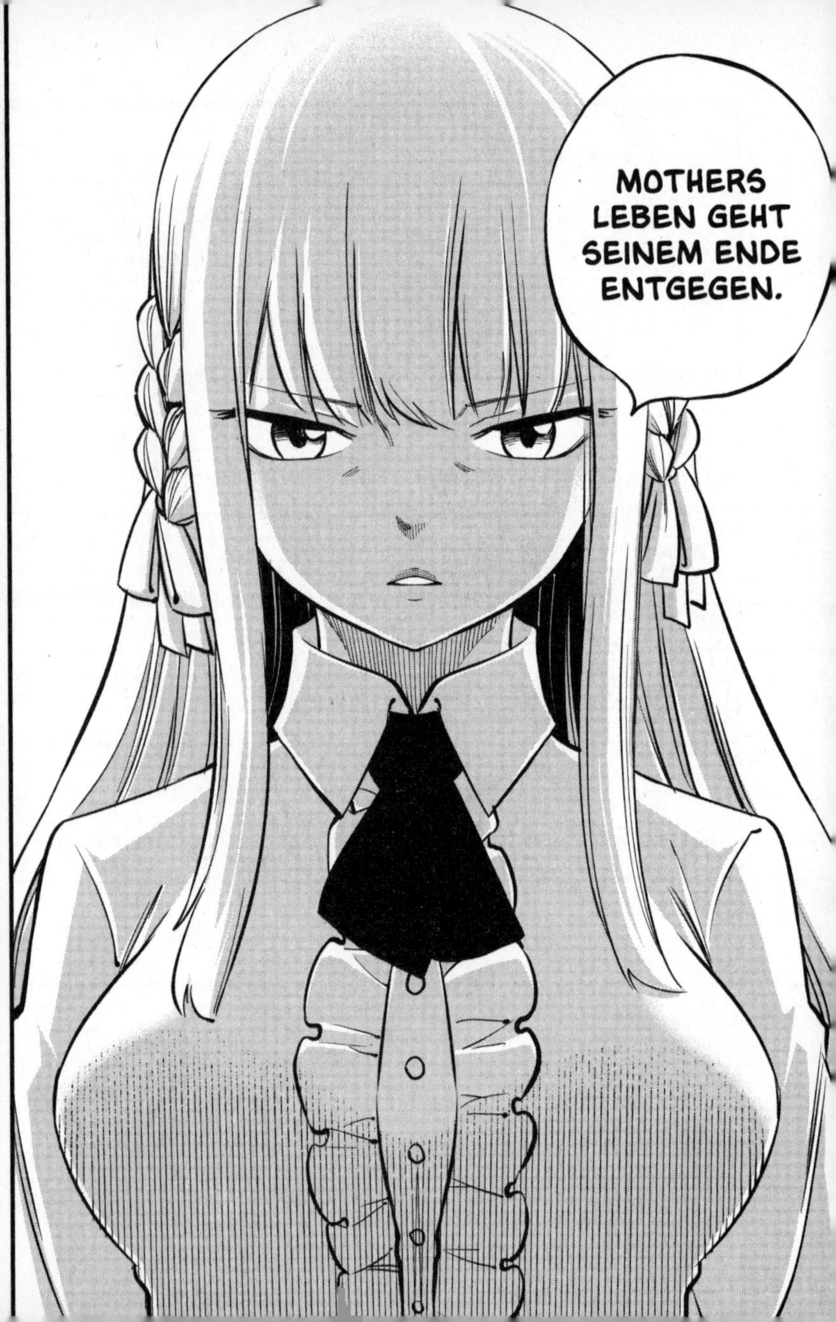
MOTHERS LEBEN GEHT SEINEM ENDE ENTGEGEN.

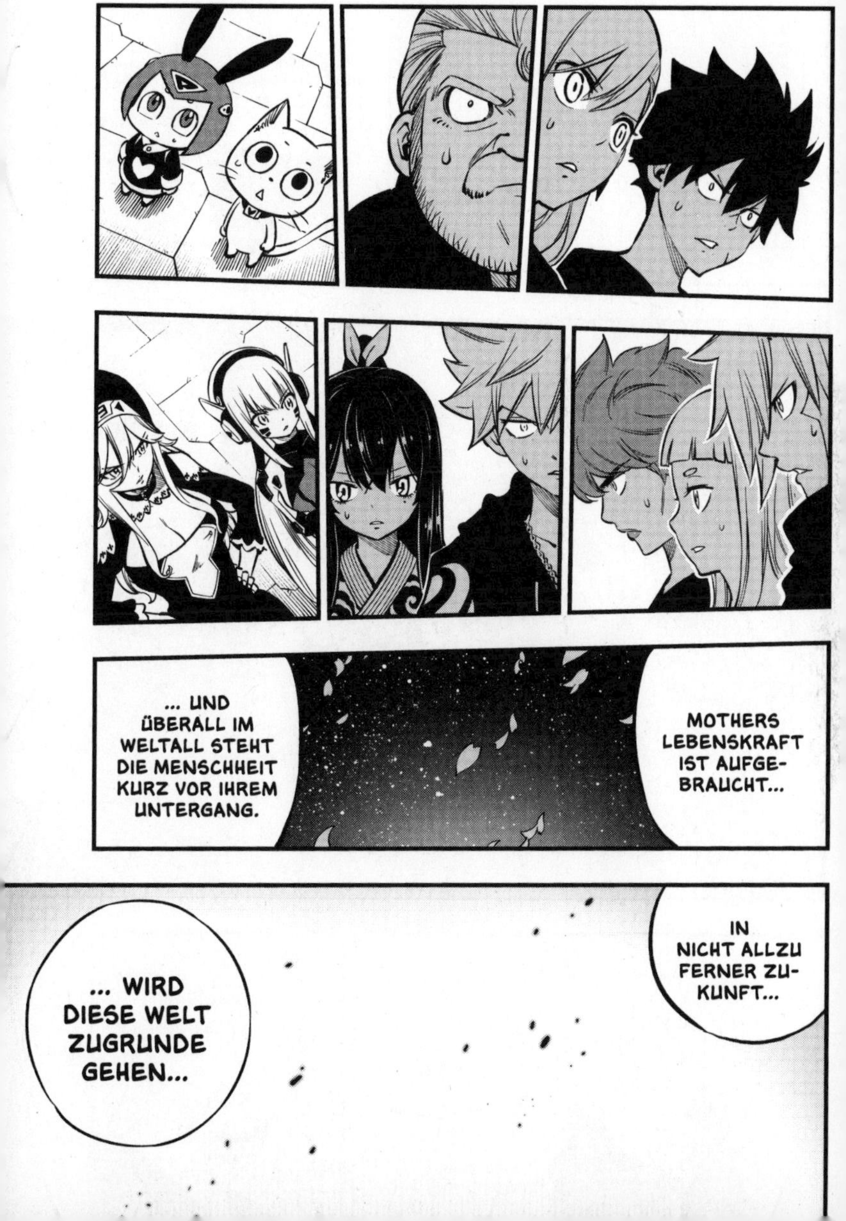
MOTHERS LEBENSKRAFT IST AUFGE- BRAUCHT...
... UND ÜBERALL IM WELTALL STEHT DIE MENSCHHEIT KURZ VOR IHREM UNTERGANG.
IN NICHT ALLZU FERNER ZU- KUNFT...
... WIRD DIESE WELT ZUGRUNDE GEHEN...

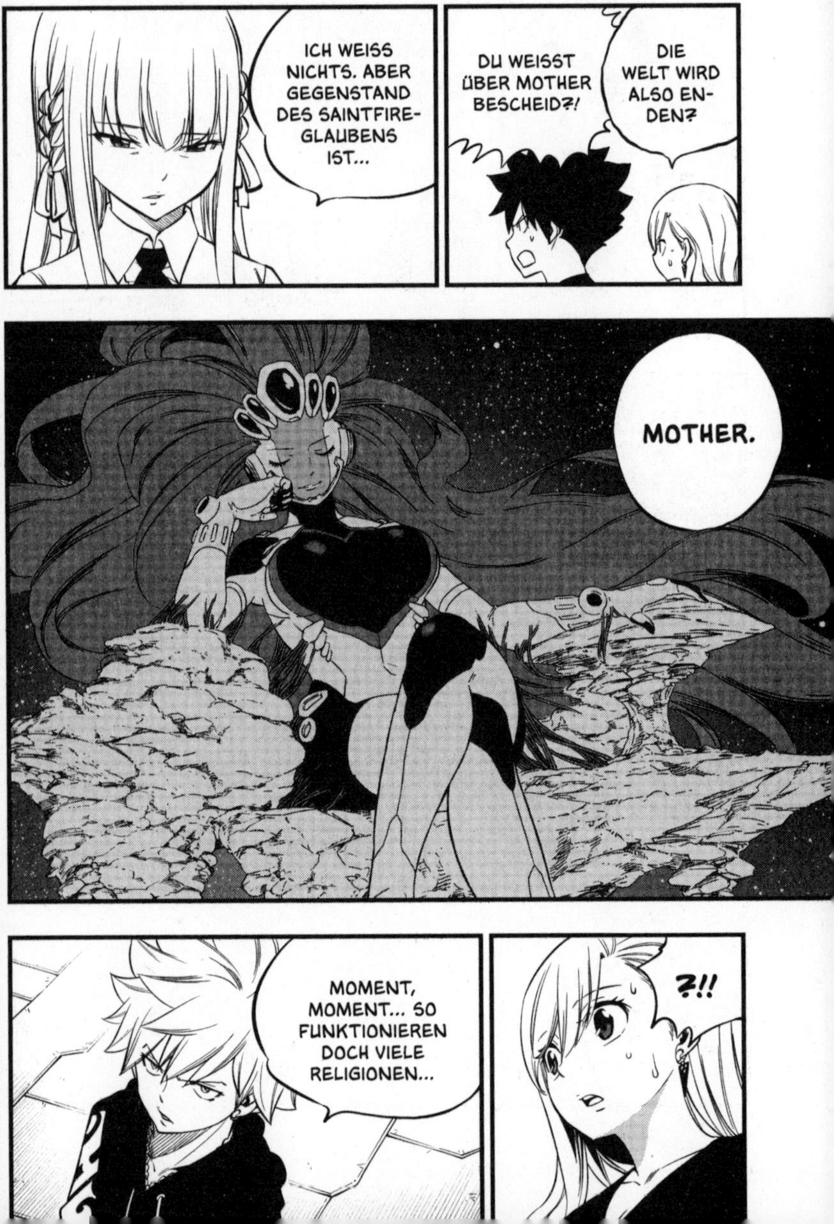
DIE WELT WIRD ALSO ENDEN?
DU WEISST ÜBER MOTHER BESCHEID?!
ICH WEISS NICHTS. ABER GEGENSTAND DES SAINTFIRE-GLAUBENS IST...
MOTHER.
?!!
MOMENT, MOMENT... SO FUNKTIONIEREN DOCH VIELE RELIGIONEN...

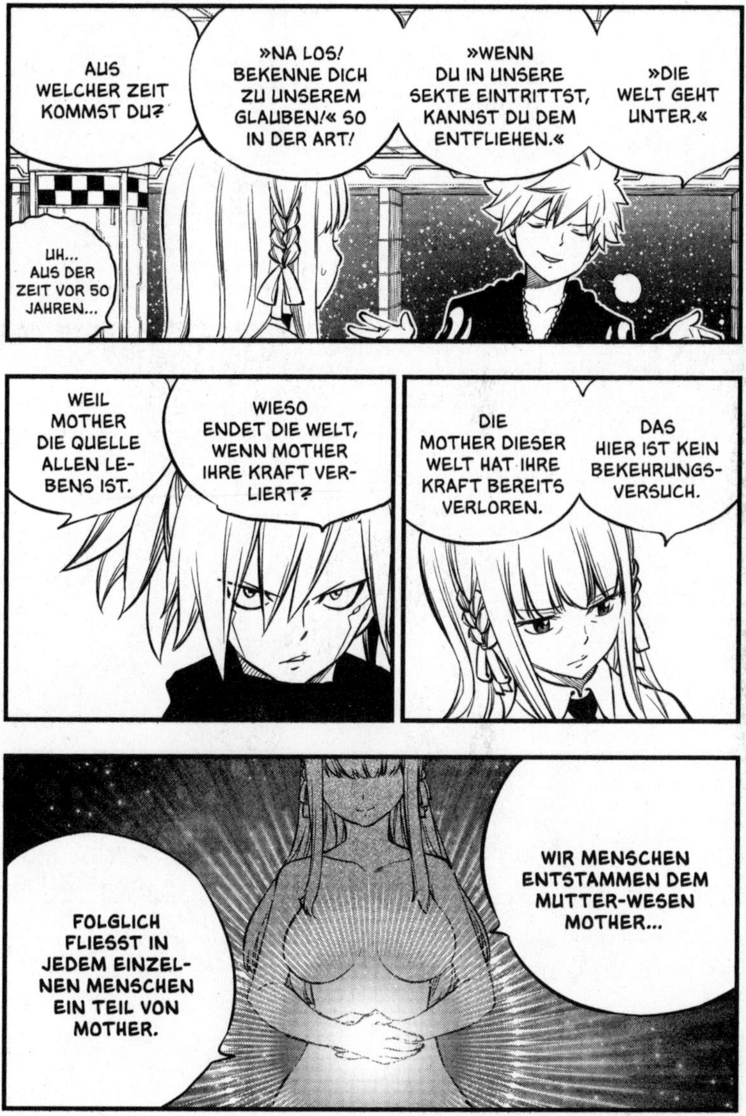
»DIE WELT GEHT UNTER.«
»WENN DU IN UNSERE SEKTE EINTRITTST, KANNST DU DEM ENTFLIEHEN.«
»NA LOS! BEKENNE DICH ZU UNSEREM GLAUBEN!« SO IN DER ART!
AUS WELCHER ZEIT KOMMST DU?
UH... AUS DER ZEIT VOR 50 JAHREN...
DAS HIER IST KEIN BEKEHRUNGS-VERSUCH.
DIE MOTHER DIESER WELT HAT IHRE KRAFT BEREITS VERLOREN.
WIESO ENDET DIE WELT, WENN MOTHER IHRE KRAFT VERLIERT?
WEIL MOTHER DIE QUELLE ALLEN LEBENS IST.
WIR MENSCHEN ENTSTAMMEN DEM MUTTER-WESEN MOTHER...
FOLGLICH FLIESST IN JEDEM EINZELNEN MENSCHEN EIN TEIL VON MOTHER.

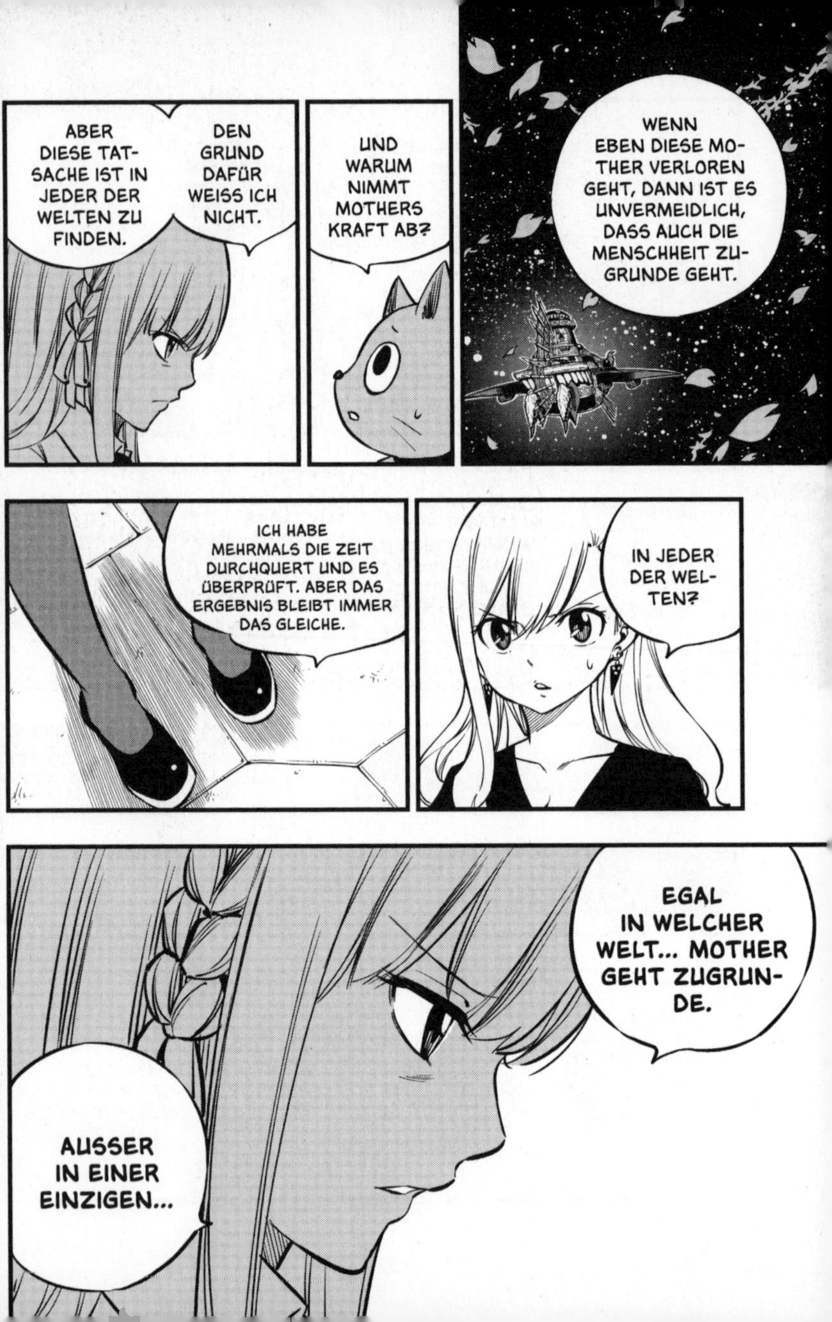
WENN EBEN DIESE MOTHER VERLOREN GEHT, DANN IST ES UNVERMEIDLICH, DASS AUCH DIE MENSCHHEIT ZUGRUNDE GEHT.
UND WARUM NIMMT MOTHERS KRAFT AB?
DEN GRUND DAFÜR WEISS ICH NICHT.
ABER DIESE TATSACHE IST IN JEDER DER WELTEN ZU FINDEN.
IN JEDER DER WELTEN?
ICH HABE MEHRMALS DIE ZEIT DURCHQUERT UND ES ÜBERPRÜFT. ABER DAS ERGEBNIS BLEIBT IMMER DAS GLEICHE.
EGAL IN WELCHER WELT... MOTHER GEHT ZUGRUNDE.
AUSSER IN EINER EINZIGEN...

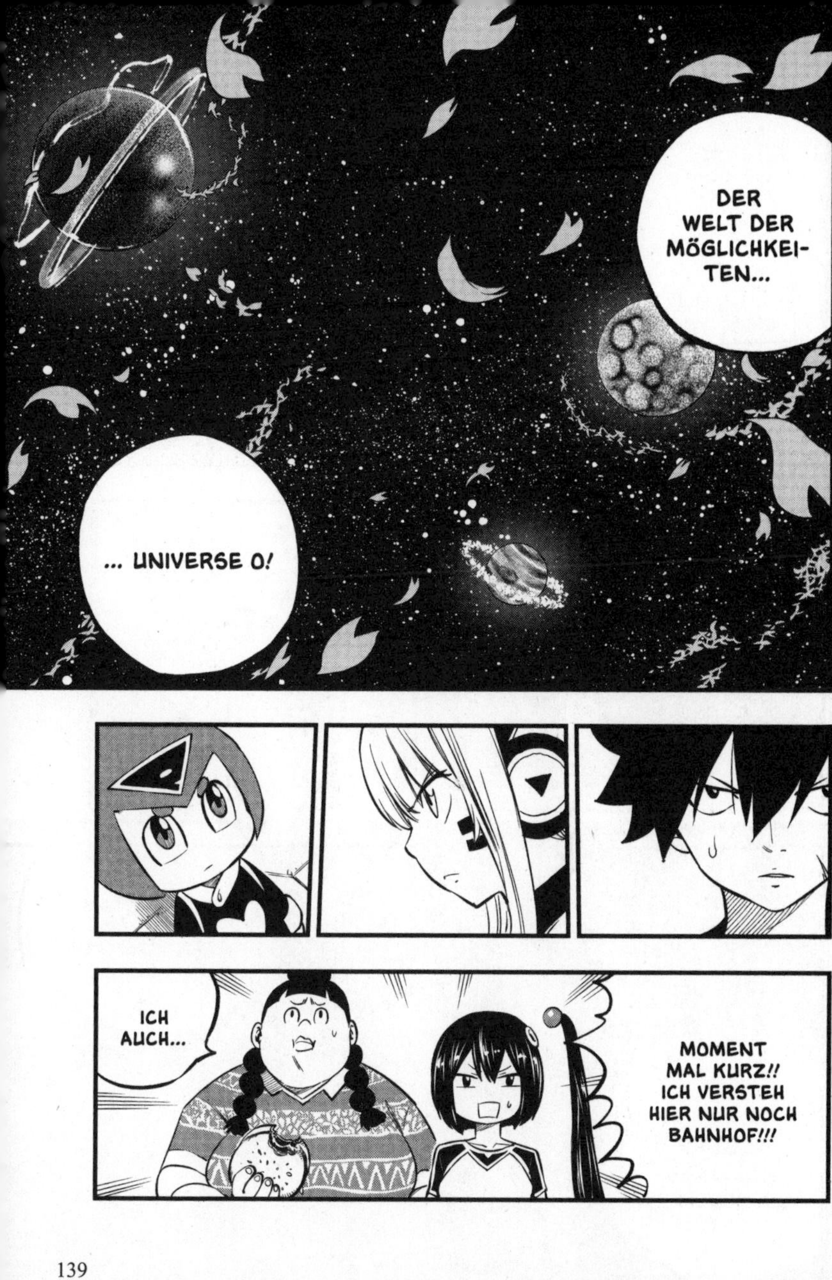

DER WELT DER MÖGLICHKEITEN...
... UNIVERSE 0!
MOMENT MAL KURZ!! ICH VERSTEH HIER NUR NOCH BAHNHOF!!!
ICH AUCH...

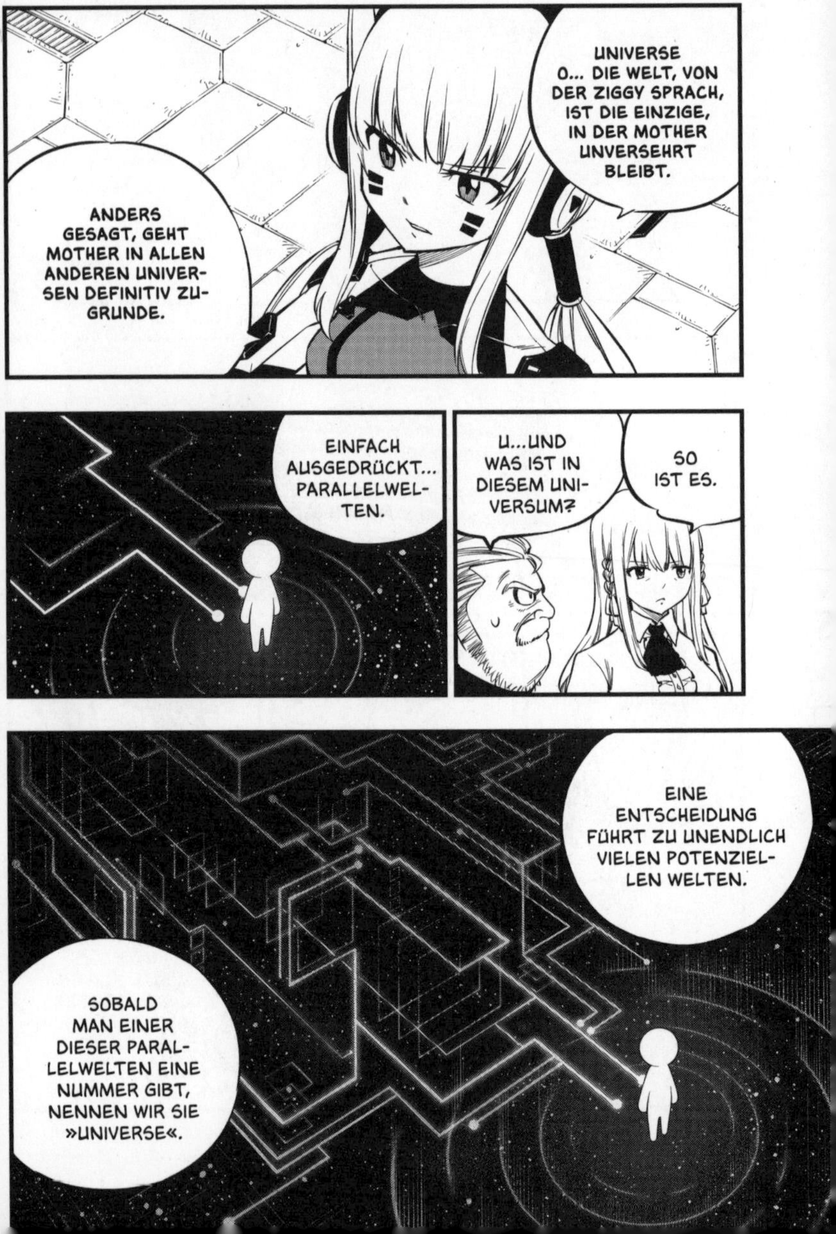
UNIVERSE 0… DIE WELT, VON DER ZIGGY SPRACH, IST DIE EINZIGE, IN DER MOTHER UNVERSEHRT BLEIBT.
ANDERS GESAGT, GEHT MOTHER IN ALLEN ANDEREN UNIVERSEN DEFINITIV ZUGRUNDE.
SO IST ES.
U…UND WAS IST IN DIESEM UNIVERSUM?
EINFACH AUSGEDRÜCKT… PARALLELWELTEN.
EINE ENTSCHEIDUNG FÜHRT ZU UNENDLICH VIELEN POTENZIELLEN WELTEN.
SOBALD MAN EINER DIESER PARALLELWELTEN EINE NUMMER GIBT, NENNEN WIR SIE »UNIVERSE«.

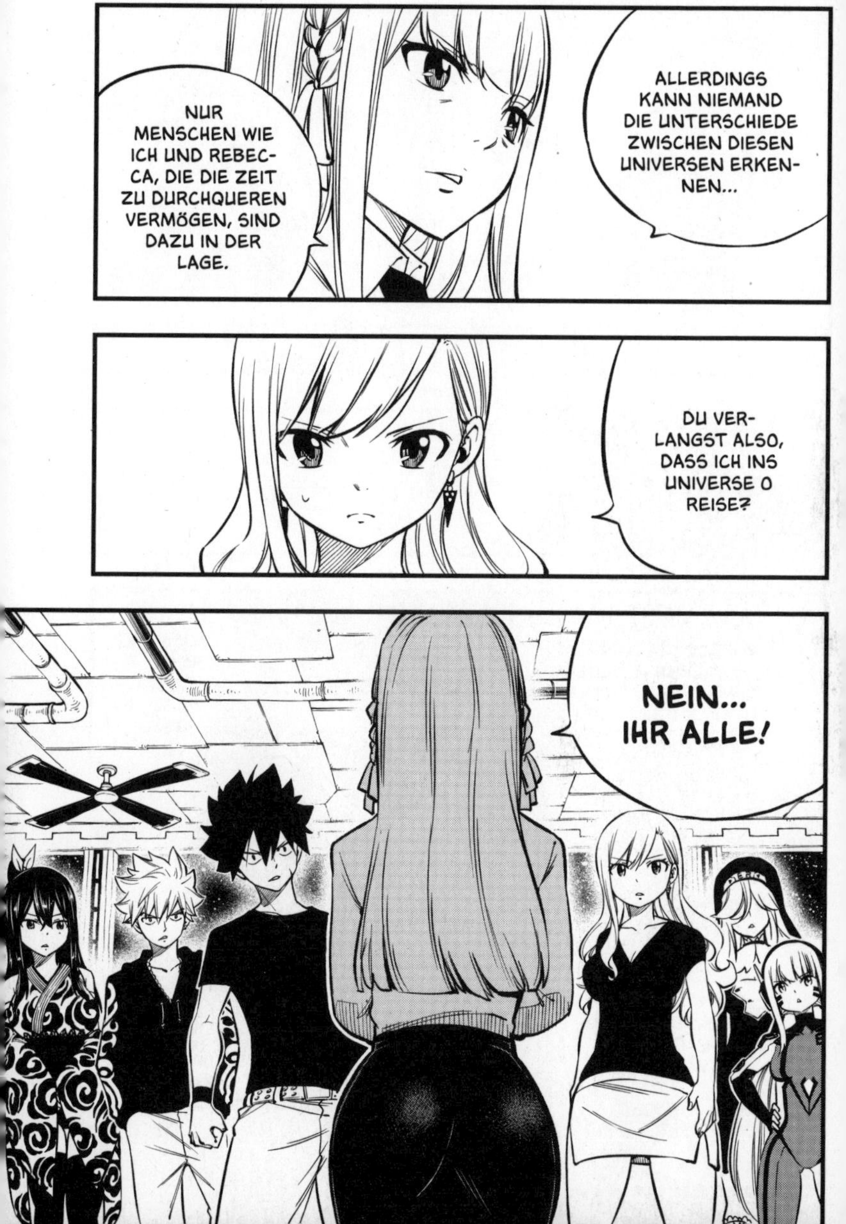
ALLERDINGS KANN NIEMAND DIE UNTERSCHIEDE ZWISCHEN DIESEN UNIVERSEN ERKENNEN...
NUR MENSCHEN WIE ICH UND REBECCA, DIE DIE ZEIT ZU DURCHQUEREN VERMÖGEN, SIND DAZU IN DER LAGE.
DU VERLANGST ALSO, DASS ICH INS UNIVERSE 0 REISE?
NEIN... IHR ALLE!

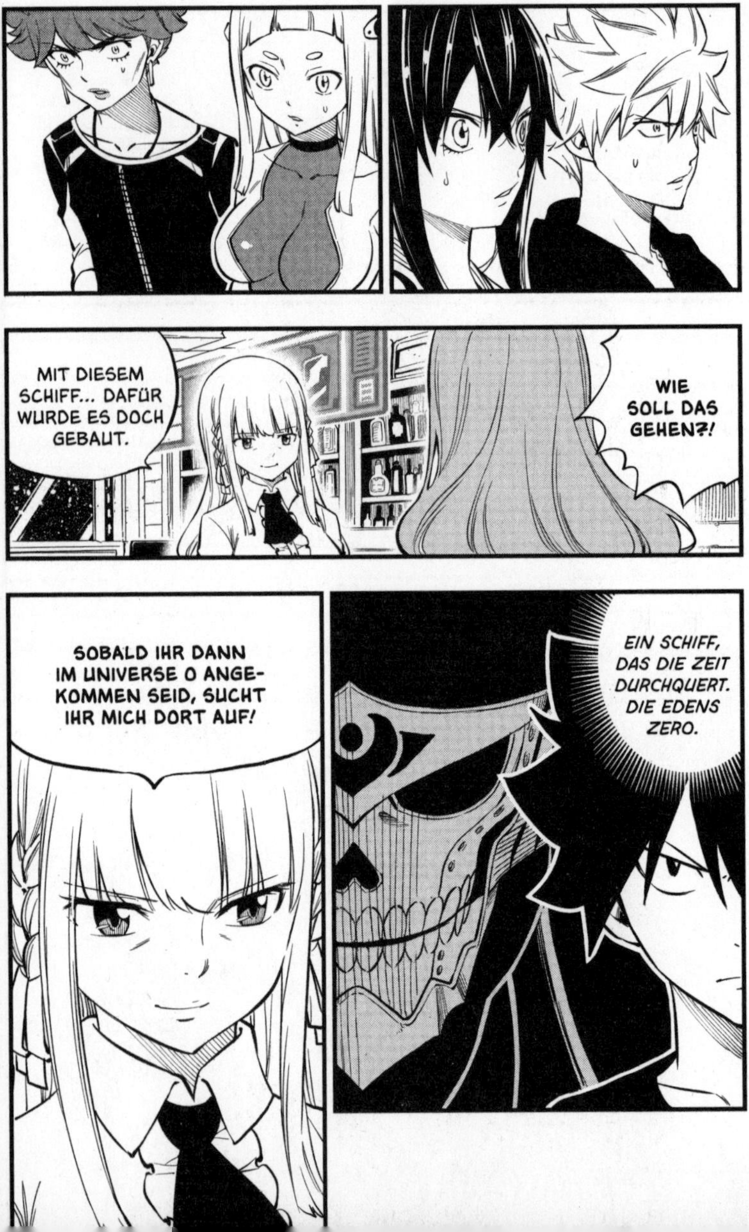
WIE SOLL DAS GEHEN?!
MIT DIESEM SCHIFF... DAFÜR WURDE ES DOCH GEBAUT.
EIN SCHIFF, DAS DIE ZEIT DURCHQUERT. DIE EDENS ZERO.
SOBALD IHR DANN IM UNIVERSE 0 ANGE-KOMMEN SEID, SUCHT IHR MICH DORT AUF!

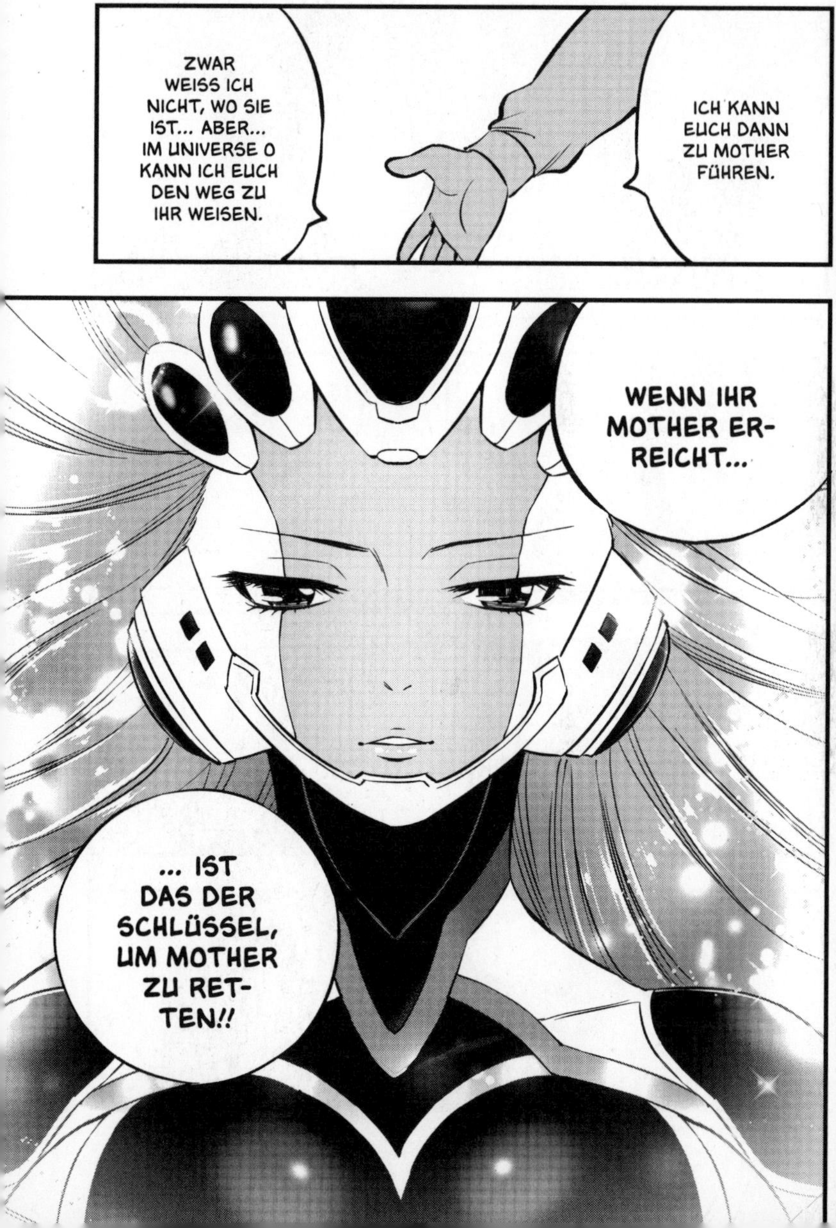
ICH KANN EUCH DANN ZU MOTHER FÜHREN.
ZWAR WEISS ICH NICHT, WO SIE IST... ABER... IM UNIVERSE 0 KANN ICH EUCH DEN WEG ZU IHR WEISEN.
WENN IHR MOTHER ER-REICHT...
... IST DAS DER SCHLÜSSEL, UM MOTHER ZU RET-TEN!!

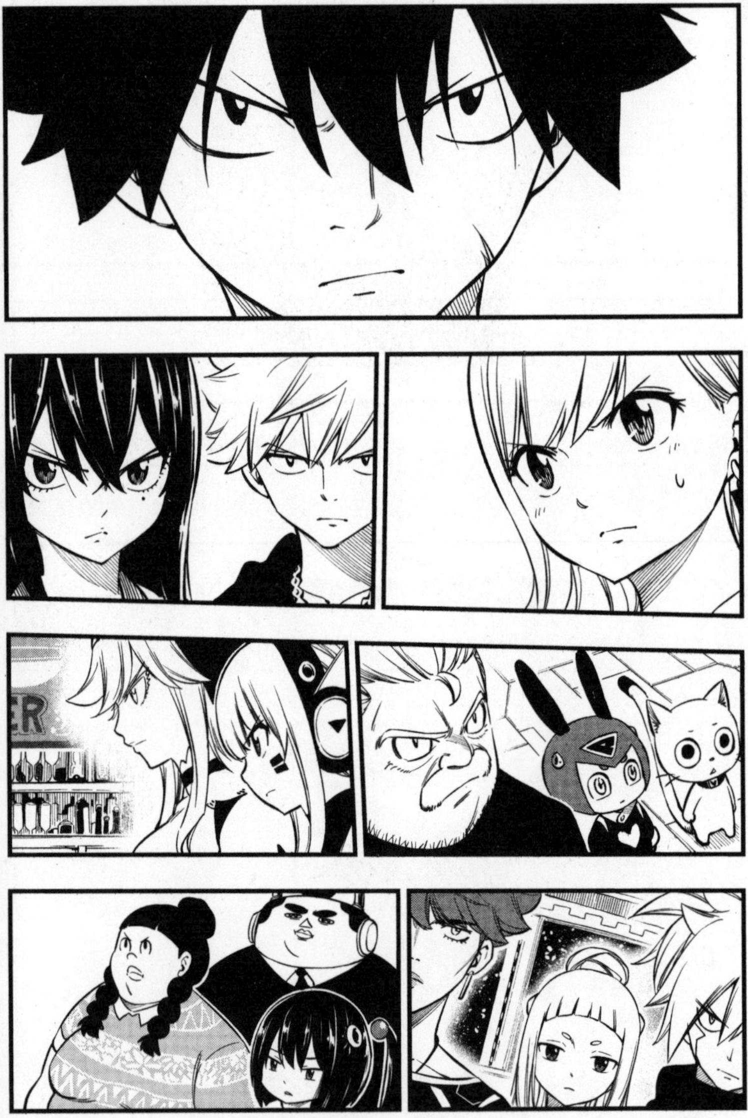

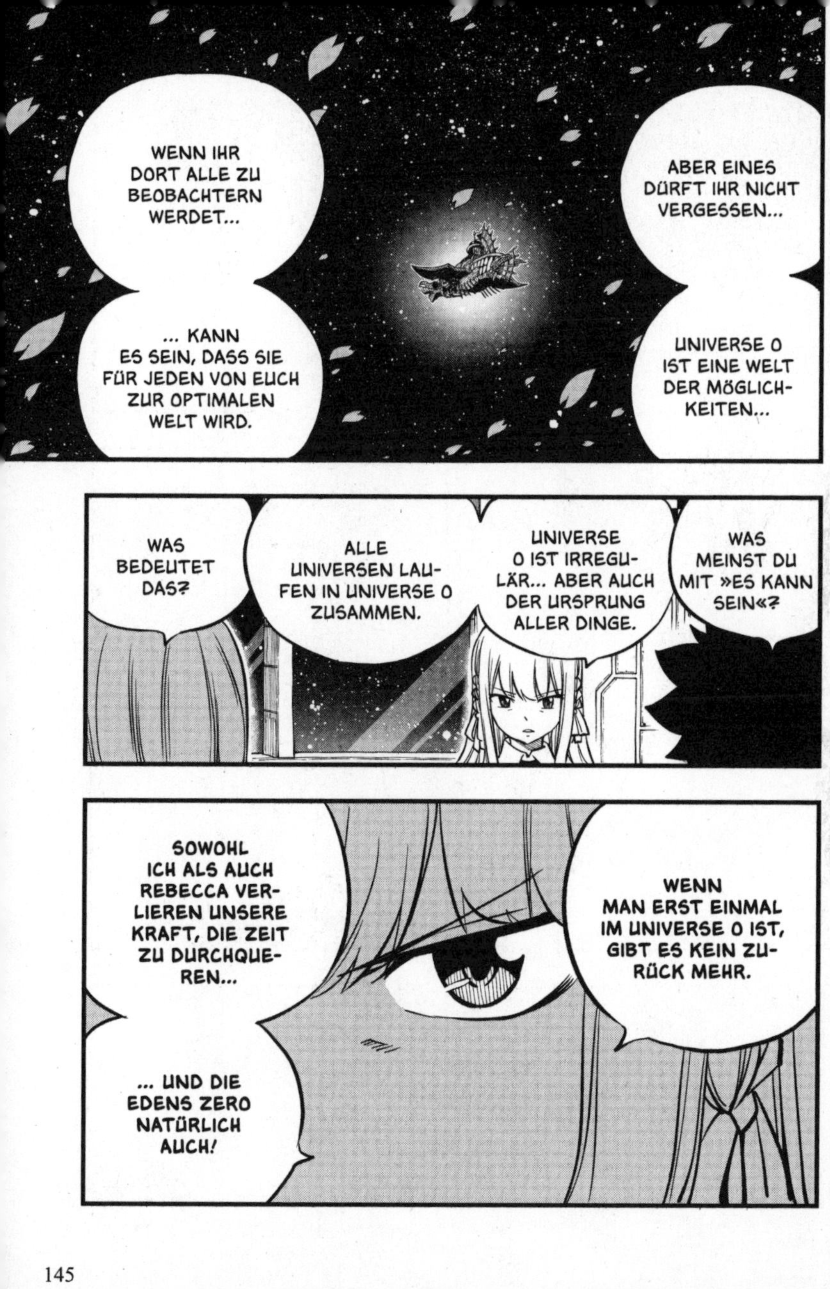
ABER EINES DÜRFT IHR NICHT VERGESSEN...
UNIVERSE 0 IST EINE WELT DER MÖGLICHKEITEN...
WENN IHR DORT ALLE ZU BEOBACHTERN WERDET...
... KANN ES SEIN, DASS SIE FÜR JEDEN VON EUCH ZUR OPTIMALEN WELT WIRD.
WAS MEINST DU MIT »ES KANN SEIN«?
UNIVERSE 0 IST IRREGULÄR... ABER AUCH DER URSPRUNG ALLER DINGE.
ALLE UNIVERSEN LAUFEN IN UNIVERSE 0 ZUSAMMEN.
WAS BEDEUTET DAS?
WENN MAN ERST EINMAL IM UNIVERSE 0 IST, GIBT ES KEIN ZURÜCK MEHR.
SOWOHL ICH ALS AUCH REBECCA VERLIEREN UNSERE KRAFT, DIE ZEIT ZU DURCHQUEREN...
... UND DIE EDENS ZERO NATÜRLICH AUCH!

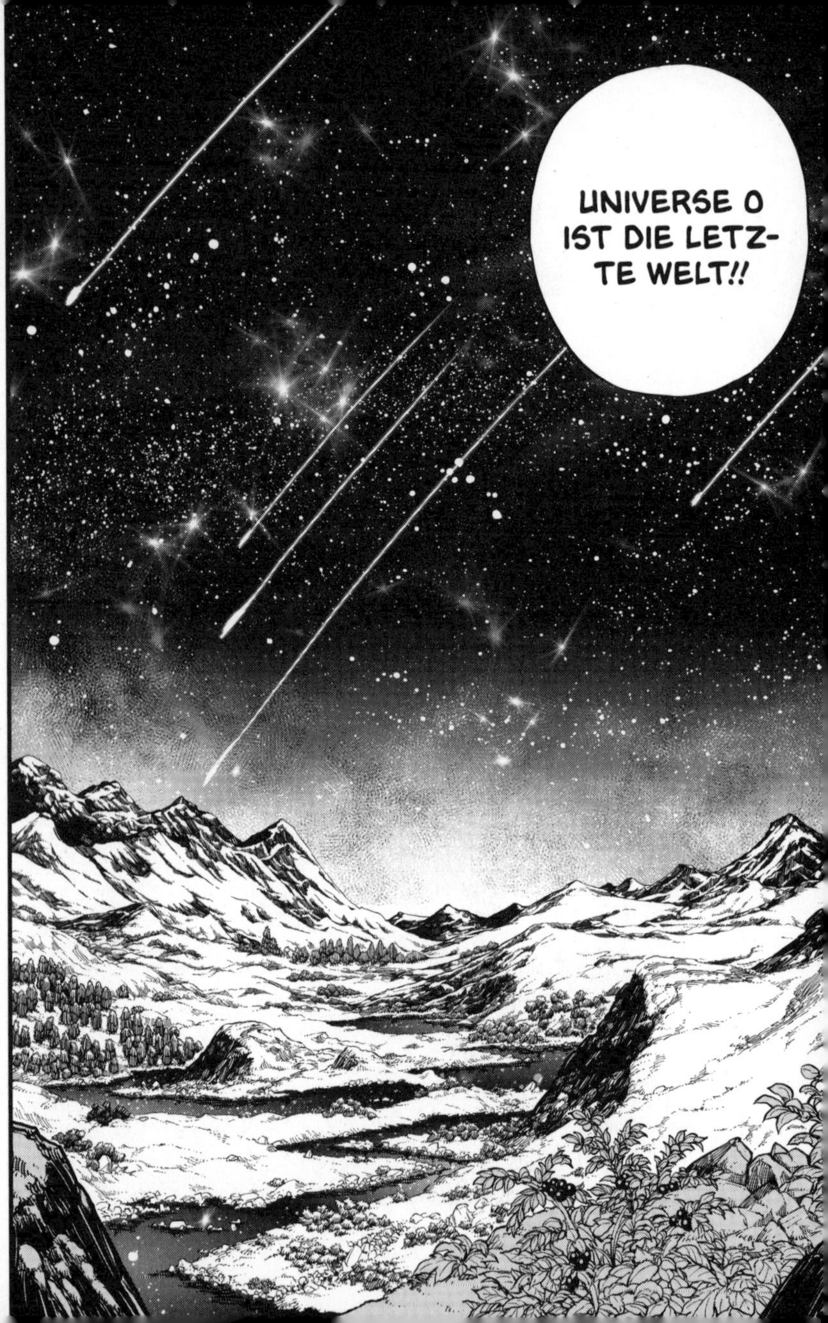
UNIVERSE 0 IST DIE LETZTE WELT!!

EDENS ZERO

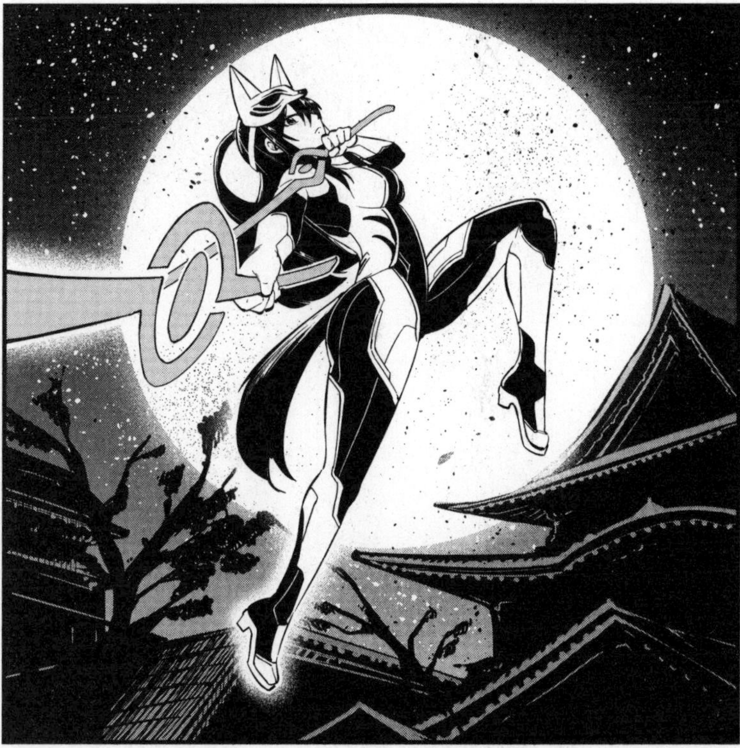

KAPITEL 220: ETHERION

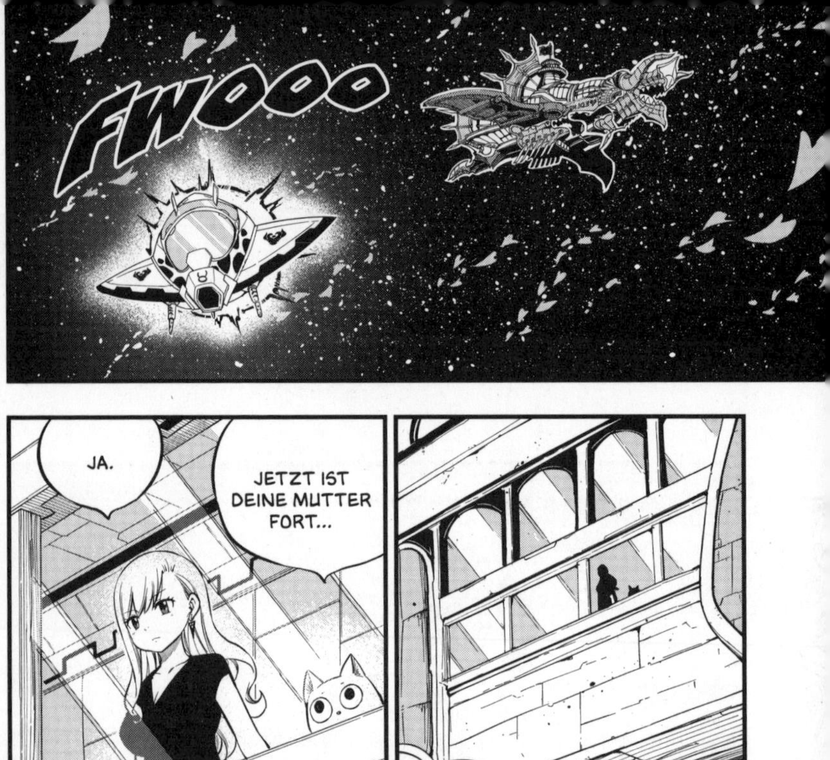
FWOOO
JETZT IST DEINE MUTTER FORT...
JA.
ABER DU KANNST DOCH NICHT GLEICH WIEDER FORT-GEHEN.
KEINE SORGE, WIR SEHEN UNS AUF JEDEN FALL WIE-DER...
IM UNI-VERSE 0.

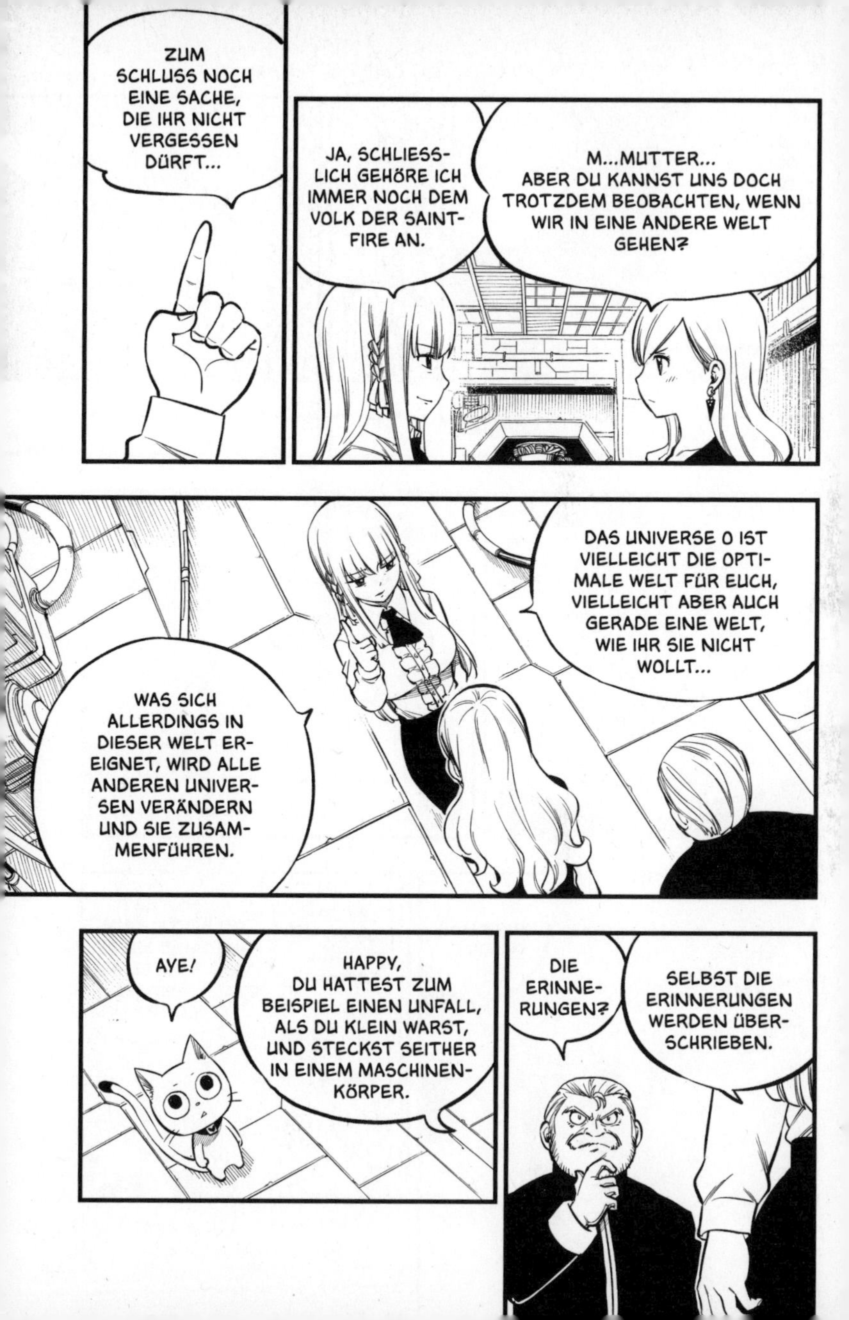
ZUM SCHLUSS NOCH EINE SACHE, DIE IHR NICHT VERGESSEN DÜRFT...
M...MUTTER... ABER DU KANNST UNS DOCH TROTZDEM BEOBACHTEN, WENN WIR IN EINE ANDERE WELT GEHEN?
JA, SCHLIESS-LICH GEHÖRE ICH IMMER NOCH DEM VOLK DER SAINT-FIRE AN.
DAS UNIVERSE 0 IST VIELLEICHT DIE OPTI-MALE WELT FÜR EUCH, VIELLEICHT ABER AUCH GERADE EINE WELT, WIE IHR SIE NICHT WOLLT...
WAS SICH ALLERDINGS IN DIESER WELT ER-EIGNET, WIRD ALLE ANDEREN UNIVER-SEN VERÄNDERN UND SIE ZUSAM-MENFÜHREN.
AYE!
HAPPY, DU HATTEST ZUM BEISPIEL EINEN UNFALL, ALS DU KLEIN WARST, UND STECKST SEITHER IN EINEM MASCHINEN-KÖRPER.
DIE ERINNE-RUNGEN?
SELBST DIE ERINNERUNGEN WERDEN ÜBER-SCHRIEBEN.

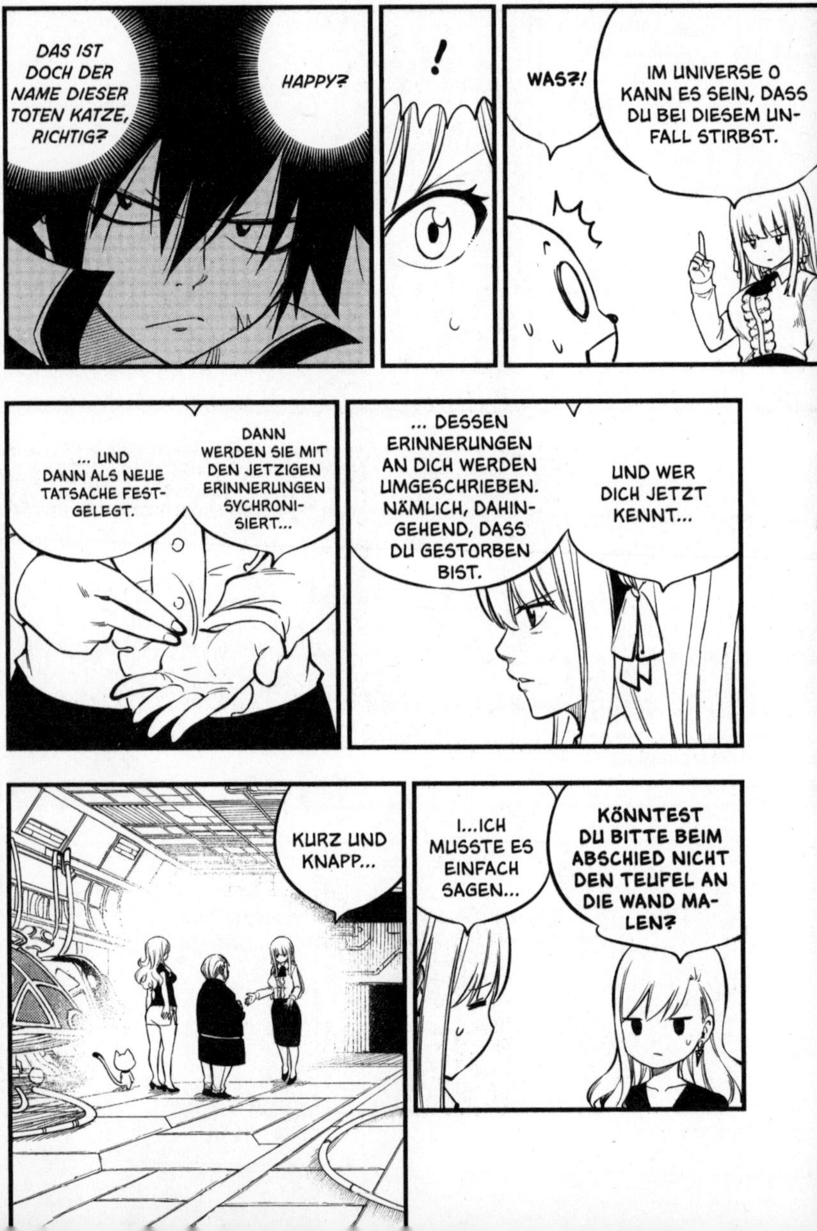
IM UNIVERSE 0 KANN ES SEIN, DASS DU BEI DIESEM UNFALL STIRBST.
WAS?!
!
HAPPY?
DAS IST DOCH DER NAME DIESER TOTEN KATZE, RICHTIG?
UND WER DICH JETZT KENNT...
... DESSEN ERINNERUNGEN AN DICH WERDEN UMGESCHRIEBEN. NÄMLICH, DAHINGEHEND, DASS DU GESTORBEN BIST.
DANN WERDEN SIE MIT DEN JETZIGEN ERINNERUNGEN SYCHRONISIERT...
... UND DANN ALS NEUE TATSACHE FESTGELEGT.
KÖNNTEST DU BITTE BEIM ABSCHIED NICHT DEN TEUFEL AN DIE WAND MALEN?
I...ICH MUSSTE ES EINFACH SAGEN...
KURZ UND KNAPP...

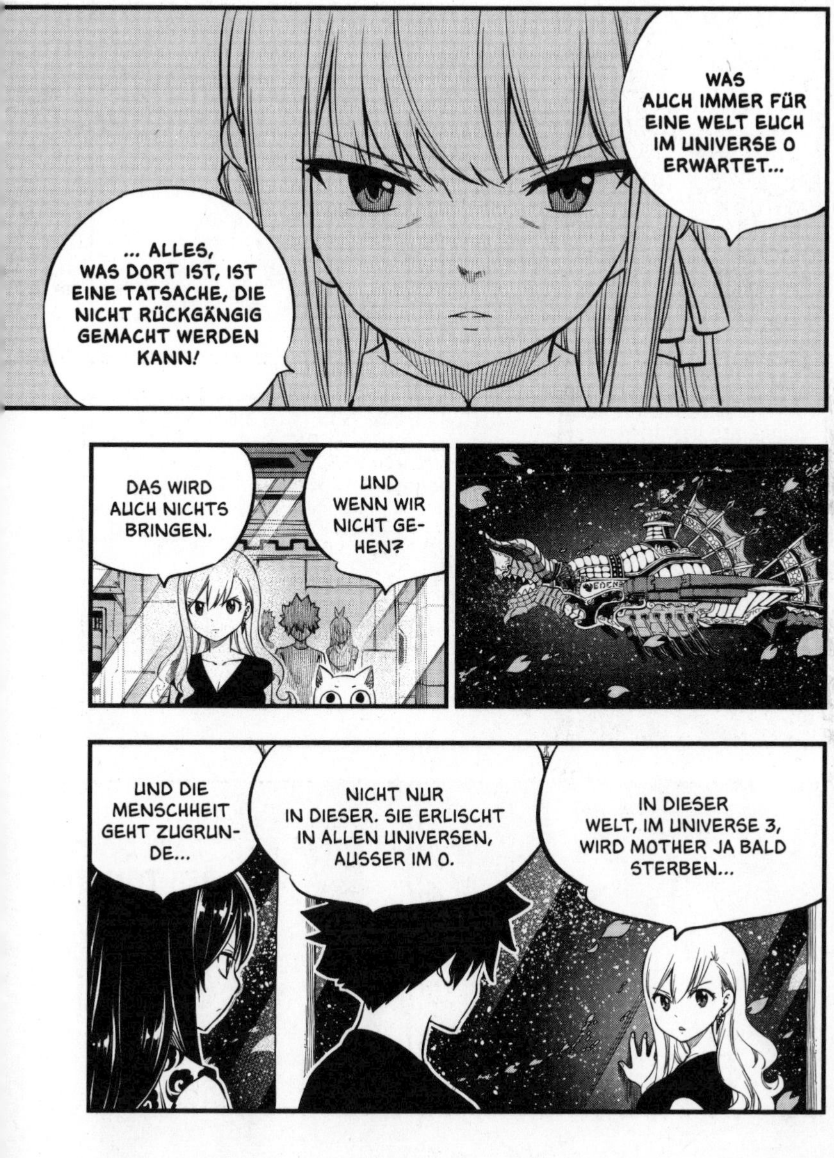
WAS AUCH IMMER FÜR EINE WELT EUCH IM UNIVERSE 0 ERWARTET...
... ALLES, WAS DORT IST, IST EINE TATSACHE, DIE NICHT RÜCKGÄNGIG GEMACHT WERDEN KANN!
UND WENN WIR NICHT GE-HEN?
DAS WIRD AUCH NICHTS BRINGEN.
IN DIESER WELT, IM UNIVERSE 3, WIRD MOTHER JA BALD STERBEN...
NICHT NUR IN DIESER. SIE ERLISCHT IN ALLEN UNIVERSEN, AUSSER IM 0.
UND DIE MENSCHHEIT GEHT ZUGRUN-DE...

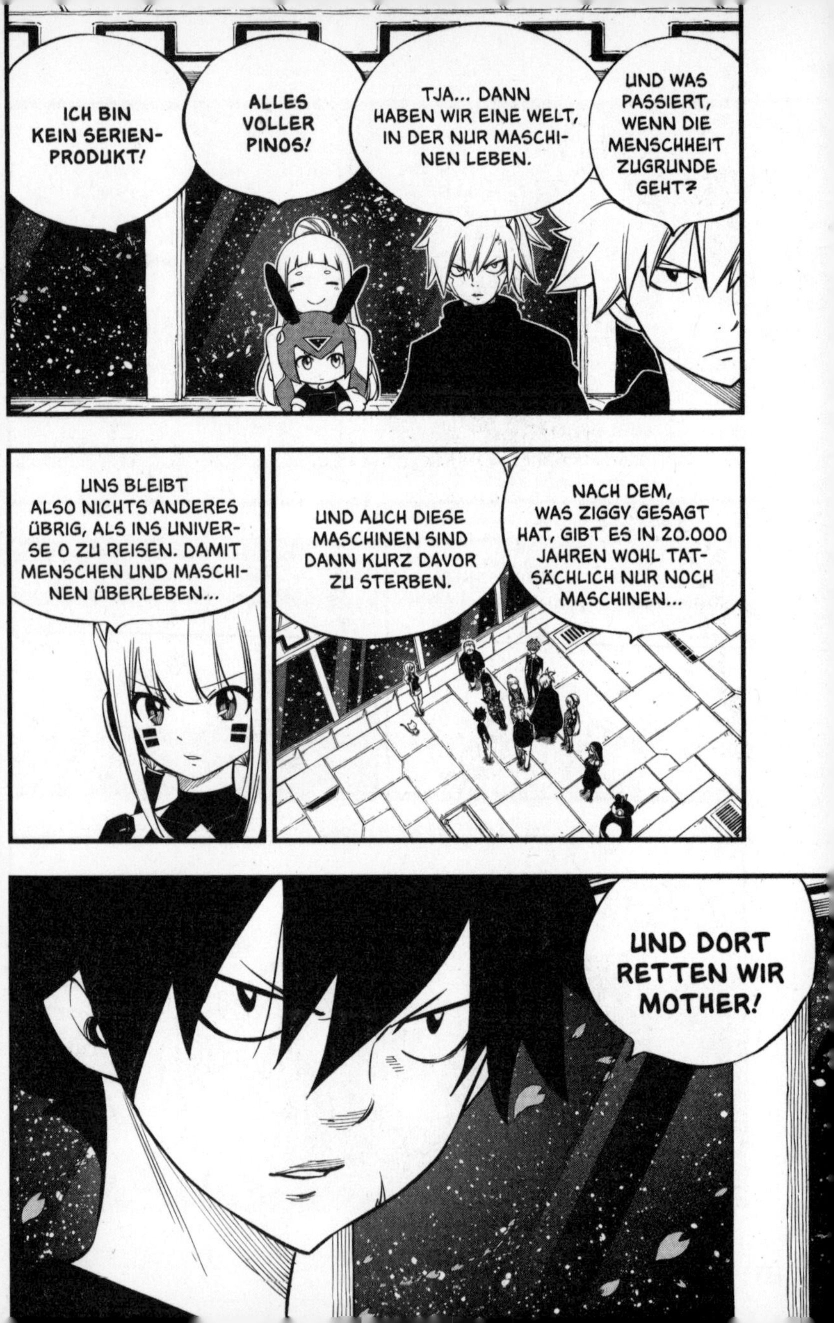

UND WAS PASSIERT, WENN DIE MENSCHHEIT ZUGRUNDE GEHT?
TJA... DANN HABEN WIR EINE WELT, IN DER NUR MASCHINEN LEBEN.
ALLES VOLLER PINOS!
ICH BIN KEIN SERIENPRODUKT!
NACH DEM, WAS ZIGGY GESAGT HAT, GIBT ES IN 20.000 JAHREN WOHL TATSÄCHLICH NUR NOCH MASCHINEN...
UND AUCH DIESE MASCHINEN SIND DANN KURZ DAVOR ZU STERBEN.
UNS BLEIBT ALSO NICHTS ANDERES ÜBRIG, ALS INS UNIVERSE 0 ZU REISEN. DAMIT MENSCHEN UND MASCHINEN ÜBERLEBEN...
UND DORT RETTEN WIR MOTHER!

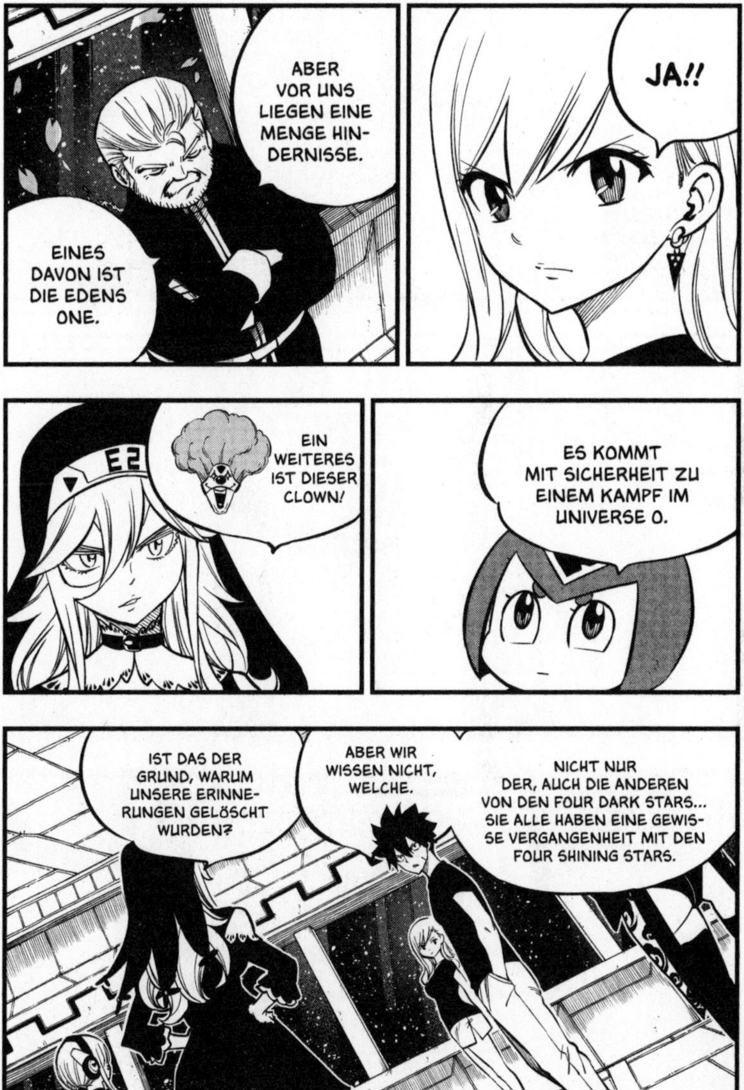
ABER VOR UNS LIEGEN EINE MENGE HINDERNISSE.
EINES DAVON IST DIE EDENS ONE.
JA!!
EIN WEITERES IST DIESER CLOWN!
ES KOMMT MIT SICHERHEIT ZU EINEM KAMPF IM UNIVERSE 0.
IST DAS DER GRUND, WARUM UNSERE ERINNERUNGEN GELÖSCHT WURDEN?
ABER WIR WISSEN NICHT, WELCHE.
NICHT NUR DER, AUCH DIE ANDEREN VON DEN FOUR DARK STARS... SIE ALLE HABEN EINE GEWISSE VERGANGENHEIT MIT DEN FOUR SHINING STARS.

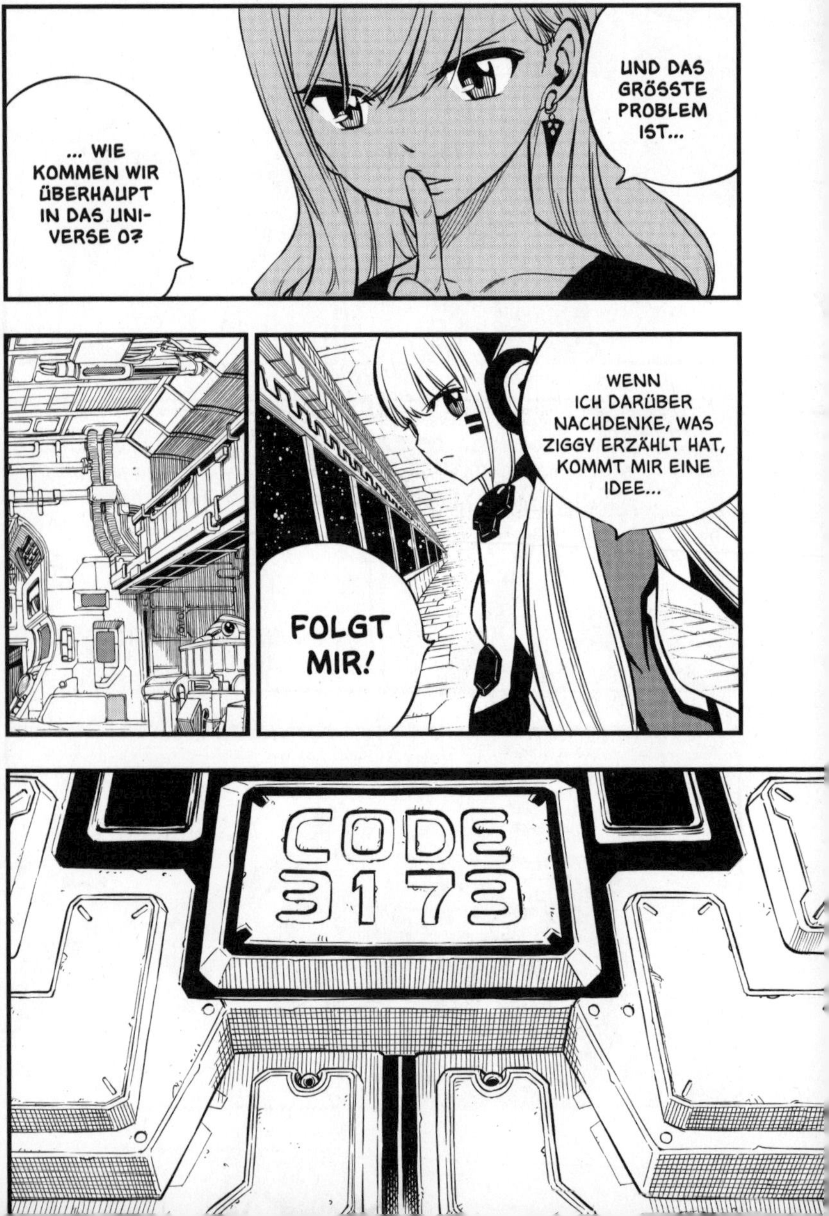

UND DAS GRÖSSTE PROBLEM IST...
... WIE KOMMEN WIR ÜBERHAUPT IN DAS UNIVERSE 0?
WENN ICH DARÜBER NACHDENKE, WAS ZIGGY ERZÄHLT HAT, KOMMT MIR EINE IDEE...
FOLGT MIR!
CODE 3173

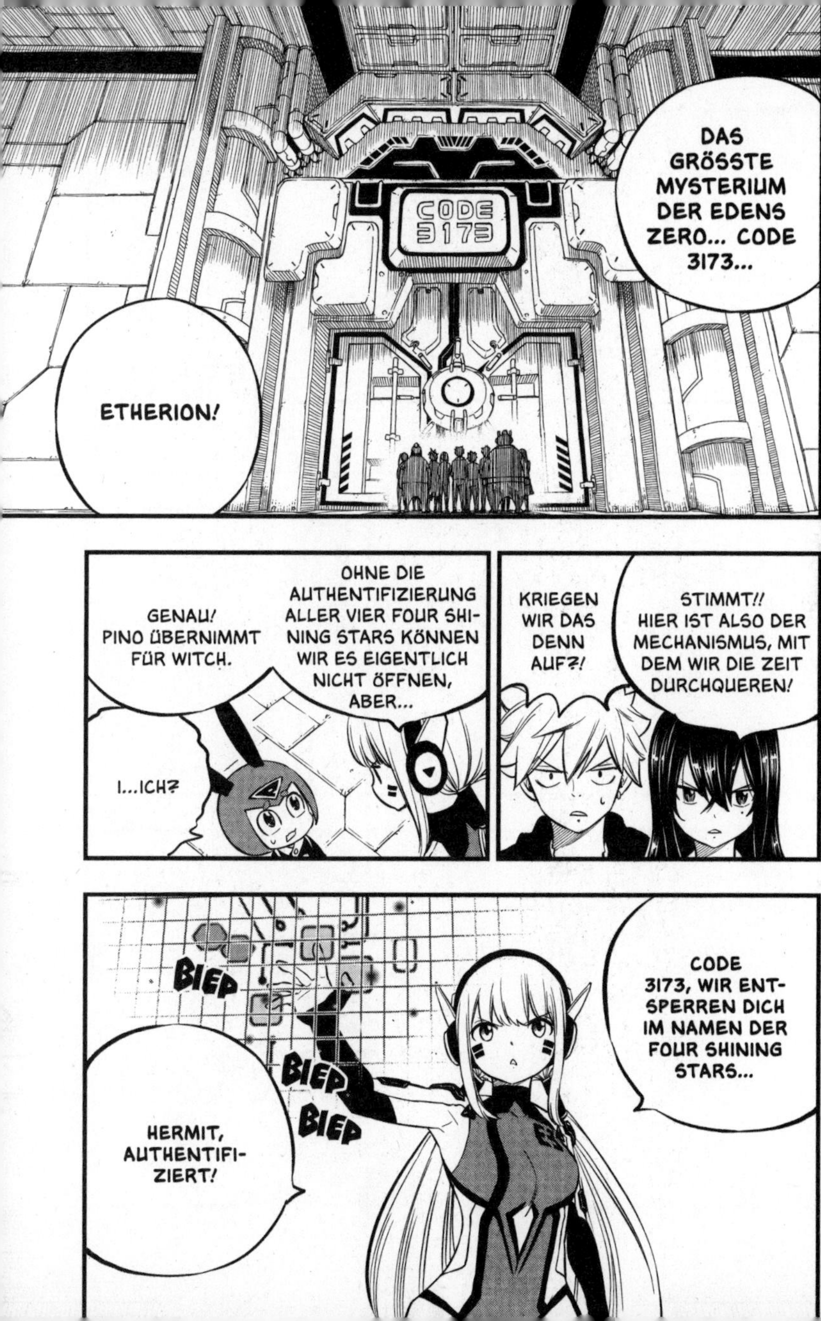
CODE 3173
DAS GRÖSSTE MYSTERIUM DER EDENS ZERO... CODE 3173...
ETHERION!
STIMMT!! HIER IST ALSO DER MECHANISMUS, MIT DEM WIR DIE ZEIT DURCHQUEREN!
KRIEGEN WIR DAS DENN AUF?!
OHNE DIE AUTHENTIFIZIERUNG ALLER VIER FOUR SHINING STARS KÖNNEN WIR ES EIGENTLICH NICHT ÖFFNEN, ABER...
GENAU! PINO ÜBERNIMMT FÜR WITCH.
I...ICH?
CODE 3173, WIR ENTSPERREN DICH IM NAMEN DER FOUR SHINING STARS...
BIEP
BIEP
BIEP
HERMIT, AUTHENTIFIZIERT!

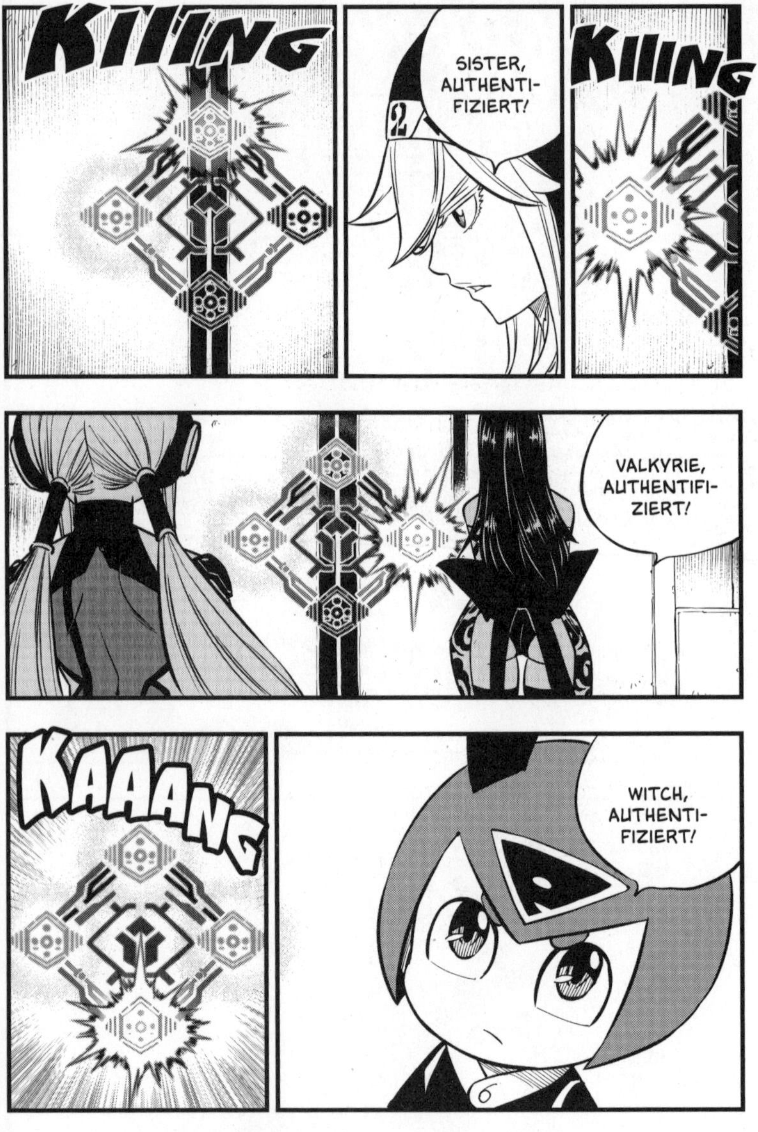
KIIING
SISTER, AUTHENTI-FIZIERT!
KIIING
VALKYRIE, AUTHENTIFI-ZIERT!
KAAANG
WITCH, AUTHENTI-FIZIERT!

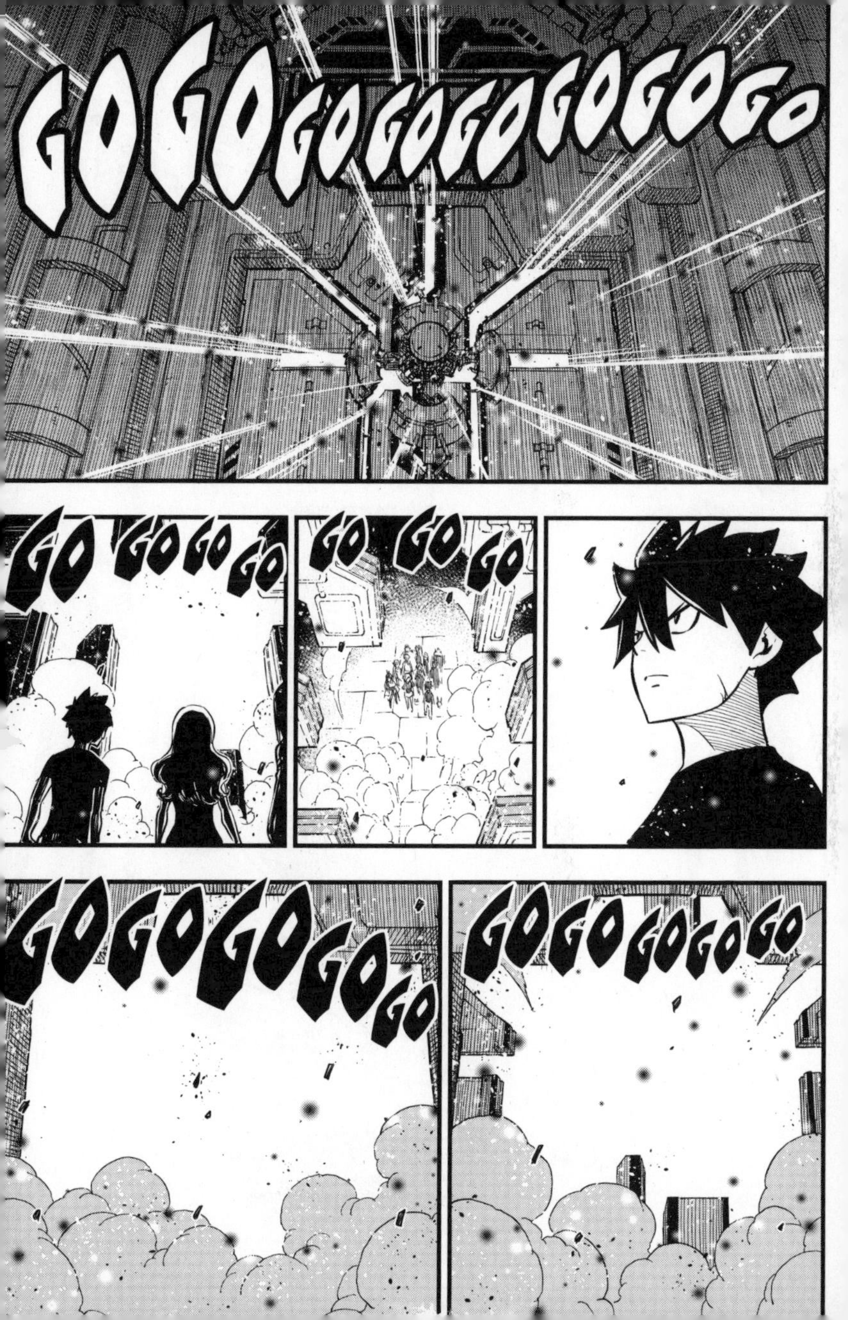

GOGOGOGOGOGOGOGO
GO GO GO
GO GO GO GO
GOGOGOGOGOGO
GOGOGOGOGOGO

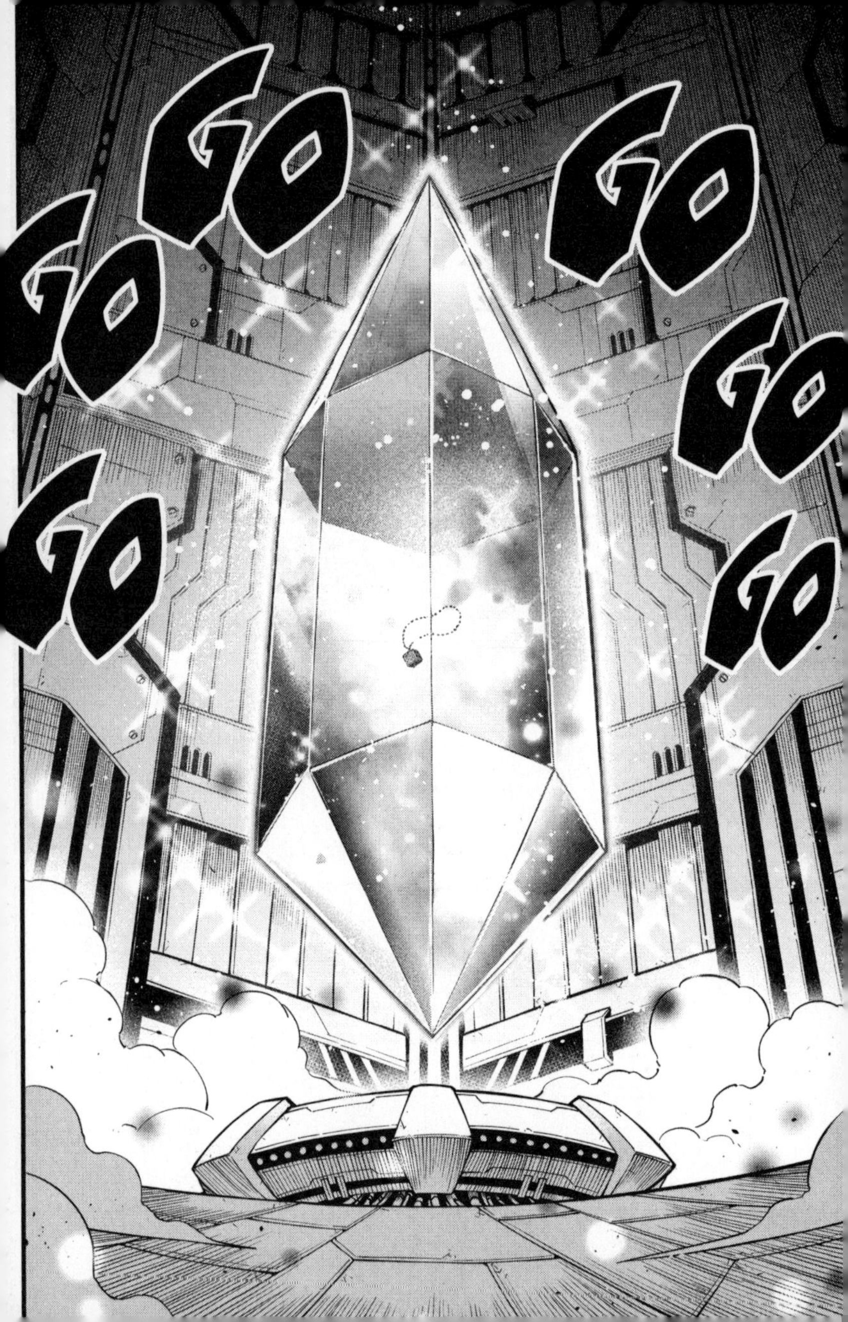

GO GO GO
GO GO GO

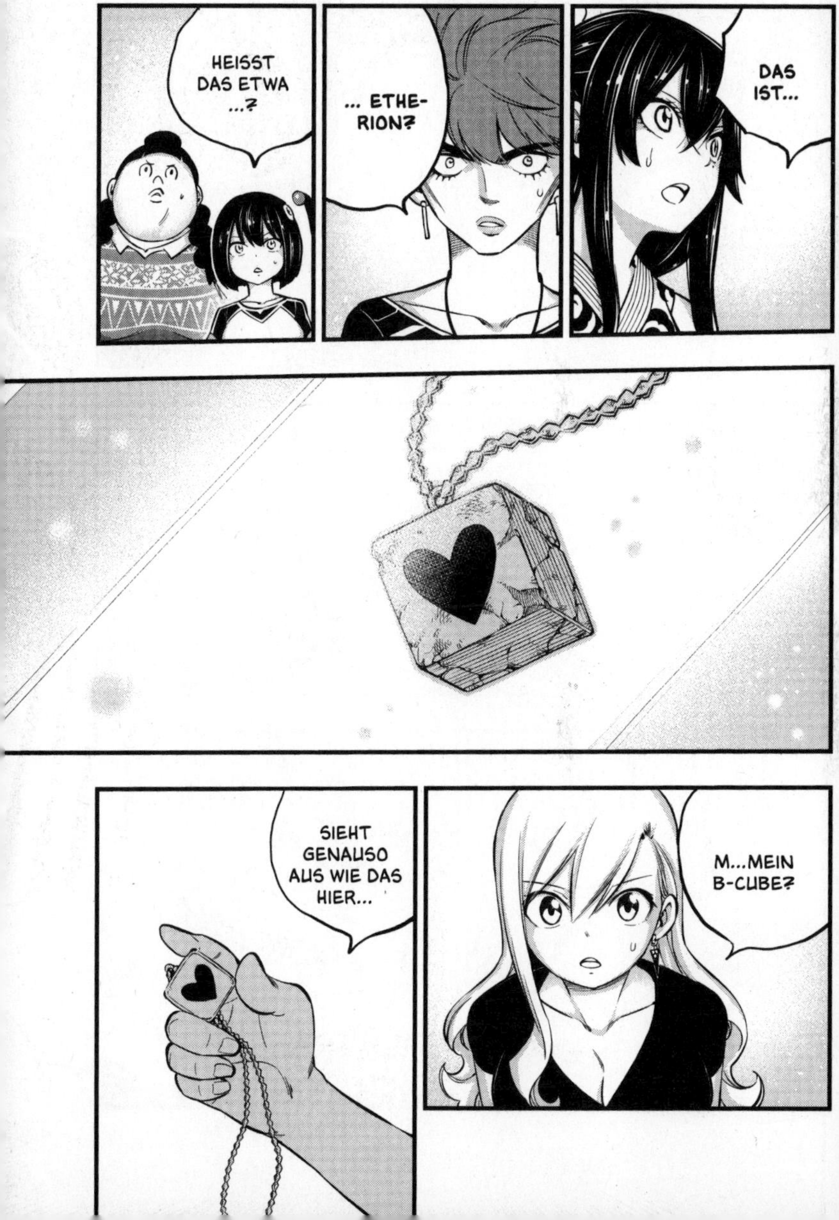
DAS IST...
... ETHERION?
HEISST DAS ETWA ...?
M...MEIN B-CUBE?
SIEHT GENAUSO AUS WIE DAS HIER...

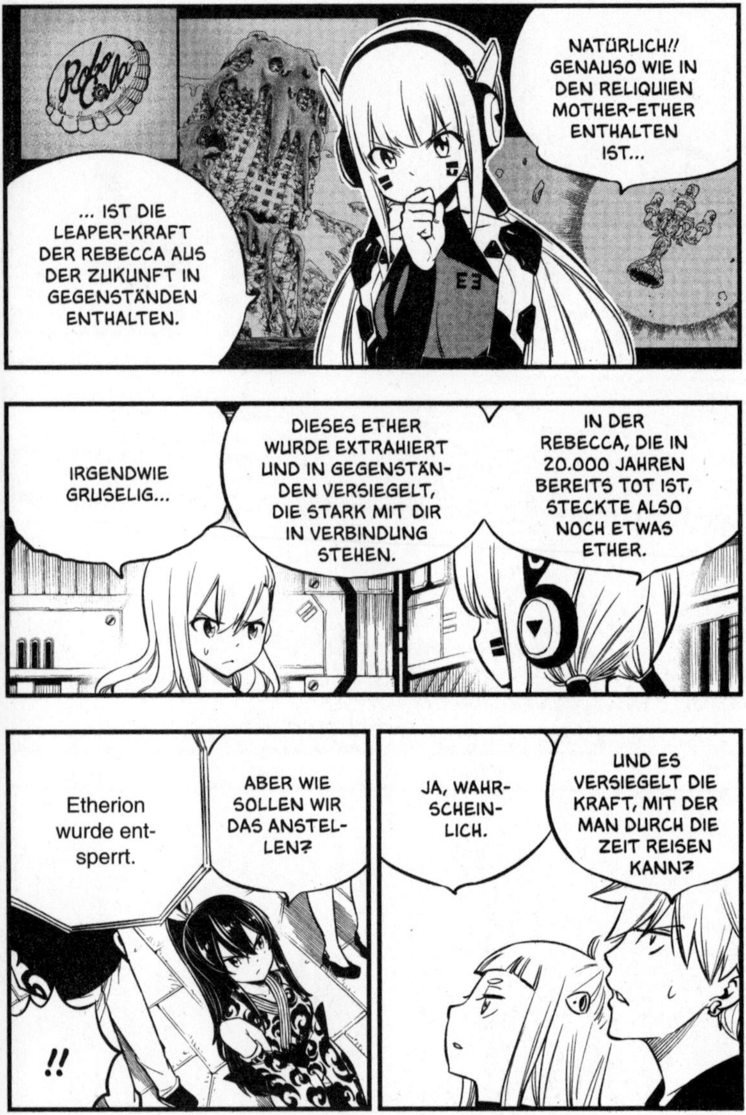
NATÜRLICH!! GENAUSO WIE IN DEN RELIQUIEN MOTHER-ETHER ENTHALTEN IST...
... IST DIE LEAPER-KRAFT DER REBECCA AUS DER ZUKUNFT IN GEGENSTÄNDEN ENTHALTEN.
IN DER REBECCA, DIE IN 20.000 JAHREN BEREITS TOT IST, STECKTE ALSO NOCH ETWAS ETHER.
DIESES ETHER WURDE EXTRAHIERT UND IN GEGENSTÄNDEN VERSIEGELT, DIE STARK MIT DIR IN VERBINDUNG STEHEN.
IRGENDWIE GRUSELIG...
UND ES VERSIEGELT DIE KRAFT, MIT DER MAN DURCH DIE ZEIT REISEN KANN?
JA, WAHRSCHEINLICH.
ABER WIE SOLLEN WIR DAS ANSTELLEN?
Etherion wurde entsperrt.
!!

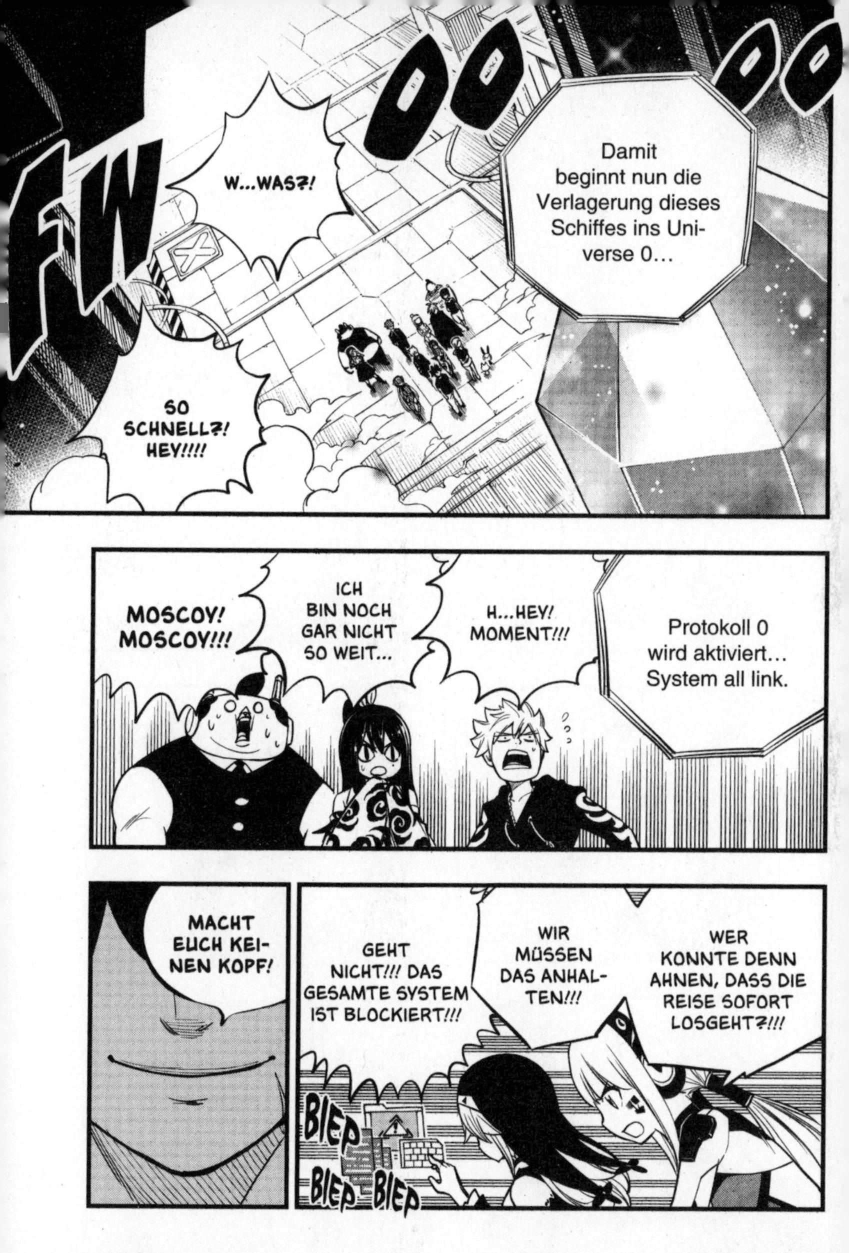
Damit beginnt nun die Verlagerung dieses Schiffes ins Universe 0…
W…WAS?!
FW
SO SCHNELL?! HEY!!!!
Protokoll 0 wird aktiviert… System all link.
H…HEY! MOMENT!!!
ICH BIN NOCH GAR NICHT SO WEIT…
MOSCOY! MOSCOY!!!
WER KONNTE DENN AHNEN, DASS DIE REISE SOFORT LOSGEHT?!!!
WIR MÜSSEN DAS ANHALTEN!!!
GEHT NICHT!!! DAS GESAMTE SYSTEM IST BLOCKIERT!!!
BIEP BIEP BIEP
MACHT EUCH KEINEN KOPF!

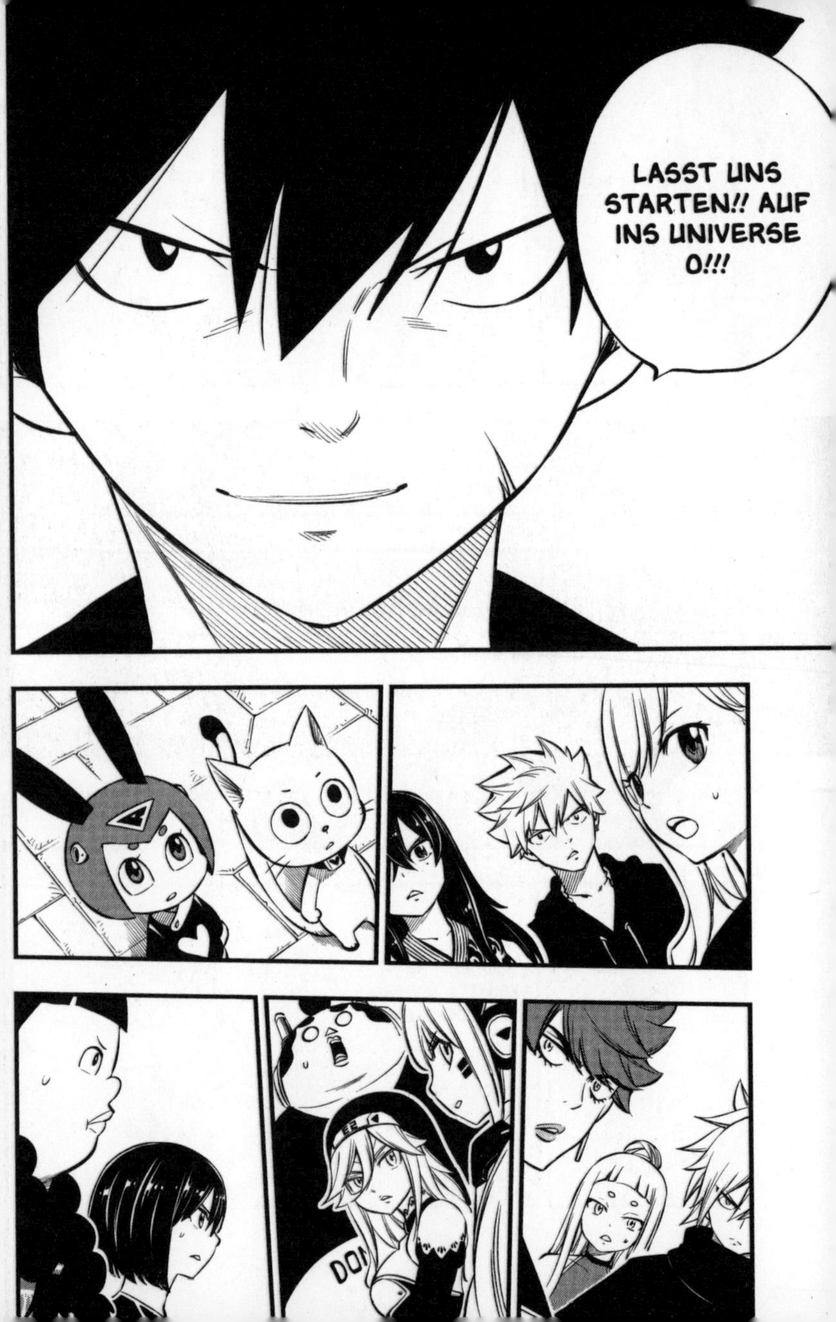
LASST UNS STARTEN!! AUF INS UNIVERSE 0!!!
DON

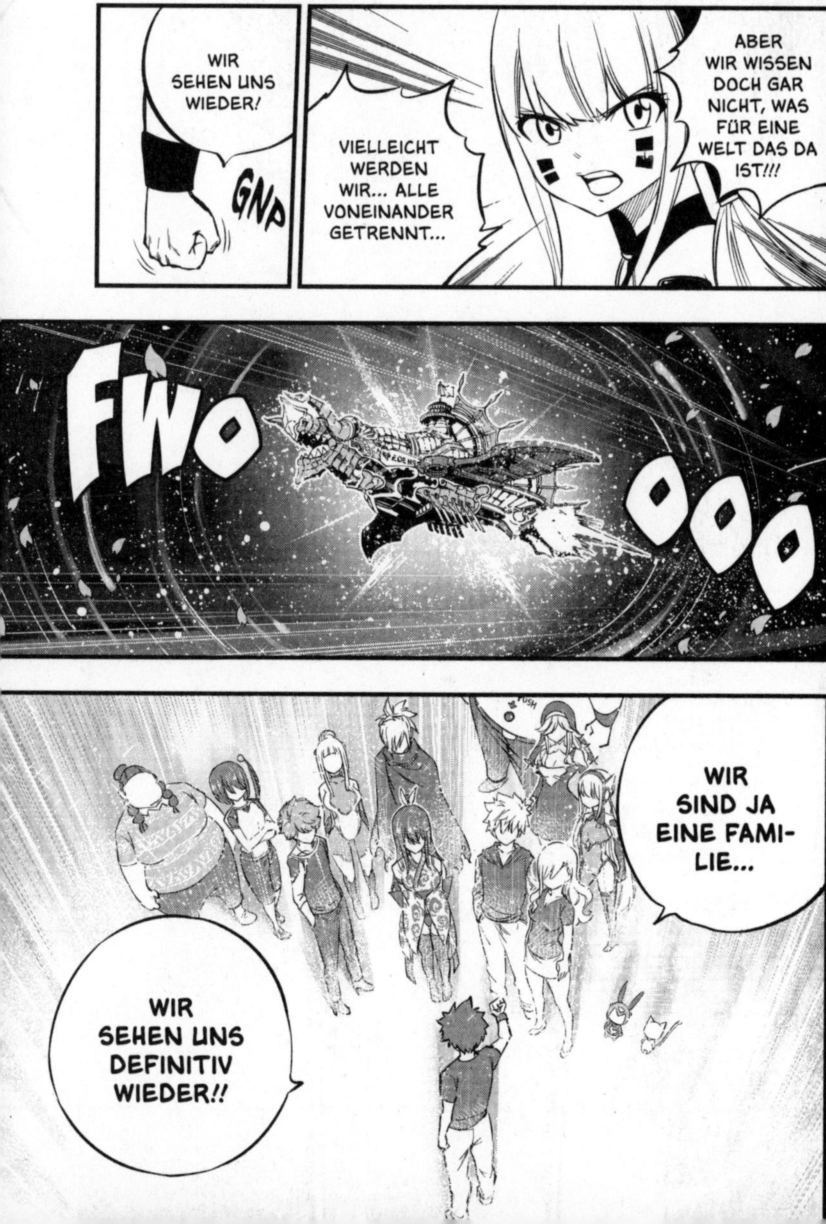
ABER WIR WISSEN DOCH GAR NICHT, WAS FÜR EINE WELT DAS DA IST!!!
VIELLEICHT WERDEN WIR... ALLE VONEINANDER GETRENNT...
WIR SEHEN UNS WIEDER!
GNP
FWOOOO
WIR SIND JA EINE FAMI-LIE...
WIR SEHEN UNS DEFINITIV WIEDER!!

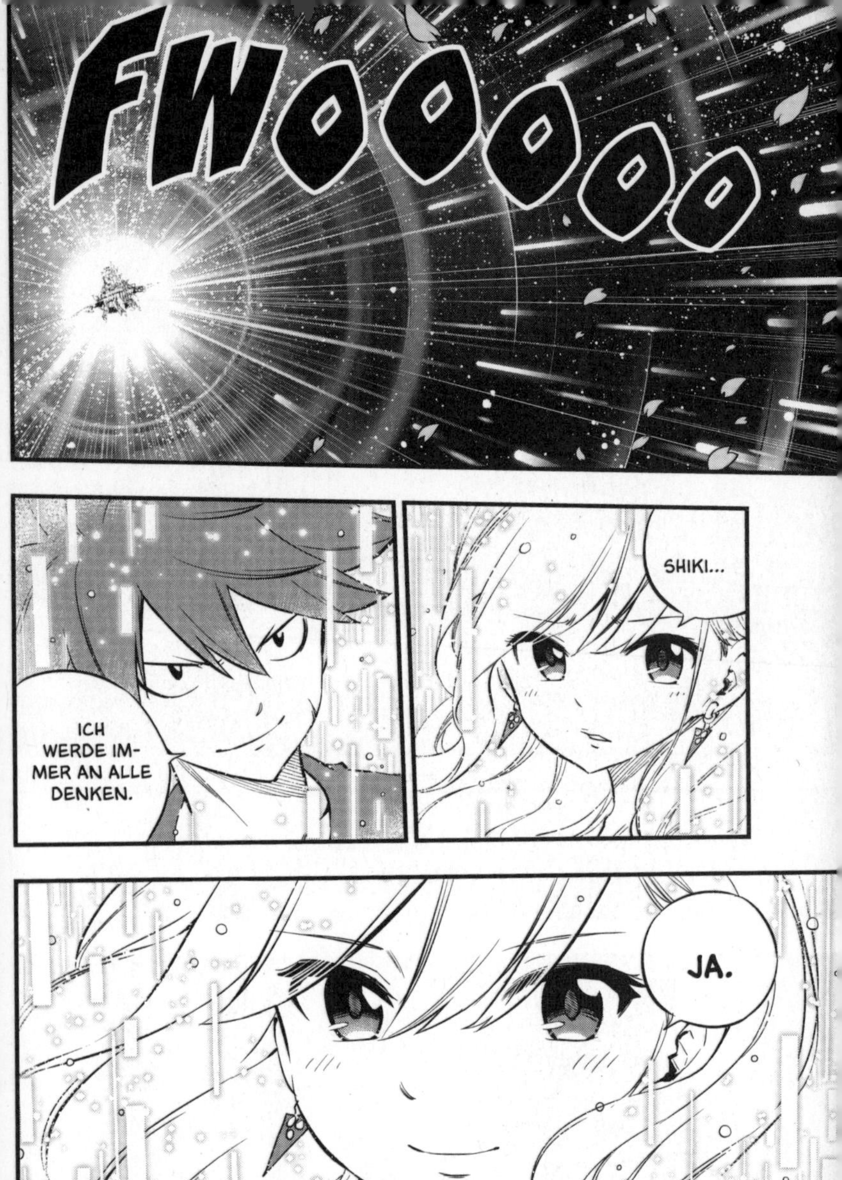
FWOOOOOO
SHIKI...
ICH WERDE IMMER AN ALLE DENKEN.
JA.

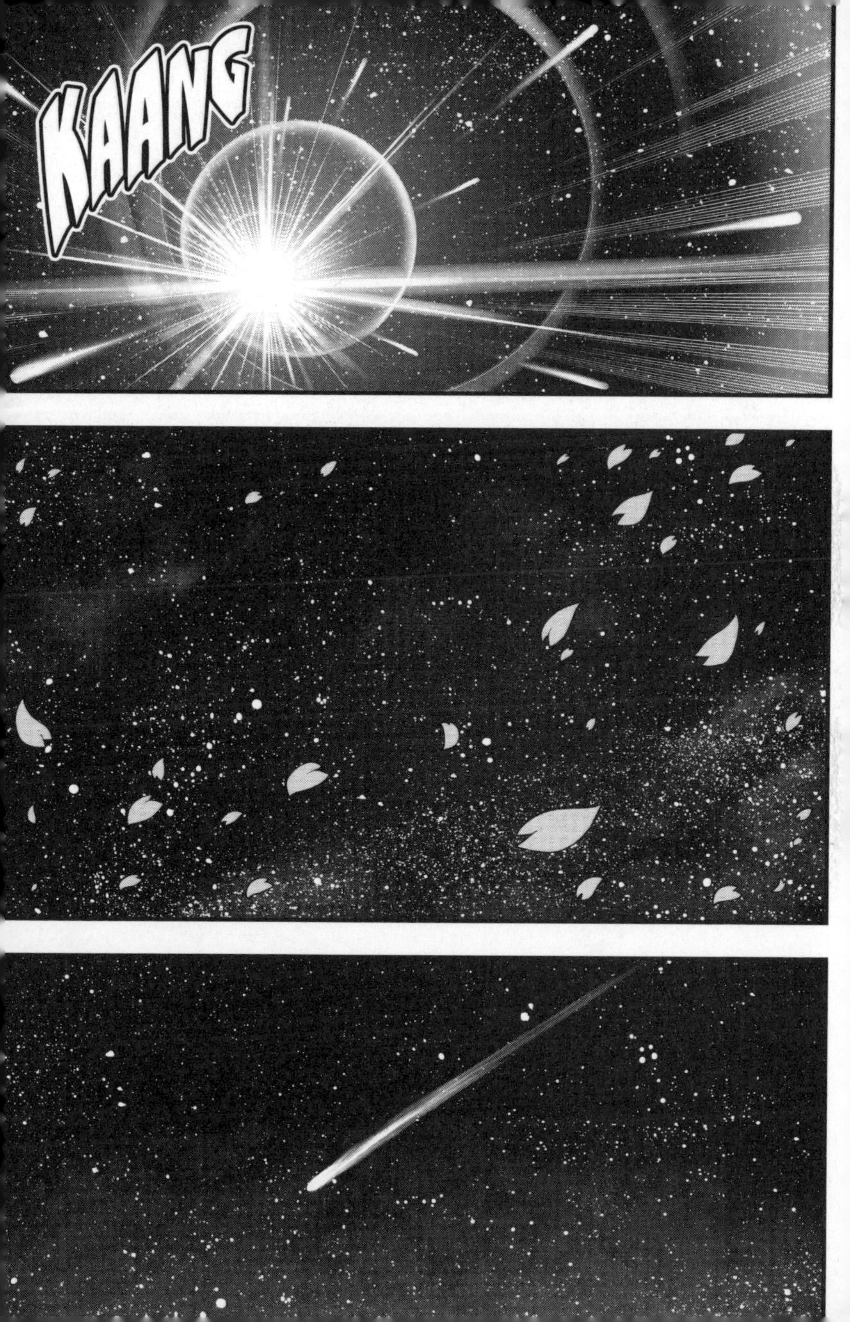
KAANG

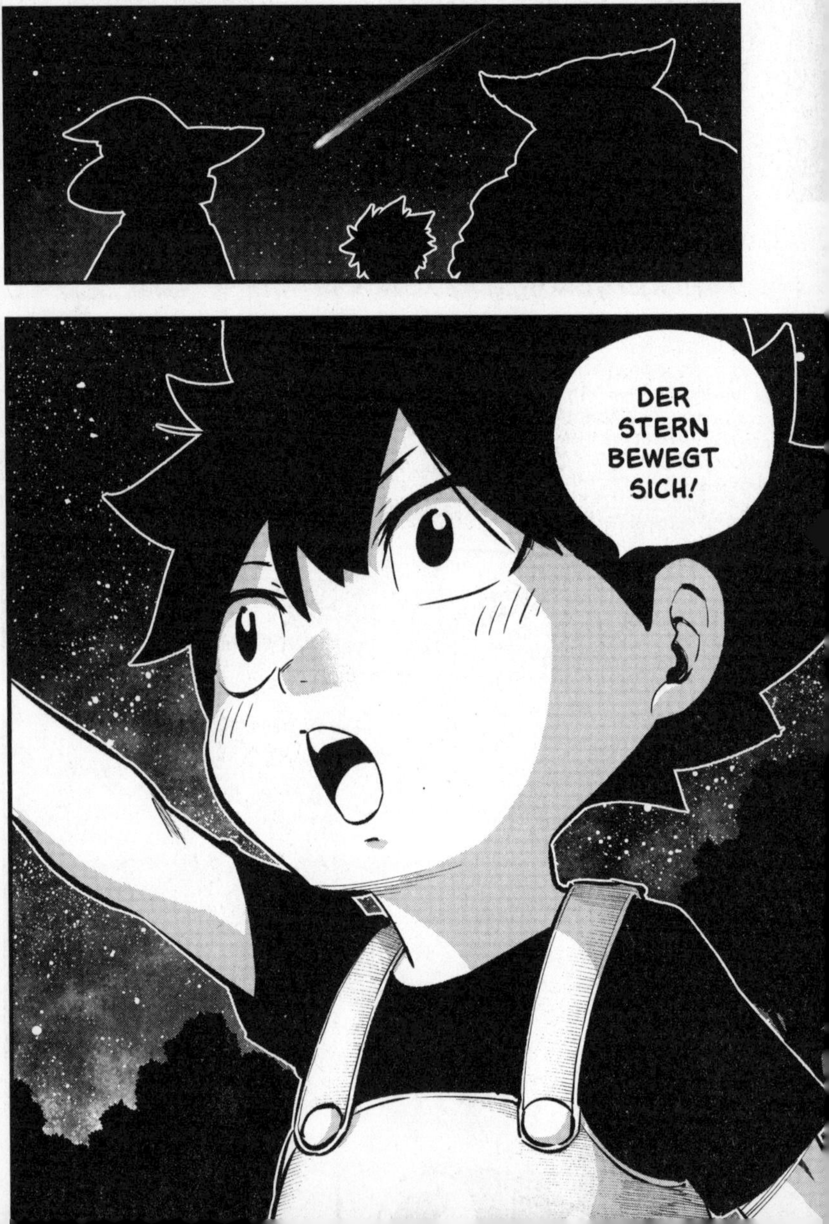
DER STERN BEWEGT SICH!

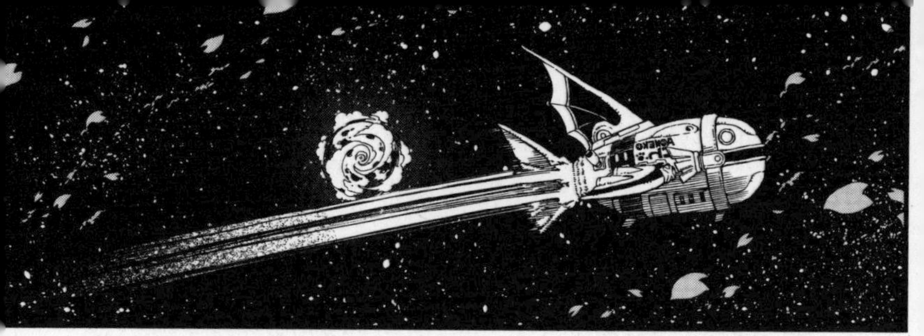

KAPITEL 221: AUF IN DIE ZEIT, IN DER DIE KIRSCHBLÜTEN AM HIMMEL TANZEN

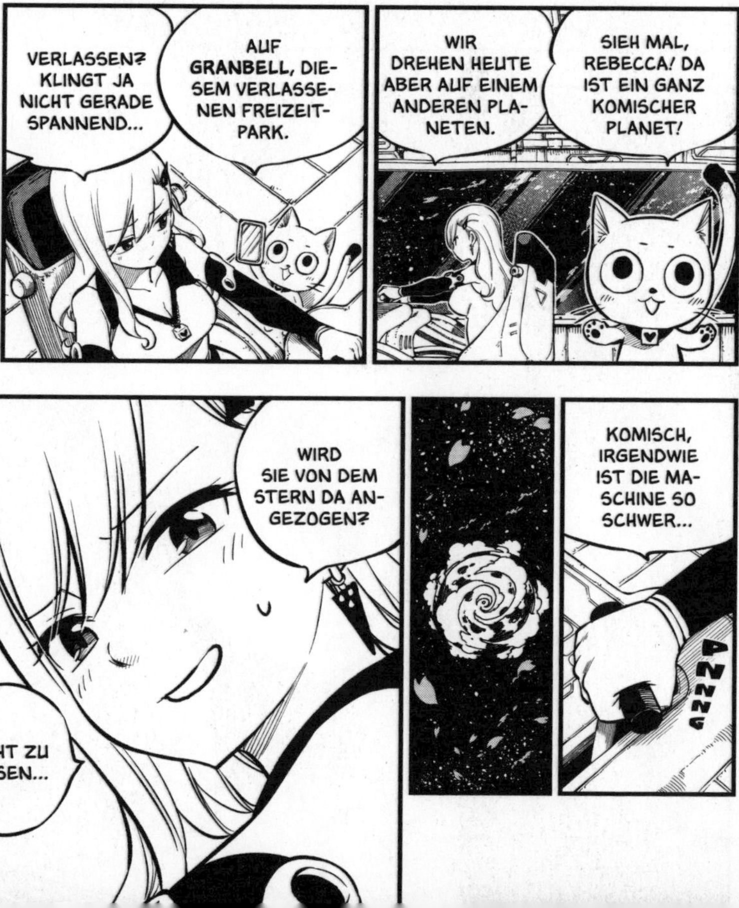

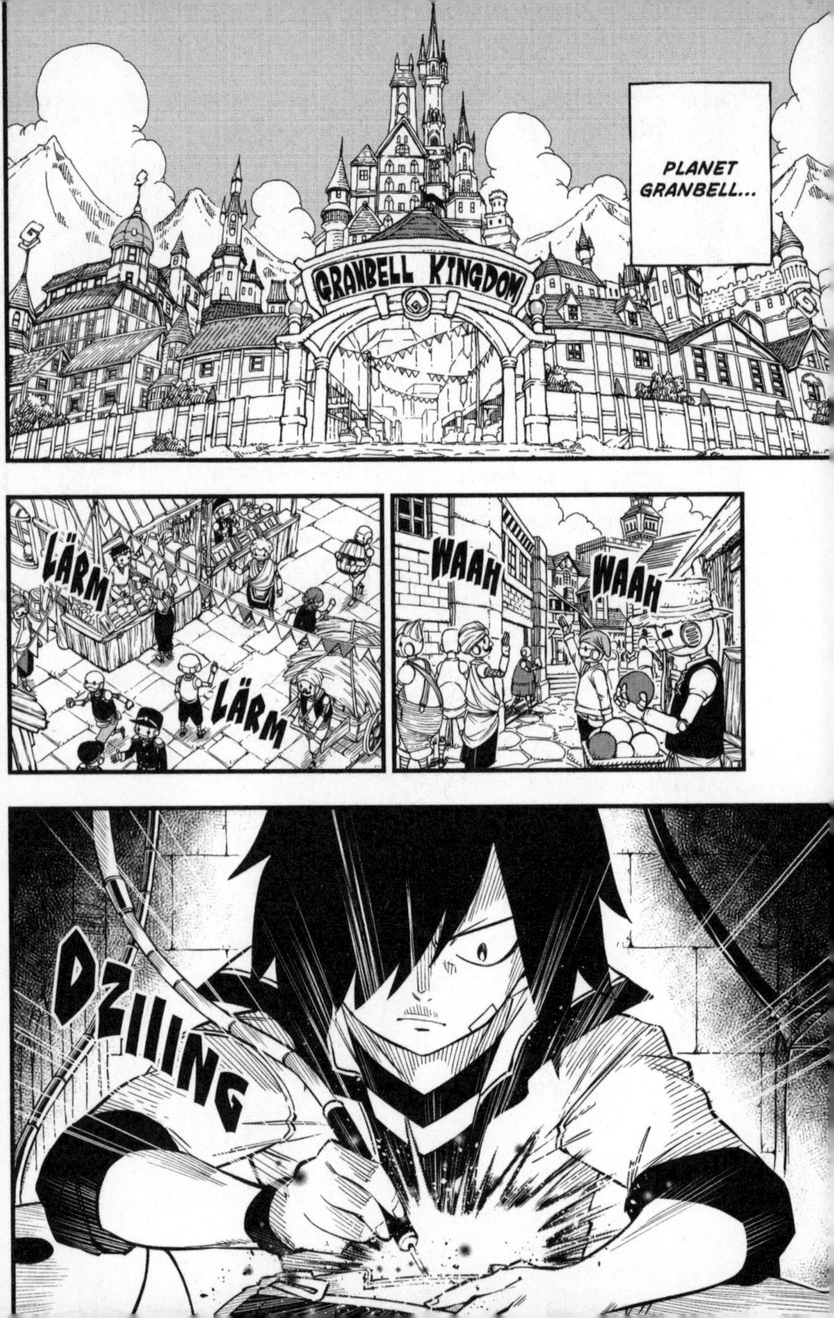
PLANET GRANBELL...
GRANBELL KINGDOM
LÄRM
LÄRM
WAAH
WAAH
DZIIING

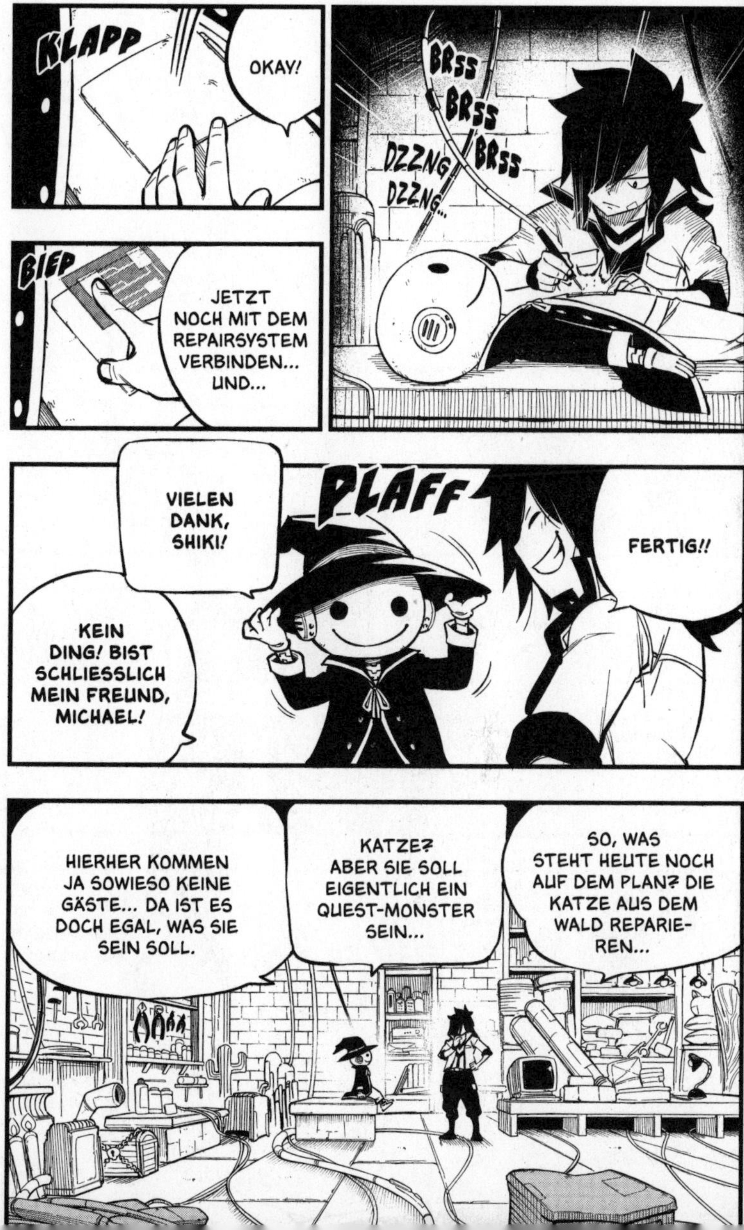
BRSS
BRSS
BRSS
DZZNG
DZZNG...
KLAPP
OKAY!
BIEP
JETZT NOCH MIT DEM REPAIRSYSTEM VERBINDEN... UND...
FERTIG!!
PLAFF
VIELEN DANK, SHIKI!
KEIN DING! BIST SCHLIESSLICH MEIN FREUND, MICHAEL!
SO, WAS STEHT HEUTE NOCH AUF DEM PLAN? DIE KATZE AUS DEM WALD REPARIEREN...
KATZE? ABER SIE SOLL EIGENTLICH EIN QUEST-MONSTER SEIN...
HIERHER KOMMEN JA SOWIESO KEINE GÄSTE... DA IST ES DOCH EGAL, WAS SIE SEIN SOLL.

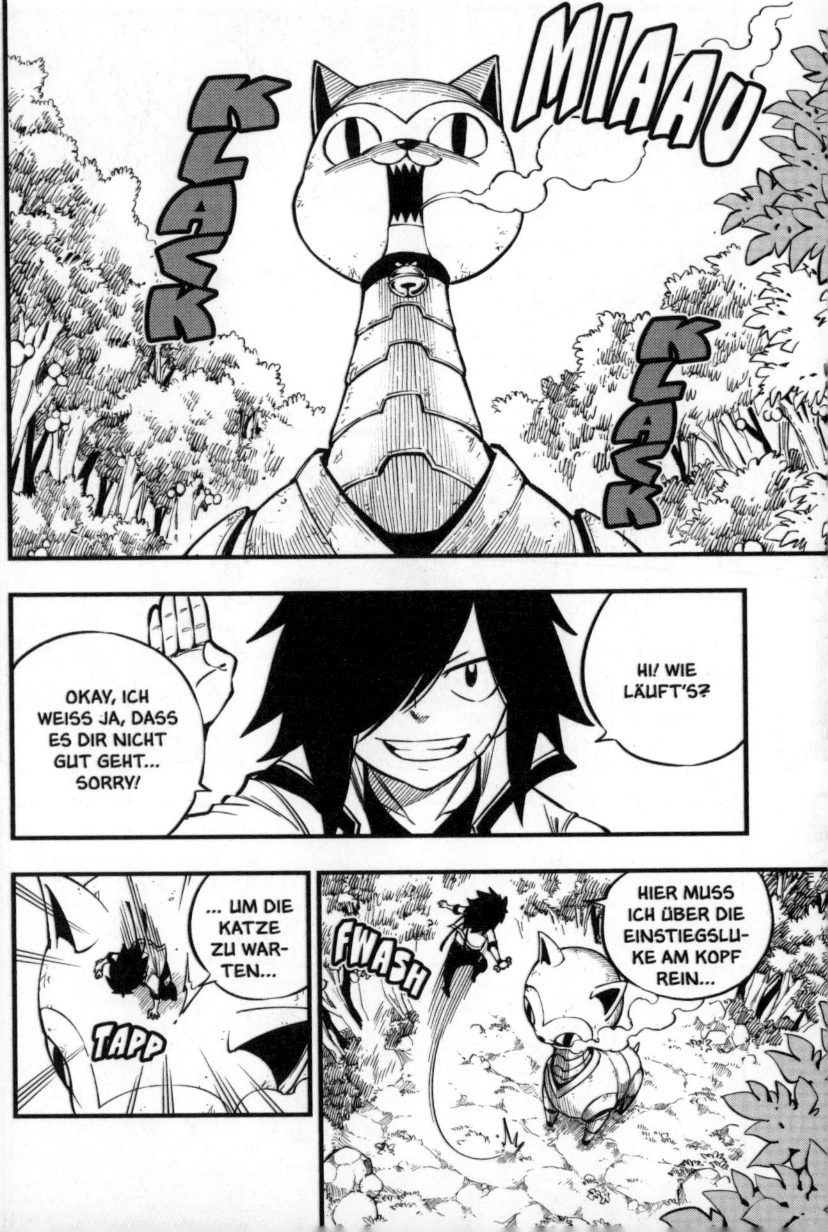
MIAAU
KLACK
KLACK
HI! WIE LÄUFT'S?
OKAY, ICH WEISS JA, DASS ES DIR NICHT GUT GEHT... SORRY!
HIER MUSS ICH ÜBER DIE EINSTIEGSLUKE AM KOPF REIN...
FWASH
... UM DIE KATZE ZU WARTEN...
TAPP

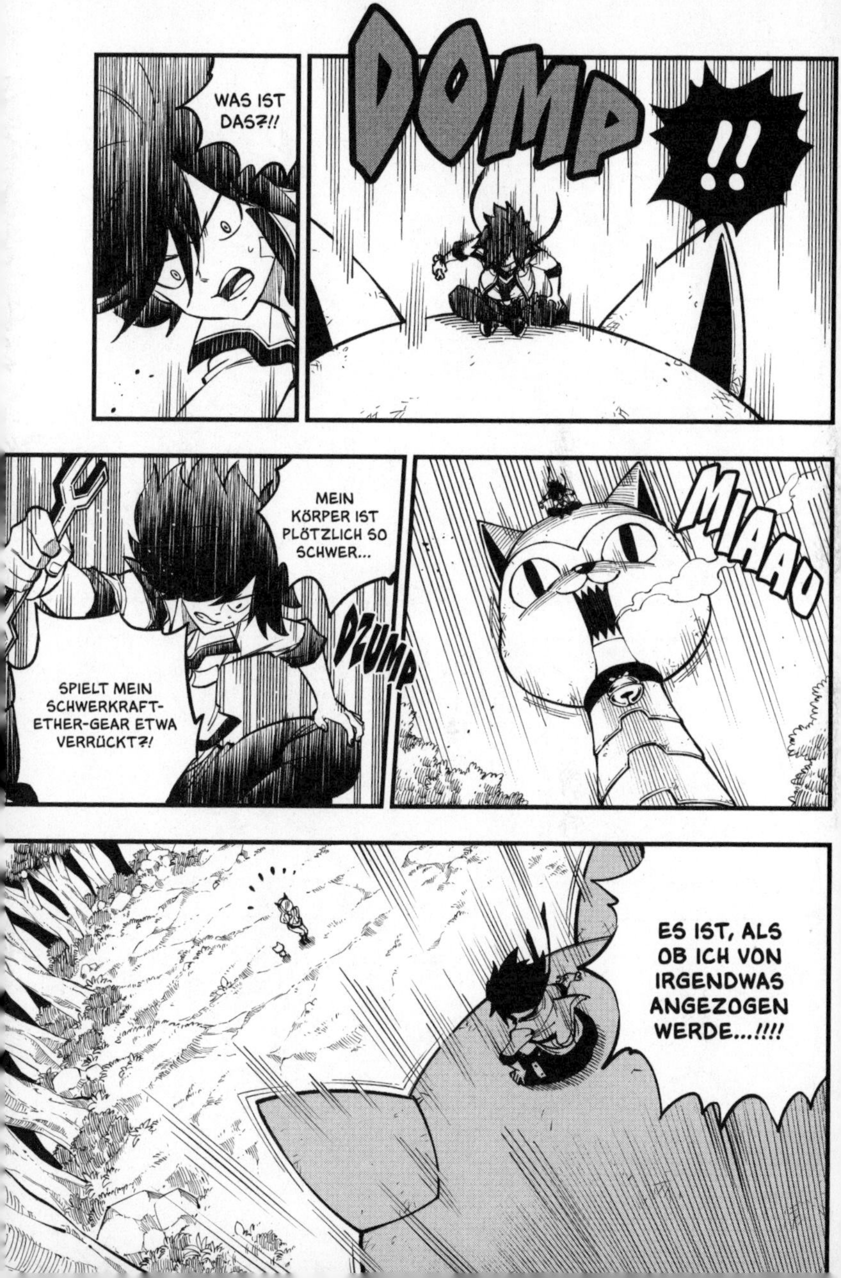
DOMP
!!
WAS IST DAS?!!
MIAAU
MEIN KÖRPER IST PLÖTZLICH SO SCHWER...
DZUMP
SPIELT MEIN SCHWERKRAFT-ETHER-GEAR ETWA VERRÜCKT?!
ES IST, ALS OB ICH VON IRGENDWAS ANGEZOGEN WERDE...!!!!

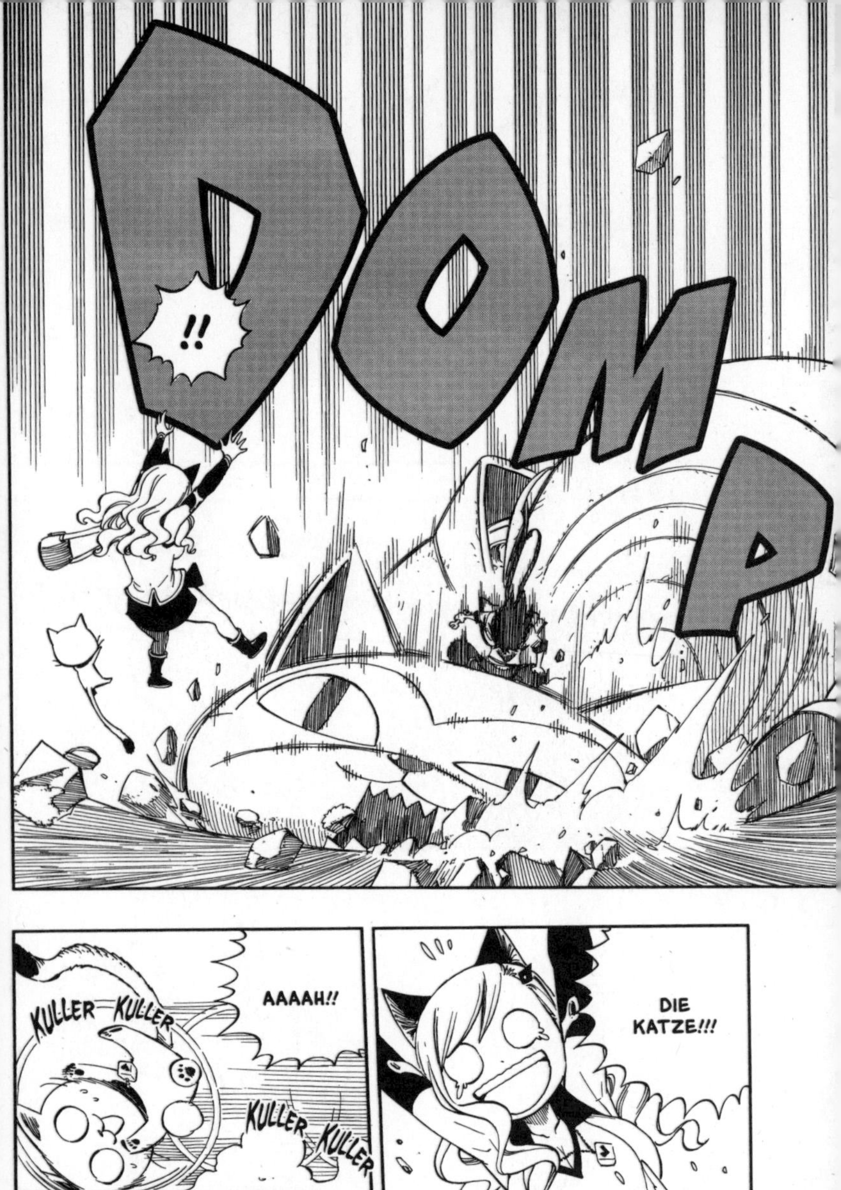
DOMP
!!
AAAAH!!
KULLER KULLER
KULLER KULLER
DIE KATZE!!!

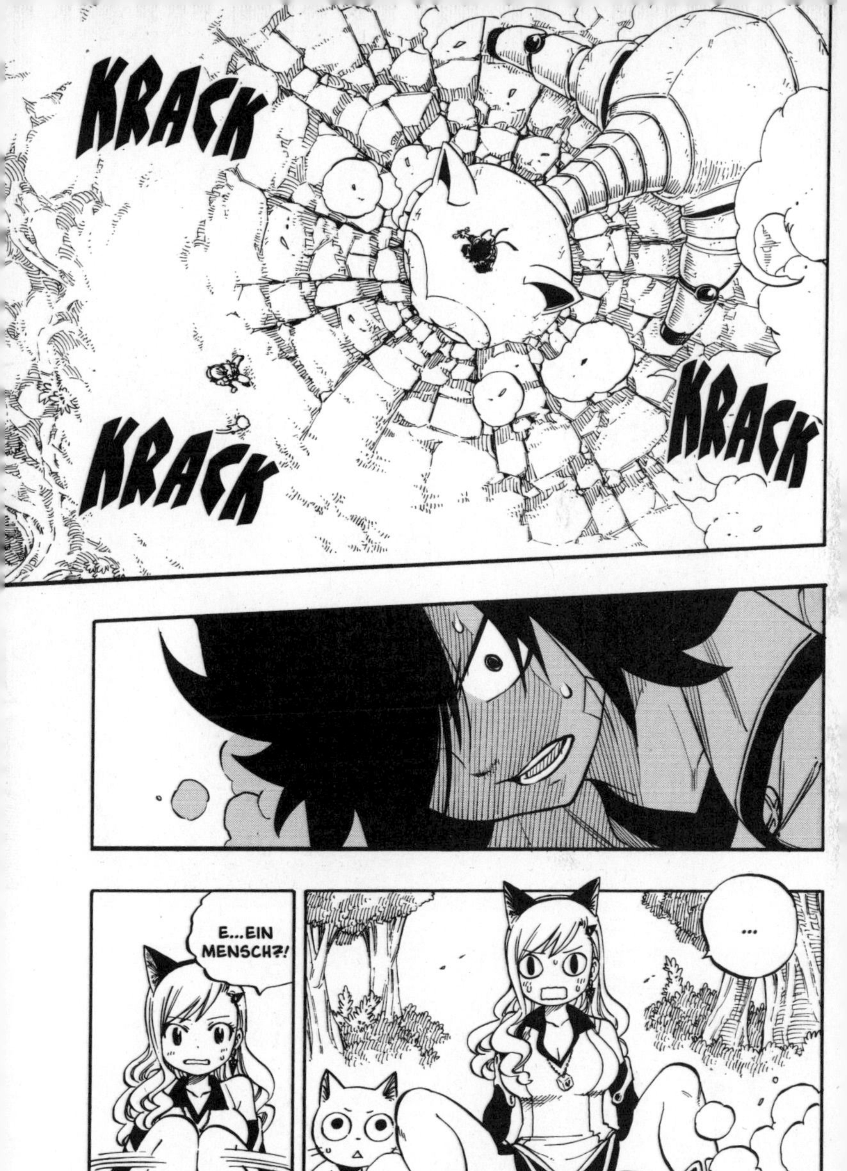
KRACK
KRACK
KRACK
...
E...EIN MENSCH?!

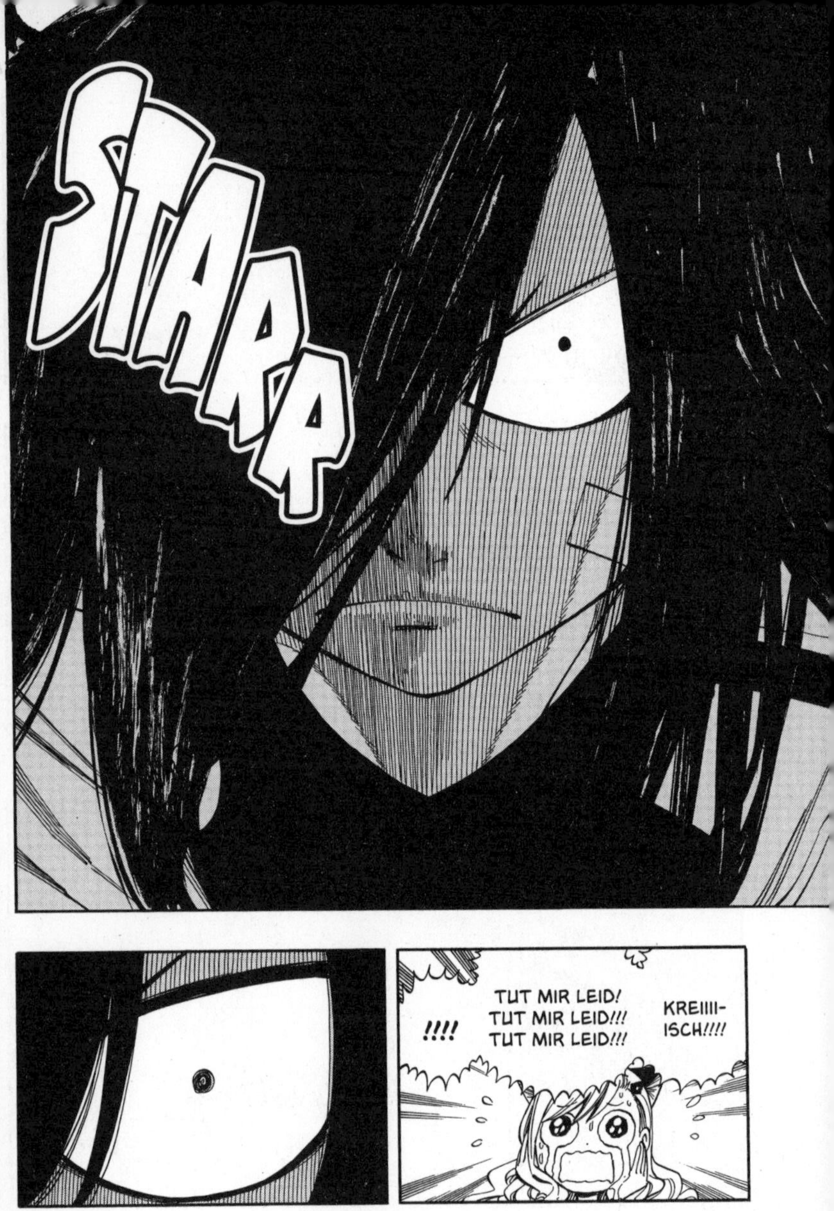
STARR
!!!!
TUT MIR LEID! TUT MIR LEID!!! TUT MIR LEID!!!
KREIIII-ISCH!!!!

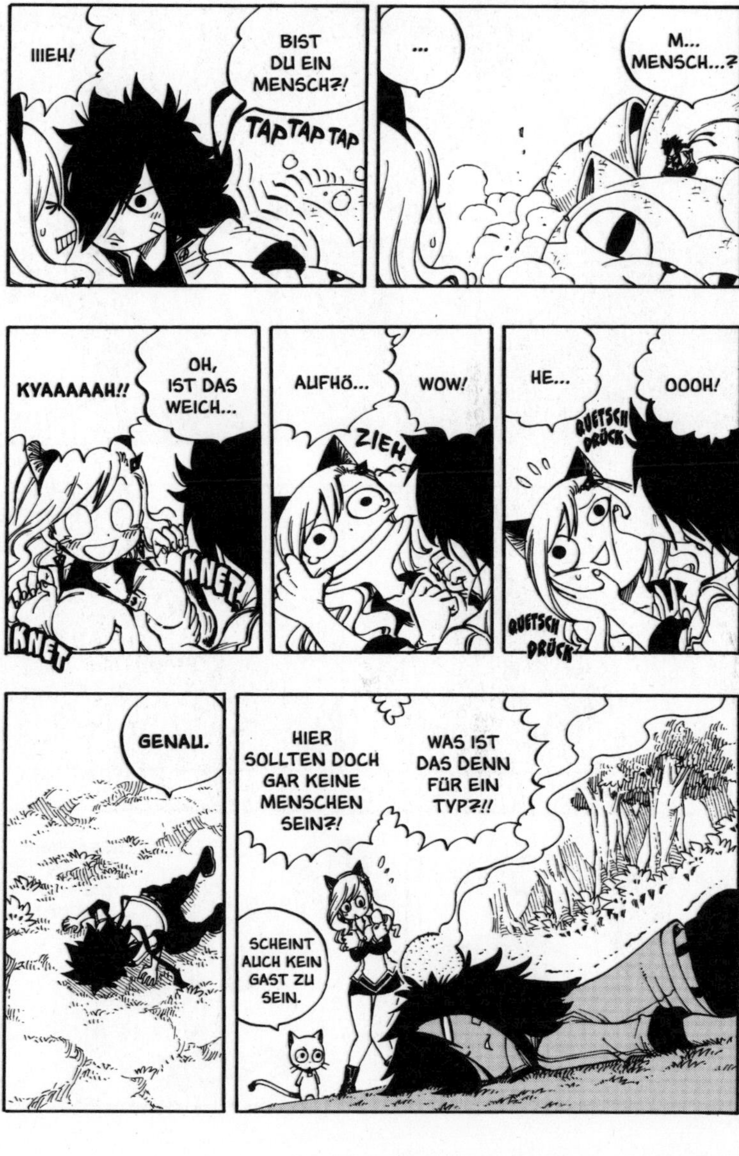
IIIEH!
BIST DU EIN MENSCH?!
TAPTAPTAP
...
M... MENSCH...?
KYAAAAAH!!
OH, IST DAS WEICH...
KNET
KNET
AUFHÖ...
WOW!
ZIEH
HE...
OOOH!
QUETSCH DRÜCK
QUETSCH DRÜCK
GENAU.
HIER SOLLTEN DOCH GAR KEINE MENSCHEN SEIN?!
WAS IST DAS DENN FÜR EIN TYP?!!
SCHEINT AUCH KEIN GAST ZU SEIN.

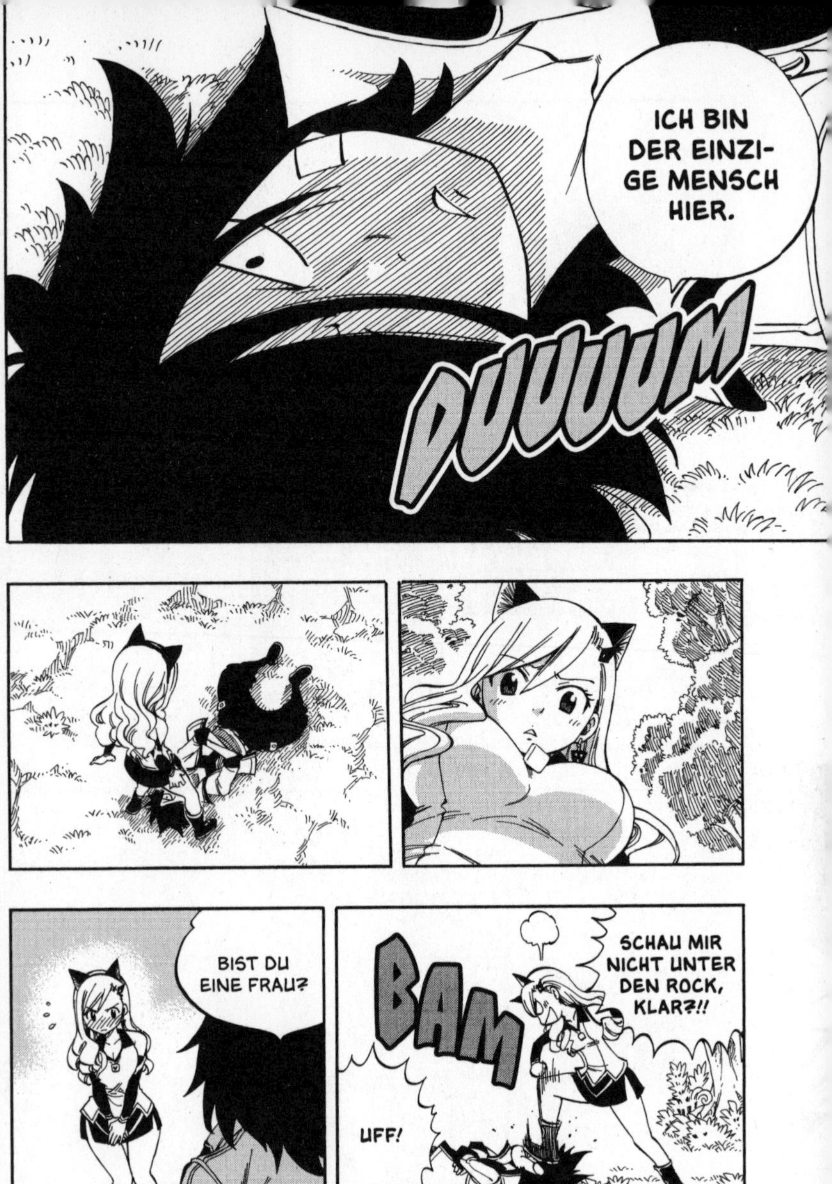
ICH BIN DER EINZIGE MENSCH HIER.
DUUUUUM
BIST DU EINE FRAU?
SCHAU MIR NICHT UNTER DEN ROCK, KLAR?!!
BAM
UFF!

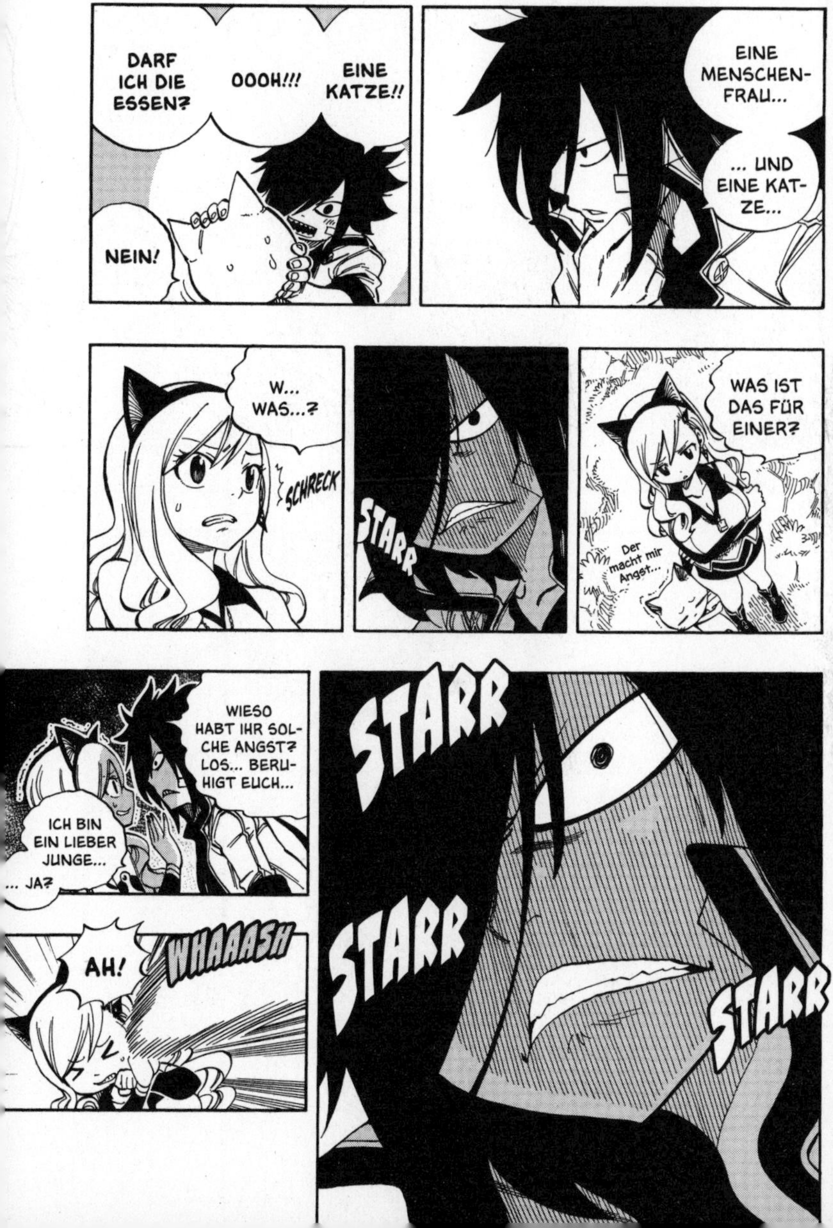
EINE MENSCHEN-FRAU...
... UND EINE KAT-ZE...
EINE KATZE!!
OOOH!!!
DARF ICH DIE ESSEN?
NEIN!
WAS IST DAS FÜR EINER?
Der macht mir Angst...
STARR
W... WAS...?
SCHRECK
STARR
STARR
STARR
WIESO HABT IHR SOL-CHE ANGST? LOS... BERU-HIGT EUCH...
ICH BIN EIN LIEBER JUNGE...
... JA?
WHAAASH
AH!

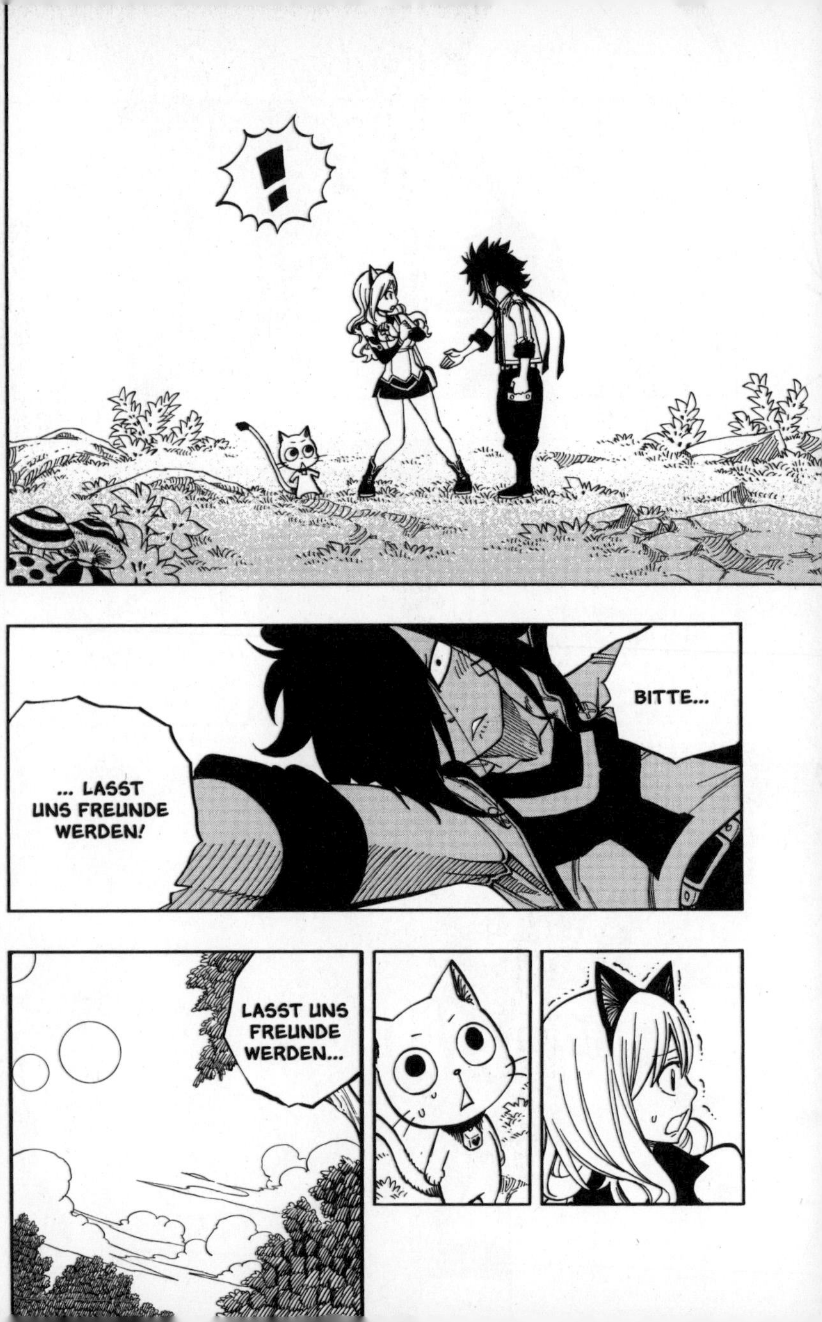
!
BITTE...
... LASST UNS FREUNDE WERDEN!
LASST UNS FREUNDE WERDEN...

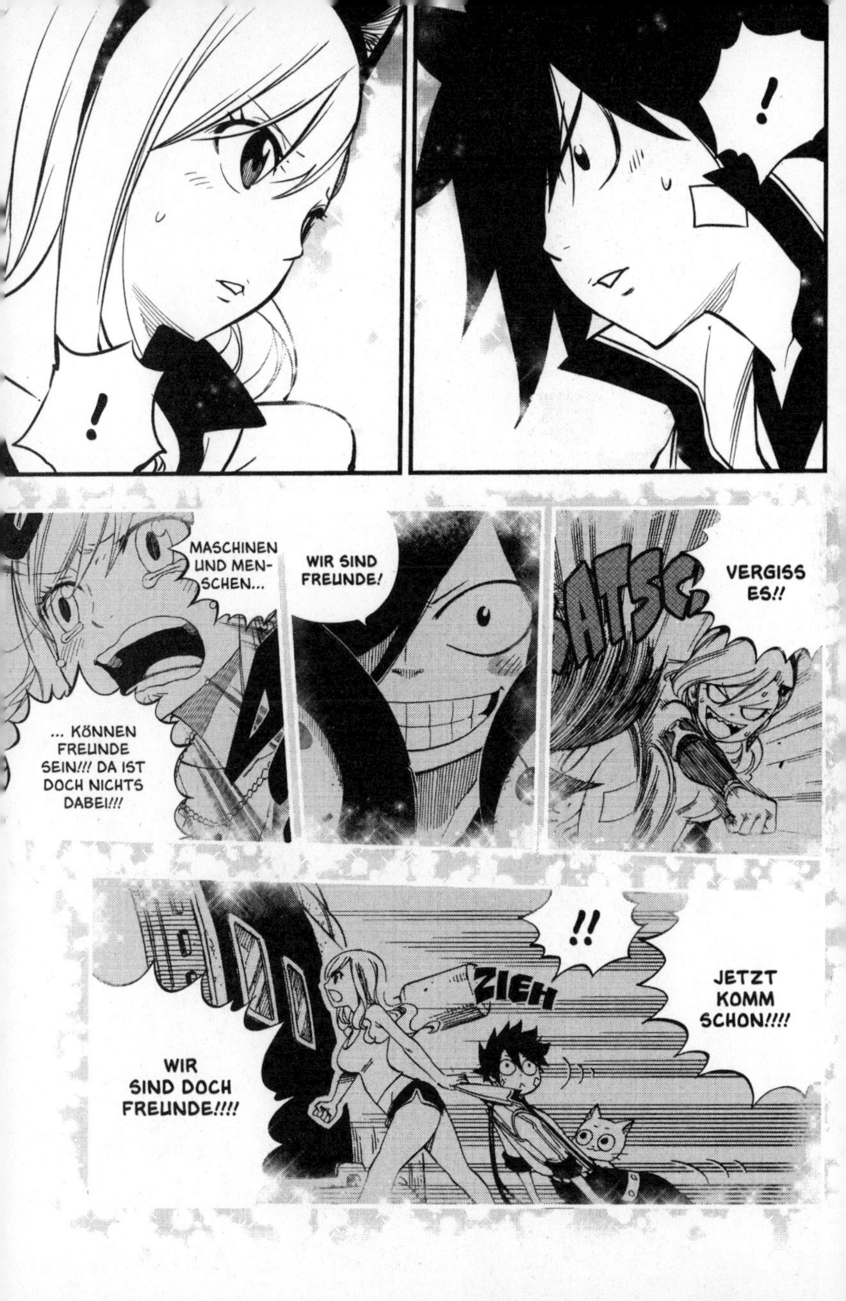
!
!
VERGISS ES!!
WIR SIND FREUNDE!
MASCHINEN UND MENSCHEN...
... KÖNNEN FREUNDE SEIN!!! DA IST DOCH NICHTS DABEI!!!
!!
ZIEH
JETZT KOMM SCHON!!!!
WIR SIND DOCH FREUNDE!!!!

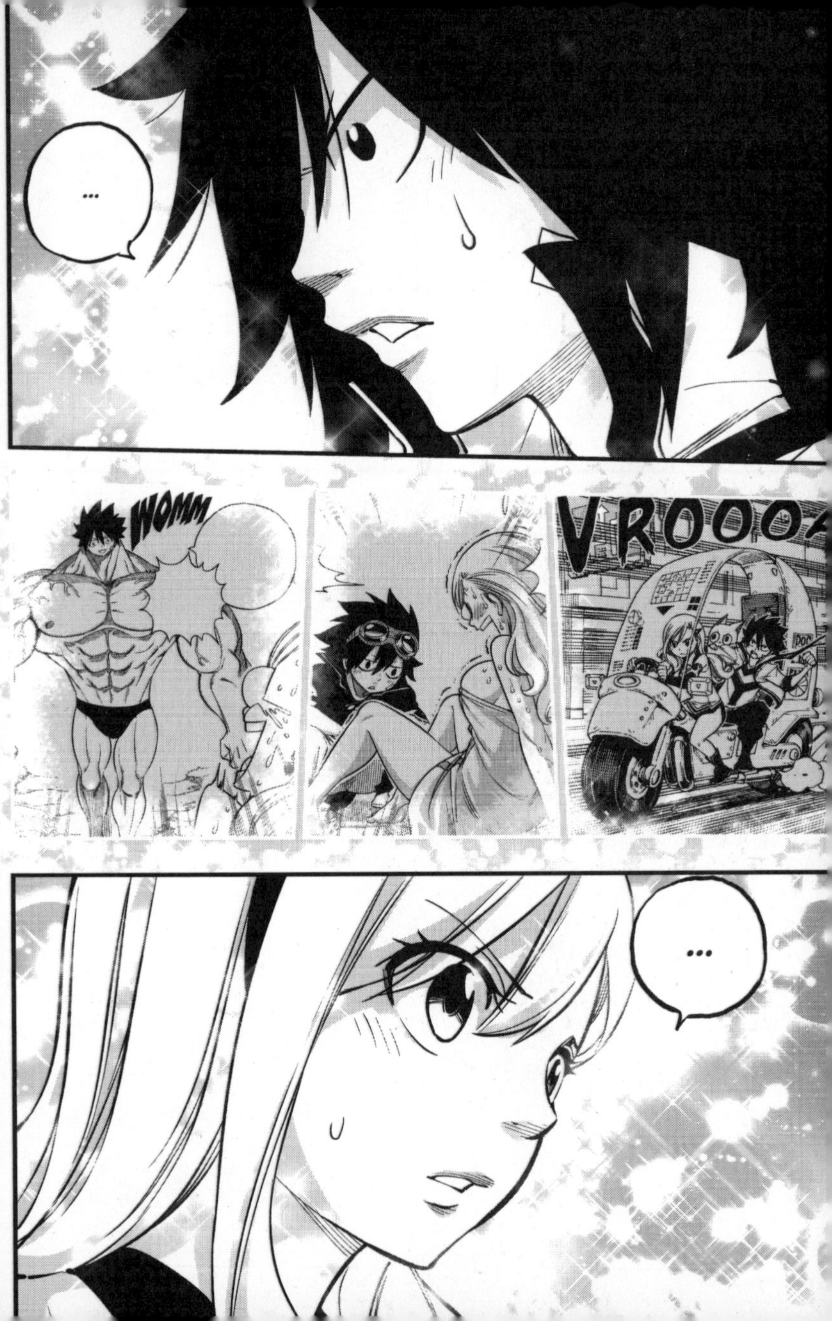
...
VROOO
WOMM
...

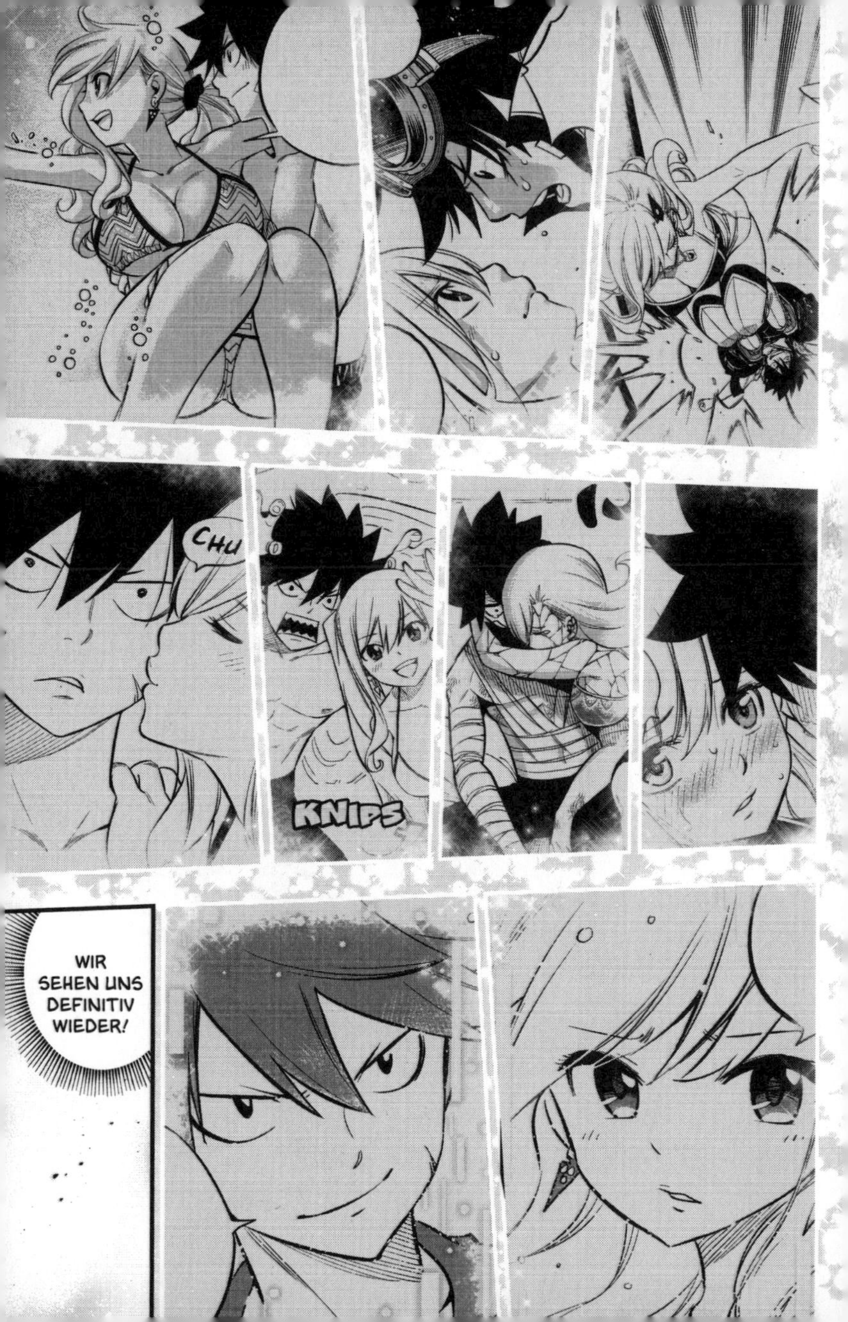
CHU
KNIPS
WIR SEHEN UNS DEFINITIV WIEDER!

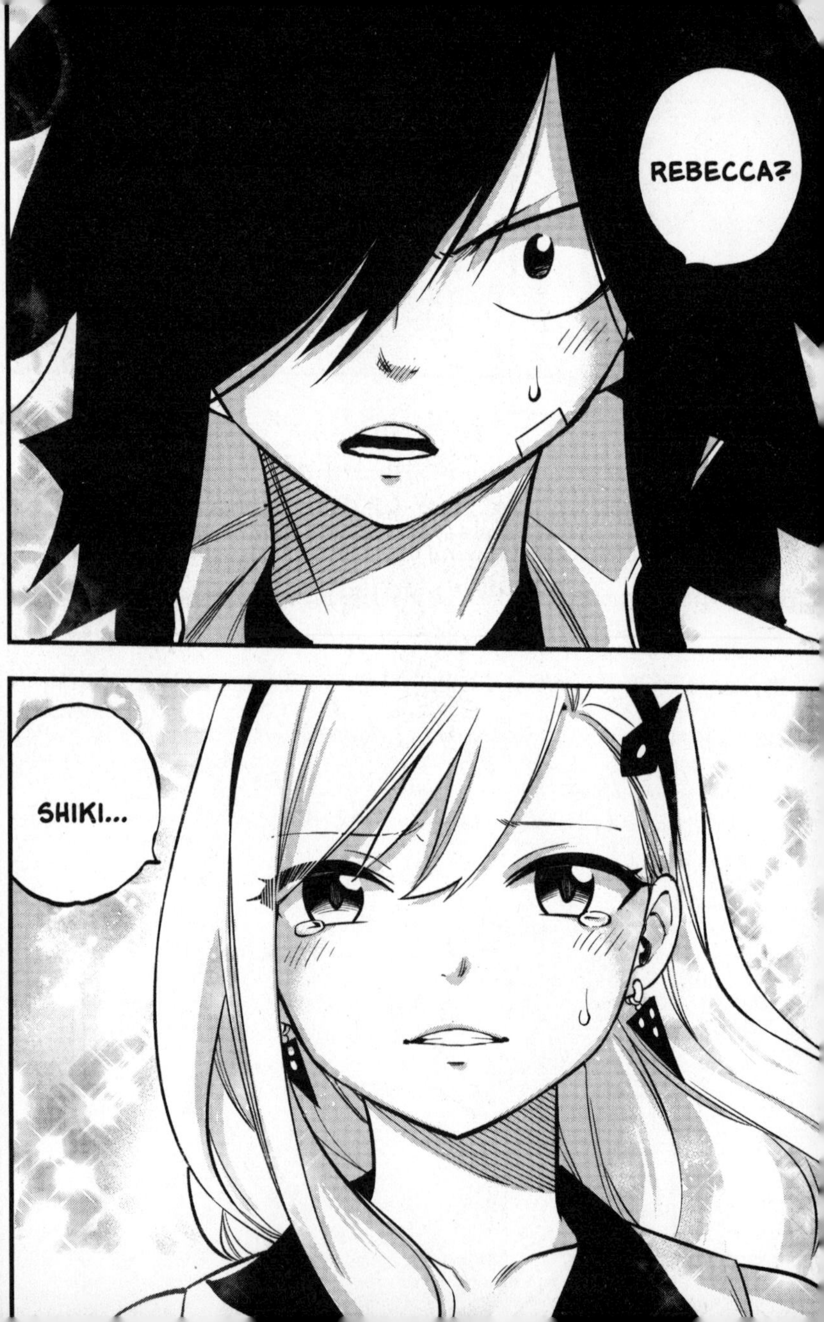
REBECCA?
SHIKI...

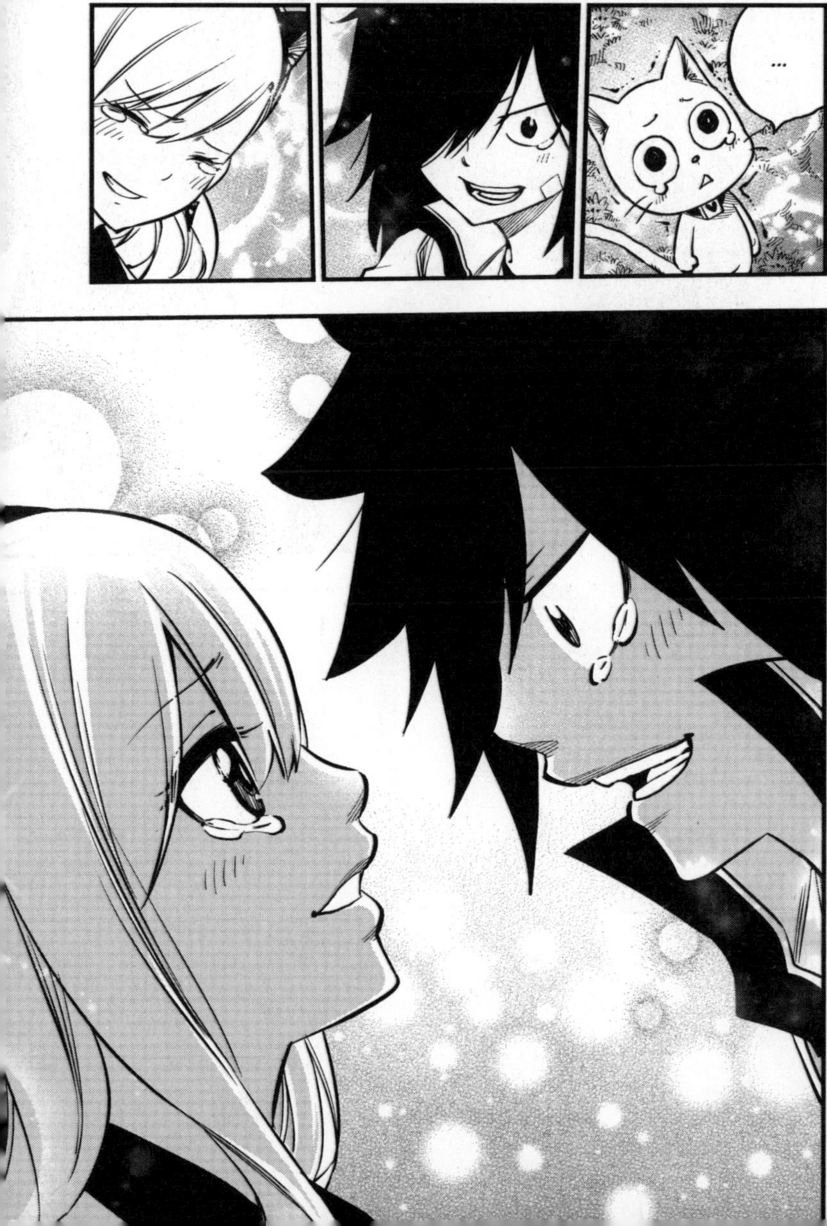

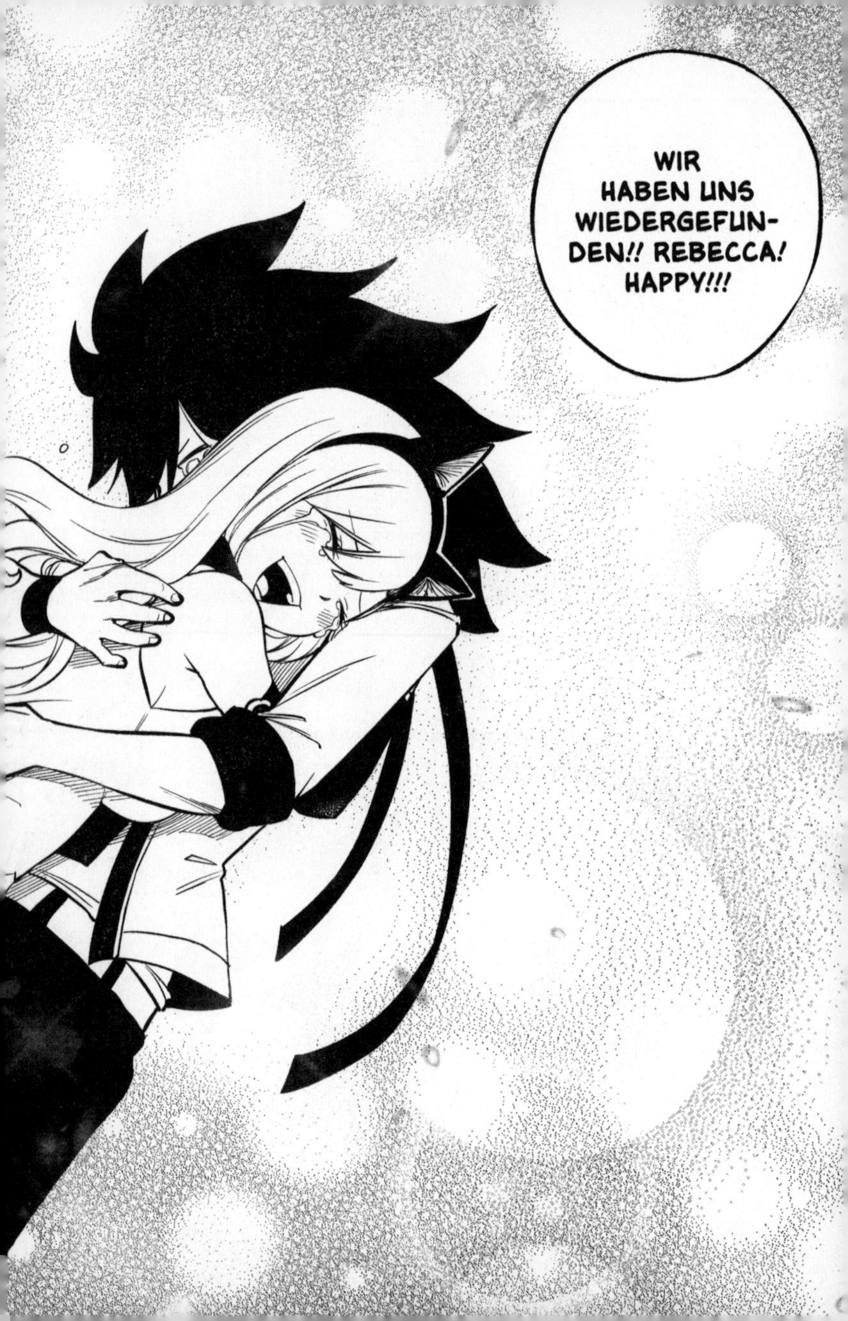
WIR HABEN UNS WIEDERGEFUN-DEN!! REBECCA! HAPPY!!!

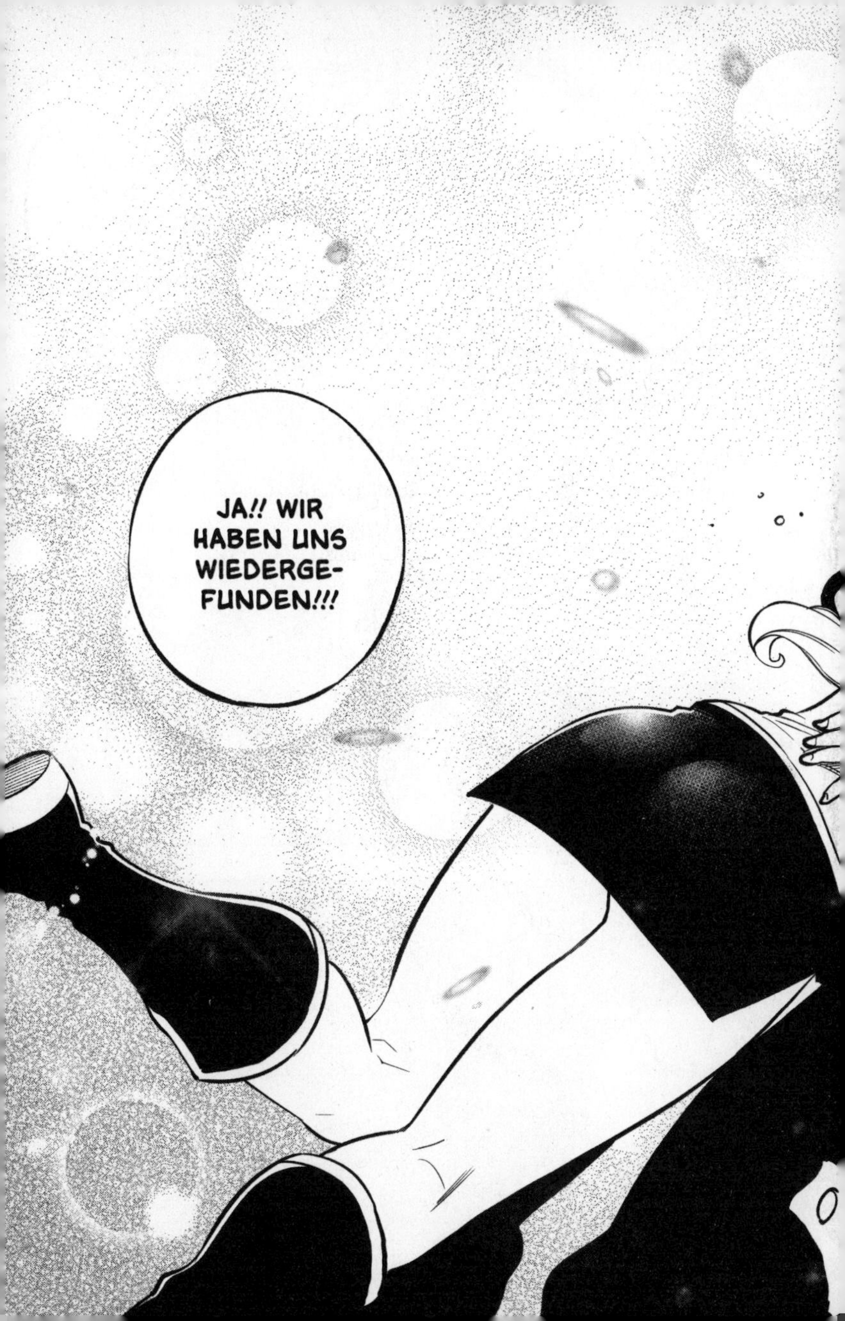
JA!! WIR HABEN UNS WIEDERGE- FUNDEN!!!

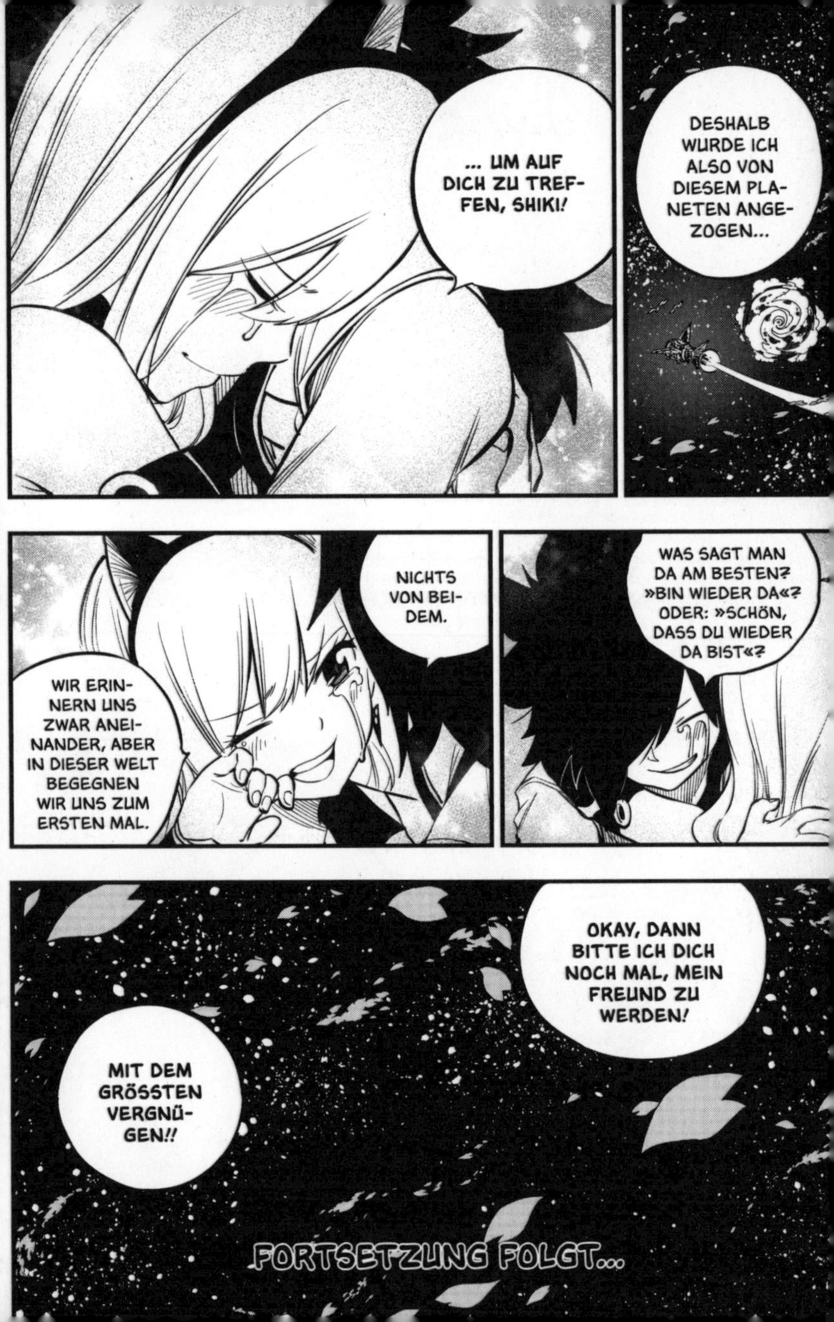
DESHALB WURDE ICH ALSO VON DIESEM PLA- NETEN ANGE- ZOGEN...
... UM AUF DICH ZU TREF- FEN, SHIKI!
WAS SAGT MAN DA AM BESTEN? »BIN WIEDER DA«? ODER: »SCHÖN, DASS DU WIEDER DA BIST«?
NICHTS VON BEI- DEM.
WIR ERIN- NERN UNS ZWAR ANEI- NANDER, ABER IN DIESER WELT BEGEGNEN WIR UNS ZUM ERSTEN MAL.
OKAY, DANN BITTE ICH DICH NOCH MAL, MEIN FREUND ZU WERDEN!
MIT DEM GRÖSSTEN VERGNÜ- GEN!!
FORTSETZUNG FOLGT...

NACHWORT

Vor einiger Zeit war ich bei einem Esssen mit ziemlich vielen Mangaka. Ich bin zwar ein richtiger Stubenhocker, aber ich wollte meine Kollegen nach drei Jahren gerne einmal wiedersehen, also bin ich hingegangen. Im Fokus standen Autoren des Magazins, aber zu dem Treffen kamen auch Autoren anderer Verlage. So konnte man Leute treffen, die man für gewöhnlich nicht sieht. Das war sehr schön.
In mir kommen bei solchen Treffen immer meine Komplexe hoch, zu gewöhnlich zu sein. Tatsächlich haben sich an jenem Tag auch wieder viele etwas speziellere Mangaka eingefunden, sodass ich gleich wieder dachte: »Ich bin eben doch sehr gewöhnlich...«
Unter Mangaka gibt es viele exzentrische Personen (im positiven Sinn). Ich glaube ja, dass man ein bisschen schräg sein muss, um diesen Beruf überhaupt auszuüben. Wobei mir durchaus klar ist, dass auch ich, von einer gewissen Seite betrachtet, irgendwie schräg bin. Aber wenn sich dann eine ganze Reihe von so speziellen Persönlichkeiten zusammenfindet, sind die anderen in ihrer Individualität so präsent, dass ich mir gleich wieder vorwerfe, ein absoluter Normalo zu sein.
Deshalb würde ich in solchen Situationen in den meisten Fällen eigentlich gleich wieder gehen. Zum einen schüchtern mich die Leute um mich herum ein, zum anderen wartet vor allem meist ein Berg Arbeit auf mich. Darum warte ich dann immer auf eine Gelegenheit, um mich zu entschuldigen: »Ich habe noch viel Arbeit auf dem Tisch und muss leider schon gehen.«
Aber an diesem Tag war es einfach zu nett! Das Essen begann am frühen Abend, und plötzlich graute schon der Morgen des nächsten Tages. So musste ich zerknirscht an die viele Arbeit gehen, die mich erwartete. Wahrscheinlich lag es auch daran, dass das letzte Treffen mit Kollegen so lange her gewesen war, aber die Themen gingen uns wirklich nicht aus, und ich lernte auch neue Leute kennen, mit denen ich nun noch immer in Kontakt bin. Es waren sehr bedeutungsvolle Stunden mit vielen lebhaften Gesprächen.
Was glaubt ihr, worüber sich Mangaka unterhalten, wenn sie zusammenkommen?
Natürlich über Manga, über die Verlagswelt und die Redaktionen! Diese Themen verstehen sich wohl von selbst. Es kommen aber auch einige Liebesgeschichten und Gerüchte auf den Tisch: »Der und der hat vor Kurzem ein Dojin rausgebracht und verdient damit wohl ganz ordentlich.« So etwas in der Art.
Tja, da sitzen nun also erwachsene Leute und machen die Nacht zum Tag, wie zu Studentenzeiten.
Ich weiß ja nicht, wie ihr euch Mangaka so vorstellt. Man kann sagen, sie sind exzentrisch, aber wie kleine Jungs & Mädchen. Sie sind eben voller Träume und strahlen richtig.
Aber ja, es gibt natürlich auch düstere Charaktere unter ihnen.
Die Frage, die ich von denen, die ich an dem Abend neu kennengelernt habe, am häufigsten hörte, war: »Wie schaffst du es, so schnell zu zeichnen?« Und wie automatisch antwortete ich darauf immer: »Ich arbeite mit einer hellen Bildgestaltung.« Und sofort gerieten wir in eine Fachsimpelei über Manga hinein, und ich habe jede Menge sehr interessanter Dinge erfahren.
An dieser Stelle möchte ich die Gelegenheit nutzen und allen Mangaka, die bei dem Treffen waren, meinen Dank und tiefen Respekt ausdrücken.

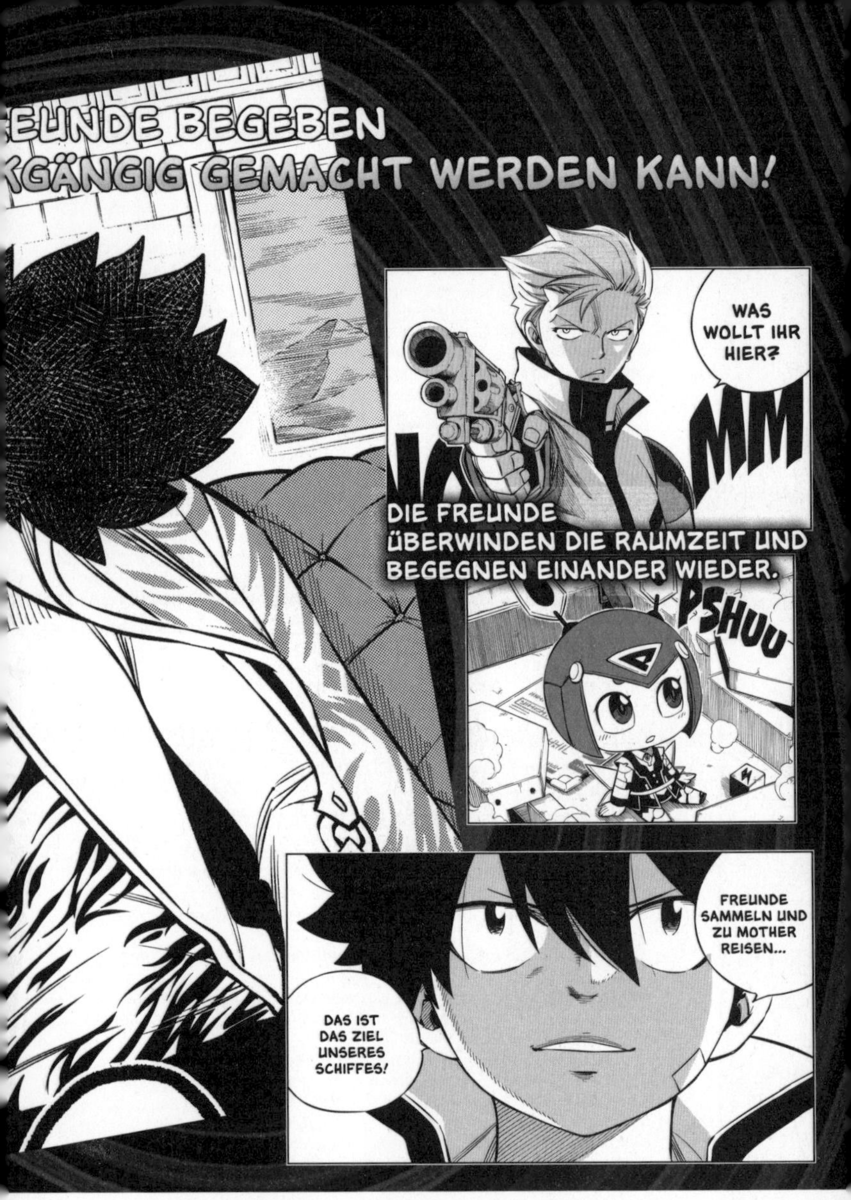

ERSCHEINT VORAUSSICHTLICH
IM NOVEMBER 2024!!

DAS LETZTE KAPITEL »UNIVERSE 0«!

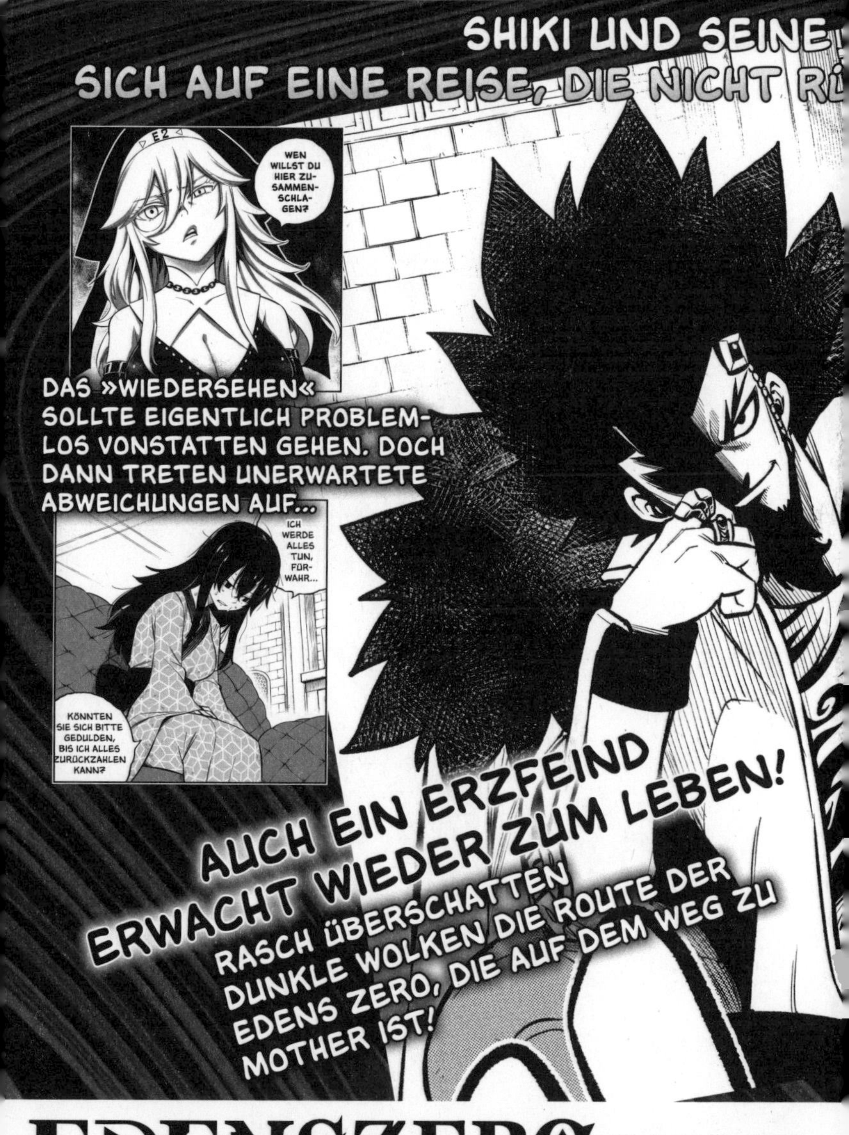

EDENSZERO BAND 26

»EDENS ZERO« ist eine japanische Serie, und in Japan wird von »hinten« nach »vorn« und von rechts nach links gelesen. Man muss diesen Manga also »hinten« aufschlagen und Seite für Seite nach »vorn« weiterblättern. Auch die Bilder auf jeder Seite und die Sprechblasen innerhalb der Bilder werden von rechts oben nach links unten gelesen, so wie in der Grafik gezeigt. Viel Spaß mit »EDENS ZERO«!

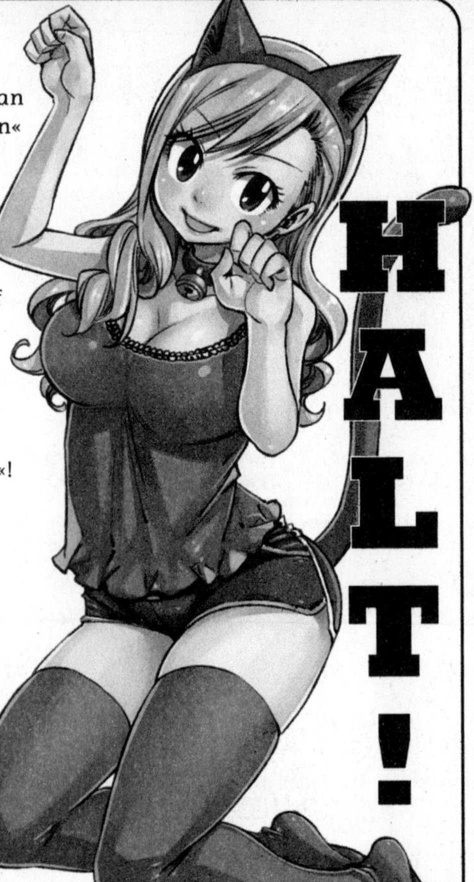

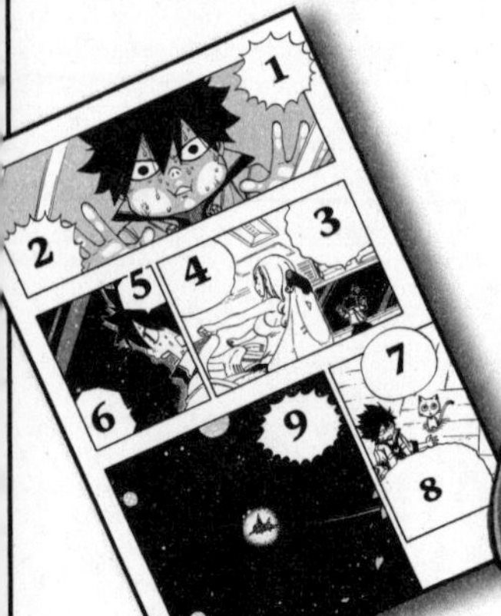

CARLSEN MANGA! NEWS jeden Monat neu per E-Mail
www.carlsenmanga.de · www.carlsen.de
CARLSEN MANGA · Deutsche Ausgabe / German Edition

Aus dem Japanischen von Nadja Stutterheim

First published in Japan in 2023 by KODANSHA Ltd., Tokyo
Publication rights for this German edition arranged through Kodansha Ltd.
Redaktion: Patricia Janzen · Textbearbeitung: Steffen Haubner · Produktionsmanagement: Tobias Hametner
 · ISBN: 978-3-551-80027-5

FSC www.fsc.org MIX Papier | Fördert gute Waldnutzung FSC® C083411
Klimaneutrales Produkt